パティスリー・ドゥ・シェフ・フジウの

現代に甦る
フランス古典菓子
Les Gâteaux Classiques Français

藤生義治

Les quatre saisons
que J'aime
La nature que J'aime
Mais particulierement
Ce sont les gâteaux que
J'adore

"四季を愛し、自然を愛す
そして、こよなく
お菓子を愛する"

《 山名将治氏の思いを受けて 》

生涯の恩師、山名将治氏

藤生義治氏に寄せて　　山名将治

C'est par une nuit d'orage que Mr.Fujiu est arrivé pour la première fois à Paris.

　Le lendemain pour aller chez Millet nous sommes passés par la rue de Rivoli, la place de la Concorde et nous avons traversé la Seine.

　Mr.Millet avait accepté de l'accueillir chez lui pour faire un stage, celui-ci durera 2 années complètes.

　Malgré beaucoup d'obstacles "la langue, la façon de travailler, etc...", celui-ci a su surmonter avec succès tous ces problèmes, et n'ont fait qu'évoluer.

　Je suis très fier de lui pour son talent, sa simplicité et son grande cœur.

Masaharu Yamana

　彼がフランスにはじめて到着した夜は、激しい雷雨であった。このことは象徴的な思い出である。

　あくる朝、リボリ通りに出て、コンコルドを通り、7区のミエさんの店まで歩いた。幸いにも、すぐミエさんのもとで働くことが決まった。

　パリの第一日！ 彼にとって生涯忘れられない飛躍の第一歩であったにちがいない。

　彼の滞在は短かった。職人にとって、2年や3年の留学は技術習得という点からみれば短いといわねばならない。しかし、彼はあらゆる困難をよく克服して最大限のものを獲得して帰った。

　フランス菓子の技術はいうにおよばず、それにもまして、彼の人間的魅力、素直な心、職人の魂において、私は彼を誇りにしている。

はじめに

　初めて渡仏してから、もう50年という月日が過ぎようとしている。
その当時の日本の一般的な洋菓子店には、今の菓子とは違う、とてもシンプルなショートケーキような菓子ばかりが並んでいた。菓子職人になってパリに憧れる人がいても、今のようにフランスに修業に行くことなど、たやすくできることではなかった時代。そんな時代に、フランス古典菓子を研究し、菓子職人向けにフランス語の講座を開催していた山名将治先生のもとへ、鳥取・米子の老舗和菓子店の三男坊だった鶴田栄治氏と訪れたことが、パリに行くきっかけとなった。

　この山名先生との出会いの翌年、鶴田氏が渡仏した。彼は、パリ郊外のサン＝ジェルマン・アンレイにある「パティスリー・デュマ」という菓子屋で働いていた。彼からは、月に何度もフランスの魅力的なことが書かれた手紙が届いた。あとになって、鶴田氏からの手紙は、なかなかフランス行きを決断できなかった私への激励だったと聞いた。そして、実際には、つらくたいへんなフランス生活を送っていたということも。

　その後、山名先生の滞在時期に合わせて私もパリへ向かった。パリで山名先生と会い、翌日に訪れた「ジャン・ミエ」では、初めて会った私をオーナーシェフのジャン・ミエ氏はすぐに受け入れてくれた。その日から"パティシエ"としての第一歩をスタートしたのだ。修業先が決まった帰り道、山名先生と二人で雨上がりのセーヌ川のほとりを歩きながら、私の頭の中では、なれないフランス生活への不安が駆け巡る一方で、将来への夢が膨らんでいったことを今でも鮮明に憶えている。2年ほど前に、ジャン・ミエの経営者が変わると聞いて訪れた、一時閉店した店舗の前で、修業時代のパリの街がそこにあるかのような錯覚を憶え、複雑な気持ちとともに当時を懐かしく思った。

　50年前のパリには、それまで私がもっていた菓子への概念を変えるほどの、見たことのない斬新で魅力的な菓子があふれていた。そんな菓子が並ぶ店先の風景、パトロンと呼ばれる上司のやさしくも厳しい指導のもとに流れる修業の日々、お金のないなかでも日本人のパティシエ仲間と集まって食事をしながら語り合った週末……。パリ修業時代に知り合った友人たちとは今も強い絆で結ばれていて、当時の出来事すべてが今の私の礎となっていることは言うまでもない。

　1969年6月4日、初めてパリを訪れたこの日から私のパティシエ人生ははじまった。あらためて、今まで出会った人々すべてに心から感謝するとともに、初心を忘れることなく、これからもパティシエ人生を歩んでいきたいと思う。

　単著としては初となるこの本では、山名先生がスタートし、その意志を受け継いで続けてきた勉強会「パティスリー会」などで紹介した古典菓子や、フランスで定番の菓子をベースにつくる「パティスリー・ドゥ・シェフ・フジウ」のオリジナルの菓子、パリ修業時代に興味をもち、ほぼ独学でルセットを確立したコンフィズリーなど、私にとって思い入れのある菓子ばかりを集めた。フランスの歴史ある菓子やなじみ深い菓子のルセットをとおして、奥深く魅力的なフランス菓子の世界への想像を膨らませてほしい。フランス菓子に携わる皆さんにとって、伝統的なフランスの味を知るヒントとなればうれしく思う。

藤生義治

目次
Sommaire

I フジウで進化した古典菓子
Classiques

- 3 はじめに
- 6 研究に欠かせない
フランス菓子の古典
- 8 つくりはじめる前に

[*Column*]
- 78 菓子づくりへの思い
- 151 愛用している製菓道具
- 208 パティシエとしての道のり
- 210 影響と刺激を与えてくれた人々
- 211 「パティスリー・ドゥ・シェフ・フジウ」の店づくり

[*Gâteaux Conservés*]
- 10 ソーシソン・オ・パン・ヴリュ
Saucisson au Pain Velu
- 14 ビスキュイ・ショコラ
Biscuit au Chocolat
- 18 キャレ・ピスターシュ
Carrés Pistache
- 22 ガトー・メキシカン
Gâteau Mexicain
- 26 フィナンシェール
Financières
- 30 ガトー・サンドリヨン
Gâteau Cendrillon
- 34 ガトー・ラカム
Gâteau de Lacam
- 38 プラムケーキ
Plum Cake
- 42 リンツァートルテ
Lintzer Tart
- 46 フランボワゼット
Framboisettes

[*Petits Fours Glacés*]
- 50 ブッセ
Bouchées

[*Gâteaux à base de Pâte Feuilletée*]
- 54 ショソン・オ・ポンム
Chaussons aux Pommes
- 58 ジェズイット
Jésuites

[*Gâteaux à base de Pâte à Choux*]
- 62 エクレール
Éclairs

[*Gâteaux avec la Crème Cuite*]
- 66 サントノーレ
Saint-Honoré
- 70 シラノ
Cyrano

[*Gâteaux Fériés*]
- 74 トロン・ダルブル
Tronc d'Arbre

取材・執筆／宮脇灯子
撮影／合田昌弘
アートディレクション＆デザイン／吉澤俊樹（ink in inc）
校正／萬歳公重
フランス語校正／三富千秋
編集／永井里果、吉田直人

II フジウの定番菓子
Créations

[*Fours Secs*]

- 82 シトロン *Citron*
- 86 パレ *Palet*
- 90 ニソワ *Niçois*
- 94 キャレ・アルザシアン *Carré Alsacien*
- 98 ブレッツェル *Bretzel*
- 102 ショソン・ナポリタン *Chaussons Napolitains*
- 106 ふらんすせんべい *France Senbei*

[*Demi-Secs*]

- 110 アルカザール *Alcazar*
- 114 フリュイ・オ・ザマンド *Fruits aux Amandes*
- 118 ザ・ショコラ *The Chocolat*
- 122 ガトー・バスク *Gâteau Basque*

[*Gâteaux Individuels / Entremets*]

- 126 ザッハトルテ *Sachertorte*
- 130 フジウ *Fujiu*
- 134 シャルロット・ポワール *Charlotte Poire*
- 138 サンマルク *Saint-Marc*
- 142 ヴェルサイユ *Versailles*
- 146 グラースの風 *Le Vent de Grasse*

III フジウのコンフィズリー
Confiseries

[*Caramels*]

- 154 キャラメル *Caramel*
- 155 エンガディナー *Engadiner*

[*Pâte d'Amandes*]

- 160 ラヴィオリ *Ravioli*
- 161 パート・ダマンド・フリュイ／フリュイ・デギゼ *Pâte d'Amandes Fruits / Fruit Déguisé*
- 166 クーサン *Coussin*
- 167 ブッション *Bouchon*

[*Calissons*]

- 172 キャリソン *Calisson*

[*Bonbons*]

- 173 ボンボン・フイユテ *Bonbon Feuilleté*
- 178 フォンダン・キャンディ *Fondant Candy*
- 179 ボンボン・ペクチン *Bonbon Pectine*
- 184 ビジュ *Bijoux*
- 185 ボンボン・クリスタル *Bonbon Crystal*
- 190 ボンボン・ヴィシー *Bonbon Vichy*
- 191 パスティーユ・ロッシェ *Pastille Rocher*

[*Nougats*]

- 194 ヌガー・ブラン *Nougat Blanc*
- 195 ヌガー・コリアンダー *Nougat Coriander*

[*Meringues*]

- 198 ムラング *Meringue*
- 199 セ・ボン！ *C'est Bon!*

[*Marshmallows*]

- 204 タガダ *Tagada*

[*Créations*]

- 205 シノワ・ノワ *Chinois Noix*

研究に欠かせない
フランス菓子の古典

フランス古典菓子を探求し続けるために
参考にしているフランスの古いレシピ集の一部。
本書で紹介する古典菓子の出典でもあります。

TRAITÉ DE PATISSERIE MODERNE
［ トレット・ドゥ・パティスリー・モデルヌ ］

1950年刊行。エミーユ・ダレスとエミーユ・デュヴァルの共著。ヨーロッパ修業時代からの私の愛読書です。内容が整理されていて読みやすく、今でも古典菓子の研究でもっとも参考にしています。ここで紹介する古書は、いずれも老舗出版社のFlammarion社刊行のものです。

LA PÂTISSIERE DE LA CAMPAGNE ET DE LA VILLE
［ ラ・パティスリー・ドゥ・ラ・カンパーニュ・エ・ドゥ・ラ・ヴィーユ ］

1800年代刊行。著者は、19世紀のパティシエであるピエール・カンタンです。巻頭にはイラスト入りで製菓道具などを紹介する頁がありますが、ルセットは文章が主体です。菓子によっては、材料と配合しか掲載されていないものもあり、想像をかきたてられます。

LE RÉPERTOIRE
DE LA PÂTISSERIE
［ル・レペルトワール・ドゥ・ラ・パティスリー］

1925年刊行。ジャン＝ルイ・バノー著。ほかの古書よりも厚みはありますが、小さめで持ち歩きに便利なサイズ。小形の辞書のような印象です。ルセットはほかの古書と同じように、基本的に文章のみで構成。冒頭に製菓用語集が掲載されている点が特徴です。

LA PÂTISSERIE
D'AUJOURD'HUI
［ラ・パティスリー・ドージョルデュイ］

1890年代刊行。著者は、19世紀の著名な料理人のユルバン・デュボワ。パート・フイユテの折り方など、イラスト入りで紹介されている製法もあります。「パティスリー　サロン・ドゥ・テ・ゴセキ」の五関嗣久氏の蔵書で、ともに古典菓子を研究する際に参考にする1冊です。

つくりはじめる前に

＊菓子名は「パティスリー・ドゥ・シェフ・フジウ」で販売している商品名をおもに記載していますが、古典から引用した菓子は、フランス語のみ古典に記載されている名前になっているものがあります。

＊ルセットは「パティスリー・ドゥ・シェフ・フジウ」でつくる単位を基本としています。本書用に調整したものは、細かい数字になっていることがあります。また、まとめてつくって保存するもの、少しずつつくるほうがふさわしいものなどは、かならずしもそのでき上がり量が菓子の個数に必要な量とは限りません。

＊材料の分量は、基本的に重量（g）での表記ですが、古典から引用した菓子の場合は、その古典に記載されている単位のまま表記しています。

＊とくに記載がない場合、材料はすべて常温にもどします。

＊卵は、殻を除いて1個約55g（卵黄約20g、卵白約35g）のものを使っています。

＊とくに記載がない場合、バターは無塩バターを使用します。

＊バターを溶かして使う場合、約50℃に調整します。

＊小麦粉などの粉類（アーモンドパウダーやカカオパウダー、粉糖も含む）は、使う前にふるいます。

＊とくに記載がない場合、打ち粉は強力粉を使います。

＊生地をのばすときは、必要に応じて打ち粉をします。

＊とくに記載がない場合、ぬり卵は全卵を溶きほぐして使っています。

＊とくに記載がない場合、色粉は液体を使います。

＊ミキサーはホイッパーを装着して撹拌します（ビーターやフックを装着する際は、個別に記載します）。

＊ミキサーで撹拌する際は、適宜止めてゴムベラやカードなどでボウルの内側やアタッチメントについた生地・クリームをきれいにはらい落とします。

＊鍋に水とグラニュー糖を入れて加熱し、透明なシロップをつくる際は、途中、水でぬらした刷毛で鍋の内側側面をぬぐってキャラメリゼされた部分ができないようにします。

＊生クリームや砂糖を煮詰める際の煮詰め具合の目安となるプチ・ブーレ状とは、冷やして指にとると小さな球体になる状態で、温度の目安は116〜120℃です。配合や理想とする質感によって、その適温は変わります。

＊オーブンの温度や焼成時間は、あくまでも目安です。オーブンの機種や生地の状態などに応じて適宜調整してください。

＊ミキサーの速度や撹拌時間は、あくまでも目安です。ミキサーの機種や生地・クリームの状態などに応じて適宜調整してください。

＊常温の目安は約25℃です。

＊人肌程度の温度の目安は35〜37℃です。

＊使用素材のなかにはメーカー名や銘柄などを表記しているものもありますが、これは実際の風味を知る手がかりとして記したもので、好みのものを使っていただいて構いません。

＊本書は、㈱柴田書店刊行のMOOK「café-sweets」vol.169〜180（2015年4月〜17年3月）に掲載した連載「パティスリー・ドゥ・シェフ・フジウの現代に甦るフランス古典菓子」の記事をもとに、新規取材を大幅に加えて1冊にまとめたものです。

I

Classiques

フジウで進化した古典菓子

Gâteaux Conservés
Petits Fours Glacés
Gâteaux à base de Pâte Feuilletée
Gâteaux à base de Pâte à Choux
Gâteaux avec la Crème Cuite
Gâteaux Fériés

No.01 Gâteaux Conservés
"ガトー・コンセルヴェ"

Saucisson au Pain Velu

[ソーシソン・オ・パン・ヴリュ]

『 LA PÂTISSIÈRE DE LA CAMPAGNE ET DE LA VILLE 』
のルセットを再現

ソーシソン・オ・パン・ヴリュ
[Saucisson au Pain Velu]

Mettez dans une terrine 175 grammes de sucre tamisé; travaillez-le avec six jaunes d'œufs; ajoutez la râpure d'un zeste de citron ❶ ; incorporez peu à peu à cet appareil: 175 grammes de beurre frais, 175gr.de farine fine et 120 grammes de raisins secs ❷ ; quand le tout est bien mélangé, incorporez-y les six blancs d'œufs fouettés bien ferme ❸ ; couchez cet appareil sur une feuille de papier d'office beurrée; faites cuire à four doux; retirez la cuisson faite; abricotez-le assez épais, roulez votre gâteau sans le laisser refroidir et de manière à lui donner la forme d'un saucisson ❹ ; glacez-le avec un mélange de 125 grammes de sucre tamisé battu avec trois blancs d'œufs et une cuillerée de rhum; roulez-le sur du sucre grossièrement écrasé; mettez-le au four pour qu'il s'y dessèche, et quand il est froid, coupez-le par tranches comme on fait pour le saucisson.

❶ 細かくけずったレモンの皮を加える。
❷ 175gのバターと175gの小麦粉、120gのドライレーズンを、このアパレイユ（卵黄と砂糖、レモンの皮を混ぜたもの）に少しずつ加え混ぜる。
❸ しっかりと泡立てた6個分の卵白を加え混ぜる。
❹ 冷めないうちにソーセージのような形になるように生地をロール状に巻く。

　古典で日持ちする菓子を意味する「ガトー・コンセルヴェ」というジャンルで見つけた古典版ロールケーキ。レモンの皮とレーズンを入れた生地にアプリコットのコンフィチュールをぬり、ロール状に巻くという製法が、ロールケーキが好きな日本人に好まれるのではないかと思い、再現しました。レモンがさわやかに香り、レーズンの食感がアクセントになった、もっちりとした生地の風味を、コンフィチュールの甘ずっぱさが引き立て、表面にまぶしたザラメ糖がリズミカルな歯ざわりを生み出します。素朴な見た目ながら多彩な味と食感が楽しめる点に魅力を感じ、この菓子の持ち味を最大限に生かしながら私なりのアレンジを加えました。

　最大の特徴は、もっちりとした食感の生地。古典では、卵黄と砂糖、レモンの皮を混ぜ、そこにバター、小麦粉、レーズンを順に加えています。しかし、この順番だとしっかりと混ざりにくく、生地の状態が安定しません。そこで私は、バターと小麦粉、レーズンをペースト状に混ぜ、そこに、すり混ぜた卵黄とグラニュー糖、レモンペーストを加え混ぜることに。こうすることで、スムーズに均等に混ざりやすくなるのです。また、レモンの皮の代わりに、市販のレモンペーストを配合。爽快な香りを強く打ち出し、より印象的に仕上げました。

菓子の名前にある「ソーシソン」はフランス語でソーセージという意味。形がソーセージに似ているからでしょう。レーズン入りのもっちりとした生地とアプリコットのコンフィチュールの組合せは、素朴ながら深い味わい。私自身も大好きでスペシャリテの一つとして謳っており、一定のファンを獲得しています。完成後2日ほどおくと、味の深みが増します。

A ソーシソン・オ・パン・ヴリュ生地
[Saucisson au Pain Velu]

材料《 6本分 》

卵黄*1……240g
グラニュー糖A……250g
レモンペースト……60g
バター*2……350g
強力粉（日清製粉
「レジャンデール」）……350g
レーズン*3……240g
卵白……420g
グラニュー糖B……100g

*1 溶きほぐす。
*2 ポマード状にする。
*3 湯どおしして粗くきざむ。

古典の配合は？
- Sucre [砂糖]……175g
- Jaunes d'Œufs [卵黄]……6個分
- Zeste de Citron [レモンの皮]……1個分
- Beurre [バター]……175g
- Farine [小麦粉]……175g
- Raisins Secs [ドライレーズン]……120g
- Blancs d'Œufs [卵白]……6個分

つくり方

❶ ミキサーボウルに卵黄、グラニュー糖A、レモンペーストを入れ、中速で撹拌する。工程④に進むまでに、空気を含んで白っぽく、ふんわりとし、ホイッパーですくうととろりと流れて跡が残るくらいの状態にすること。

❷ ボウルにバターを入れ、泡立て器でさっくりと混ぜる。

❸ ②に強力粉とレーズンを加え、全体が均一になるまで木ベラでしっかりと混ぜる。粉とバターを最初に混ぜたほうが生地が安定する。粉とレーズンをバターでのばすような感覚で、木ベラを小きざみに動かしながら混ぜると、全体が均一になりやすい。

❹ ③に①を4回程度に分けて加え、そのつどしっかりと混ぜる。

❺ 別のミキサーボウルに卵白を入れ、高速で泡立てる。ボリュームが出て白っぽくふんわりとし、ホイッパーの跡がつくようになったら、グラニュー糖Bを一度に加え、ホイッパーですくうとピンと角が立つまで泡立てる。

❻ ④に⑤を4回程度に分けて加え、そのつどしっかりと混ぜる。最後はつやが出るまで混ぜること。

B グラス・オ・ラム
[Glace au Rhum]

材料《 つくりやすい分量 》

卵白……140g
純粉糖……200g
ラム酒
（ネグリタラム）……60g

古典の配合は？
- Sucre [砂糖]……125g
- Blancs d'Œufs [卵白]……3個分
- Rhum [ラム酒]……1さじ

＊卵白は溶きほぐす。

つくり方

❶ ボウルにすべての材料を入れ、泡立て器でしっかりと混ぜ合わせる。

焼成

つくり方

❶ シルパットを敷いた60×40cmの天板2枚に A を1kgずつのせ、L字パレットナイフで広げ、平らにならす。焼成中に生地が広がるため、天板の縁から内側2.5cm程度は空けておくこと。

❷ 下にもう1枚天板を敷き、上火210℃・下火190℃のデッキオーブンで12〜13分焼成する。水分をとばしすぎないように高温短時間で焼成し、しっとりとした質感に焼き上げる。焼き上がったらすぐに天板をはずし、シルパットごと板などに移して粗熱をとる。

組立て・仕上げ

材料
アプリコットのコンフィチュール（市販品）……適量
ザラメ糖……適量

つくり方
❶ 焼成したAのシルパットをはがし、板などの上に横長に置く。包丁で幅18cmほどに縦に切って3等分する。生地は1枚40×18cm程度になる。
❷ 作業台に水でぬらして固く絞った布巾を敷き、生地よりも大きいオーブンペーパーを重ね、①を焼き面を下にして縦長に置く。ぬらした布巾を敷くと、オーブンペーパーがすべりにくくなり、巻きやすくなる。
❸ アプリコットのコンフィチュールをパレットナイフで薄くぬる。
❹ 生地の手前の端にパレットナイフで横に数本筋を入れる。こうすることで巻きやすくなる。
❺ 麺棒を使って手前の生地をしっかりと巻いて芯をつくる。
❻ 麺棒を芯にあて、オーブンペーパーとともにもち上げ、生地を前に押し出すようにしながら、左右の太さが均一になるようにくるくると巻く。
❼ 巻き終わりの部分を下にして、手で押さえて形をととのえる。
❽ ⑦の表面にBを刷毛でたっぷりとぬる。
❾ オーブンペーパーなどにザラメ糖をたっぷりとのせ、その上に⑧を転がして表面全体にザラメ糖をまぶす。
❿ オーブンペーパーに、網目が縦になるように網をのせる。網に⑨を横長に置いて手前と奥に転がし、模様をつける。
⓫ 網ごと天板にのせ、上火180℃・下火180℃のデッキオーブンに約4分入れ、表面を乾燥させる。

古典から藤生流にアレンジ

{ ソーシソン・オ・パン・ヴリュ生地 }

㊁ レーズンをそのまま混ぜ込む
㊐ 湯どおししてきざんだレーズンを使用

古典ではドライレーズンをそのまま生地に混ぜ込みますが、私は湯どおししてやわらかくしたレーズンを粗くきざんで生地にプラス。やわらかく、少し細かいほうが生地となじみやすく、食感にも統一感が生まれます。

㊁ すりおろしたレモンの皮を配合
㊐ レモンペーストを配合

古典に記載されているすりおろしたレモンの皮の代わりに、市販のレモンペーストを配合し、レモンの風味を強調。また、生のレモンは香りに個体差があるため、市販品を使うほうが風味にブレが出ません。

㊁ 砂糖を加えずに泡立てた卵白を配合
㊐ 気泡がつぶれにくいメレンゲを配合

古典では、砂糖は卵黄に加え、卵白は砂糖を加えずに泡立てて生地に混ぜています。一方、私は卵白にも砂糖を加えることで、気泡がつぶれにくい目の詰まったメレンゲをつくり、安定した生地に仕上げています。

{ グラサージュ }

㊁ 少量のラム酒をプラス
㊐ ラム酒を多めにプラス

古典では、ラム酒の分量は「1さじ」と少量ですが、私は、ラム酒を材料の総量の約15%配合しました。また、芳醇なネグリタラムをセレクト。グラサージュを生地にたっぷりとぬることで、ラム酒の香りを強調させています。

{ 組立て・仕上げ }

㊁ ソーセージ形にする方法は記載なし
㊐ 網目をつけてソーセージをイメージ

古典には「ソーセージのような形になるように生地をロール状に巻く」としかなく、ソーセージ形にするための方法は記載されていません。そこで、網で模様をつけることで、ソーセージらしさを表現しました。

No.02 Gâteaux Conservés
"ガトー・コンセルヴェ"

Biscuit au Chocolat
[ビスキュイ・ショコラ]

『TRAITÉ DE PATISSERIE MODERNE』
のルセットを再現

ビスキュイ・ショコラ
[Biscuit au Chocolat]

Mettre fondre à chaleur douce sur une tourtière 250g chocolat et le mélanger dans une terrine avec 250g beurre ramolli en crème – 125g sucre en poudre et bien travailler avec 2 œufs et 6 jaunes ajoutés successivement. Monter alors 6 blancs bien fermés, les incorporer à la masse, et aussitôt ; 60g farine et 125g amandes brutes hachées très fines, vanille. ❶ Dresser en moules à pains de Gênes beurrés et farinés, puis cuire à four doux 30 minutes environ. ❷ Pour les terminer, abricoter, glacer le dessus à la vanille et masquer le tour avec du sucre en grains. ❸

❶ 小麦粉60gと非常に細かくくだいた生のアーモンド125g、バニラ（を加え混ぜる）。
❷ 約30分弱火で焼成する。
❸ 仕上げに、アプリコテ（アプリコットのコンフィチュールをぬる）して上面にバニラ風味のグラスをかけ、まわりをパールシュガーでおおう。

　私がもっともよく参考にする「TRAITÉ DE PATISSERIE MODERNE」には、チョコレートを使った菓子が多数掲載されていて、「ビスキュイ・ショコラ」もその一つです。最大の魅力は、チョコレートのこくと豊かな香り、しっとりとした食感。アレンジの際に重視したのは、この特徴を最大限に引き立てることでした。
　古典では細かくきざんだ生のアーモンドを生地に加えますが、私は皮付きのアーモンドでつくる自家製のアーモンドパウダーに変え、使用直前に自家製粉してチョコレートの力強い風味に負けないこうばしさを表現しました。材料の合わせ方も工夫し、混ぜる回数を減らして、できるだけ気泡をつぶさないようにすることで、ふんわりと口溶けのよい生地に仕上げます。また、弱火で焼成する古典よりも高めの温度で比較的短い時間で焼成して、外はサクッとこうばしく、中はしっとりと焼き上げました。上面にぬるコンフィチュールとグラスもアレンジ。コンフィチュールは、古典では定番のアプリコットですが、私はプチプチとした食感と鮮やかな色合いが楽しめるフランボワーズに。グラスには、バニラに加えてキルシュも配合し、上品で甘い香りのなかに、キレのあるすっきりとした風味も表現しました。乾燥焼きすることで生まれるシャリッとした歯ざわりも魅力です。

弱火でじっくり焼成する古典に対し、私は180〜190℃という古典より高い温度で短めの時間で焼き上げ、こうばしく、しっとりとした食感に。グラス・オ・キルシュのシャリッとした口あたりとのコントラストも魅力です。強力粉と自家製粉のアーモンドパウダーでしっかりとした風味と適度な歯ごたえを、カカオ分約55％のチョコレートでカカオの豊かな味わいを表現しました。

A ビスキュイ・ショコラ生地
[Biscuit au Chocolat]

材料《 口径12×高さ2.5cmのパン・ド・ジェンヌ型4台分 》

ダークチョコレート（カレボー
「811カレット」／
カカオ分54.5％）*1……125g
バニラビーンズ*2……1/2本
バター*3……125g
全卵*4……50g
卵黄*4……60g
純粉糖……65g
卵白……90g
強力粉（日清製粉
「レジャンデール」）*5……30g
アーモンドパウダー（皮付き）*5・6
……65g

*1 湯煎にかけて溶かし、28〜29℃に調整する。
*2 サヤから種を出す。種のみ使う。
*3 バターを常温にもどし、バニラビーンズの種を合わせて泡立て器でポマード状にする。
*4 合わせて溶きほぐす。
*5 合わせてふるう。
*6 生のアーモンドを自家製粉する。

古典の配合は?

Chocolat
[チョコレート]……250g
Beurre [バター]……250g
Sucre en Poudre
[グラニュー糖]……125g
Œufs [全卵]……2個
Jaunes d'Œufs
[卵黄]……6個分
Blancs d'Œufs
[卵白]……6個分
Farine [小麦粉]……60g
Amandes Brutes Hachées très Fines
[非常に細かくくだいた
生のアーモンド]……125g

つくり方

❶ 溶かして28〜29℃に調整したダークチョコレートに、バニラビーンズを合わせてポマード状にしたバターを2回に分けて加え、そのつど泡立て器でなめらかな状態になるまで混ぜる。
❷ 合わせて溶きほぐした全卵と卵黄、純粉糖をミキサーボウルに入れ、中速で撹拌する。空気を含んで白っぽく、もったりとした状態になるまで撹拌を続ける。
❸ ②の作業と同時進行で、別のミキサーボウルに卵白を入れ、空気を含んでふわふわとした質感になるまで泡立てる。砂糖を加えないと泡立ちがはやいので、泡立てすぎて分離しないように注意すること。
❹ ①をゴムベラで混ぜてなめらかにし、②、合わせてふるった強力粉とアーモンドパウダー、③、を加え、混ぜ残しがないように、ゴムベラで底からすくい上げるようにしてつやが出るまでさっくりと混ぜる。

B フランボワーズのコンフィチュール
[Confiture de Framboise]

材料《 口径12×高さ2.5cmのパン・ド・ジェンヌ型8台分 》

フランボワーズのピュレ……50g
水……50g
水アメ……50g
グラニュー糖*……100g
ペクチン*……5g
フランボワーズ
（冷凍・ブロークン）……50g

* 混ぜ合わせる。

古典の配合は?

Fruits Epluchés
[皮をむいたフルーツ]……500g
Sucre [砂糖]
……375gまたは500g

＊原文には水に関する記述はなく、砂糖の4分1〜3分の1量（ここでは約90〜125gまたは約125〜165g）の配合を適量としている。

つくり方

❶ 鍋にフランボワーズのピュレ、水、水アメ、混ぜ合わせたグラニュー糖とペクチンを入れて中火にかけ、泡立て器でざっと混ぜる。
❷ 鍋底が焦げつかないように、ときどき泡立て器で混ぜながら沸騰させる。気泡が小さくなり、粘けが出るまで煮詰める。
❸ フランボワーズを加え混ぜ、ひと煮立ちさせる。
❹ 火からおろしてボウルに移し、ラップを密着させて冷蔵庫に1晩おく。

C グラス・オ・キルシュ
[Glace au Kirsch]

材料《 口径12×高さ2.5cmのパン・ド・ジェンヌ型4台分 》

純粉糖……100g
キルシュ……25g
バニラペースト……1g
シロップ（ボーメ30度）……適量

つくり方

❶ ボウルに純粉糖とキルシュを入れ、ゴムベラでなめらかな状態になるまでしっかりと混ぜ合わせる。
❷ バニラペーストを加え混ぜる。
❸ シロップを少々加え、ゴムベラですくうととろりと流れるくらいゆるめの質感にする。「仕上げ」の作業中に徐々に締まって固くなるので、生地にぬりやすいようにゆるめに仕上げておく。

焼成

つくり方
❶ 直径12×高さ2.5cmのパン・ド・ジェンヌ型に、スプレーオイル（分量外）を吹きつけ、底にオーブンペーパーを敷く。
❷ ①にAを140gずつ入れ、水でぬらして固く絞った布巾を敷いた作業台に型を軽くたたきつけて表面を平らにならしながら、生地の中の余分な空気をぬく。
❸ 天板にのせ、上火・下火ともに180〜190℃のデッキオーブンで約25分焼成する。
❹ 焼き上がったら、オーブンペーパーを敷いた板に③を焼き面を下にして置く。型をはずし、オーブンペーパーをつけたまま冷ます。

仕上げ

材料《 口径12×高さ2.5cmのパン・ド・ジェンヌ型1台分 》
ザラメ糖……適量

つくり方
❶ 焼成したAが冷めたら、オーブンペーパーをはがす。
❷ ①の上面に、B約35gをパレットナイフでぬる。
❸ ②の上面中央にC約30gを流し、刷毛で全体にぬり広げる。
❹ 側面下の縁に、ザラメ糖をつける。
❺ 網をのせたプラックに④をのせ、上火・下火ともに180〜200℃のデッキオーブンに1分30秒〜2分入れ、表面を乾燥させる。プラックに流れたグラス・オ・キルシュがグツグツと沸きはじめたらオーブンから出すこと。生地にぬったグラスが沸騰するまで加熱すると、一度固まった砂糖が溶けた状態となり、ベタベタとしたテクスチャーになってしまう。

古典から藤生流にアレンジ

{ ビスキュイ・ショコラ生地 }

㊁ アーモンドを細かくくだいて配合
㊥ 自家製粉のアーモンドパウダーを使用

古典では、非常に細かくくだいた生のアーモンドを使用していますが、私は、生の皮付きアーモンドを自家製粉して配合。使用する直前に製粉し、ダークチョコレートの力強い風味に負けないこうばしさを表現しました。細かく挽くと油脂分が出てしまうので、粗めに挽きますが、きざんだアーモンドよりは粒が細かく、口あたりもよくなります。

㊁ 材料は順番に加え混ぜる
㊥ 材料を一度に合わせ、混ぜる回数を減らす

古典では、チョコレートとバターを混ぜたあと、全卵と卵黄、砂糖、泡立てた卵白を順に加え混ぜ、最後に粉類を加え混ぜていますが、私は一部の材料は先に合わせておき、残りの材料とともに一度に混ぜ合わせます。それにより混ぜる回数が減り、ふんわり口溶けのよい生地に仕上がります。また、手ばやく作業ができるため、チョコレートの温度が下がらず、混ぜやすい状態を保てます。ただし、撹拌でできた気泡を生かすため、全卵と卵黄、純粉糖の混ぜ終わりと、卵白の混ぜ終わりが同じタイミングになるように準備しておくことが重要です。

{ グラス・オ・キルシュ }

㊁ グラス・ア・ローはバニラ風味
㊥ キルシュを加えてキレをプラス

古典には「上面にバニラ風味のグラスをかける」とあり、詳細は記載されていません。私は、バニラの甘く華やかな香りをつけつつ、キルシュでキレのあるすっきりとした風味にすることに。一般的にグラス・ア・ローは、純粉糖と水を合わせますが、その水をキルシュに代え、さらにバニラペーストを加えました。また、ぬりやすさを考え、シロップを少量加えて一般的なグラス・ア・ローよりもゆるめに仕上げて、オーブンで1分30秒〜2分焼き、シャリシャリとした食感を表現しました。

{ 仕上げ }

㊁ アプリコットのコンフィチュールを使用
㊥ フランボワーズのコンフィチュールに変更

古典では、上面にぬるコンフィチュールは定番のアプリコットですが、私は、アプリコットよりも酸味や甘みの強いフランボワーズに変えてオリジナリティを表現。プチプチとした食感で楽しさも演出しました。グラス・オ・キルシュから透ける赤の色合いも見た目のアクセントです。

No.03 Gâteaux Conservés

"ガトー・コンセルヴェ"

Carrés Pistache

[キャレ・ピスターシュ]

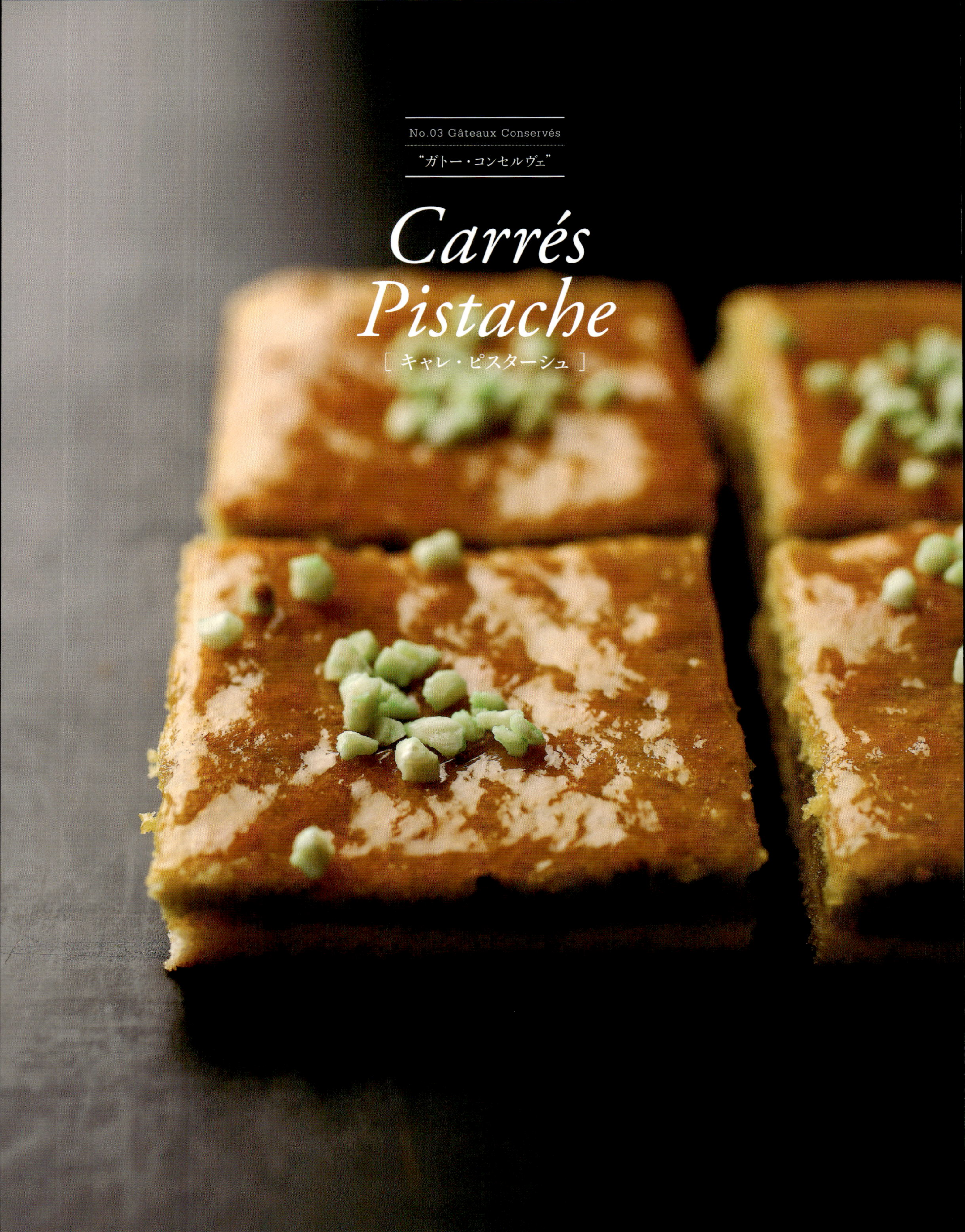

『 LA PÂTISSIÈRE DE LA CAMPAGNE ET DE LA VILLE 』
のルセットを再現

キャレ・ピスターシュ
[Carrés Pistache]

Faire une pâte à la main avec 500gr. de farine, 300gr. de beurre, 200gr. de sucre, 250gr. de poudre d'amandes, 50gr. de sucre vanille, 4 œufs. La faire reposer au frais; <u>faire deux abaisses semblables, un peu épaisses,</u> ❶ les mettre sur plaques beurrées, les piquer et les cuire à four moyen. <u>Étendre sur l'une d'elles une pâte faite avec 125gr. de pistaches, 125gr. d'amandes, 250gr. de sucre et un peu de sirop;</u> ❷ couvrir avec l'autre abaisse; appuyer dessus pour bien les coller. <u>Découper en carrés et poudrer.</u> ❸ Si les abaisses étaient fraiables les mettre à la cave avant de détailler.

❶ 練って麺棒などでのばし、少し厚みをもたせた生地を2枚つくる。
❷ (2枚の生地のうち)1枚の生地に、ピスタチオ125g、アーモンド125g、砂糖250g、少量のシロップでつくった生地を広げる。
❸ 正方形に切り分け、粉糖をふる。

「LA PÂTISSIÈRE DE LA CAMPAGNE ET DE LA VILLE」にあったレシピが原点。原文を読み、生のピスタチオのパウダーを使用するという点に面白さを感じたことが、再現してみようと思ったきっかけです。試作を重ねた結果、パウダー状に挽いたピスタチオを使って大幅にアレンジを加え、ピスタチオの色や風味を前面に打ち出したオリジナルの菓子に仕上げました。

古典では、焼き上げたバニラ風味のサブレタイプの生地2枚で、ピスタチオ、アーモンド、砂糖、シロップでつくるペーストを挟みます。一方私は、ピスタチオとアーモンド、小麦粉、グラニュー糖を合わせてパウダー状に挽き、卵やバターなどを配合した口あたりのやさしいアパレイユを、専用のオリジナル生地にたっぷりとぬり重ねて焼成しました。このほうがピスタチオの色や風味を強調できると考えたのです。専用の生地は、小麦粉の量を減らしてバターの量を増やすことで、しっとりとやわらかな食感に仕立て、アパレイユとの一体感を追求しました。仕上げに、ピスタチオよりもカリッとした食感を表現できるアーモンドの糖衣がけをトッピングして、アクセントをプラス。糖衣をピスタチオを連想させる緑色に着色することで、この菓子の主役の味が見た目からもしっかりと伝わるようにしました。

古典の配合や手順は大幅に変更しつつ、この菓子の顔ともいえるピスタチオを前面に打ち出したオリジナルの1品に仕上げました。古典ではザクッとした歯ごたえが特徴ですが、私はしっとりとやわらかい食感に。専用の生地とアパレイユの間に、混ぜ合わせたアプリコットのコンフィチュールとリンゴのコンポートを組み込んで、味に奥行を出しました。

A キャレ・ピスターシュ生地
[Carrés Pistache]

材料《 5×5cmの正方形24個分 》

バター*1……60g
純粉糖……60g
塩……1つまみ
全卵*2……50g
アーモンドパウダー……62.5g
強力粉（日清製粉「レジャンデール」）……62.5g

*1 ポマード状にする。
*2 溶きほぐす。

古典の配合は?
- Farine［小麦粉］……500g
- Beurre［バター］……300g
- Sucre［砂糖］……200g
- Poudre d'Amandes［アーモンドパウダー］……250g
- Sucre Vanille［バニラシュガー］……50g
- Œufs［全卵］……4個

つくり方

❶ ボウルにバターを入れ、泡立て器で混ぜる。
❷ ①に純粉糖と塩を一度に加え、純粉糖がとびちらないように中心から徐々に外側に向かってぐるぐると混ぜる。
❸ 全卵を3回に分けて加え、そのつどしっかりと混ぜる。なめらかな状態になったらOK。
❹ アーモンドパウダーを一度に加え混ぜる。
❺ 強力粉を一度に加え、カードで混ぜる。最初はボウルをまわしながらカードで切るようにしてなじませ、大体混ざったら、粉けがなくなるまで、底からすくい上げるようにして混ぜる。
❻ 底になる部分にラップを張った32×22×高さ4cmのカードルを板に置き、⑤を入れてカードで表面を平らにしながら均一な厚さに広げる。冷凍庫で冷やし固める。

B アパレイユ・ピスターシュ
[Appareil Pistache]

材料《 5×5cmの正方形24個分 》

◎専用粉……でき上がりより250g
　グラニュー糖……500g
　強力粉（日清製粉「レジャンデール」）……125g
　アーモンド（皮なし・マルコナ種）……500g
　ピスタチオ……125g
卵白……70g
卵黄*1……60g
キルシュ*2……10g
ビターアーモンドエッセンス*2……5g
色素（緑）*2……適量
バター*3……40g

*1 溶きほぐす。
*2 混ぜ合わせる。
*3 溶かして約50℃に調整する。

古典の配合は?
- Pistaches［ピスタチオ］……125g
- Amandes［アーモンド］……125g
- Sucre［砂糖］……250g
- Sirop［シロップ］……少量

つくり方

❶ 専用粉をつくる。グラニュー糖、強力粉、アーモンド、ピスタチオを合わせてローラーなどで挽き、パウダー状にする。
❷ ボウルに卵白を入れ、空気を含んでふわふわとした質感になるまで泡立て器で泡立てる。砂糖を加えないと泡立ちがはやいので、泡立てすぎて分離しないように注意すること。
❸ ②に①250gを一度に加え、ゴムベラで混ぜる。気泡をつぶさないようにさっくりと手ばやく混ぜること。大体混ざればOK。
❹ ③に卵黄を一度に加え混ぜ、混ざりきる直前で、混ぜ合わせたキルシュ、ビターアーモンドエッセンス、色素を一度に加え、全体が均一の状態になるまで混ぜる。
❺ ④にバターを加え、バターがボウルの底にたまらないように、底からすくい上げるようにして混ぜる。

C アーモンドの糖衣がけ
[Praline d'Amande]

材料《 つくりやすい分量 》

シロップ（ボーメ30度）……125g
色素（緑）……適量
アーモンド（皮なし）*……500g

* 細かくきざんだもの。

つくり方

❶ ボウルにシロップを入れ、色素を加え混ぜる。
❷ 別のボウルにアーモンドを入れ、①を加えてゴムベラで混ぜる。
❸ 天板に②を広げ、上火約120℃・下火約120℃のデッキオーブンで全体が乾燥するまで焼成する。途中で、表面が乾いたら全体を混ぜる（4回程度行う）。

組立て・焼成・仕上げ

材料《 5×5cmの正方形24個分 》
アプリコットのコンフィチュールA（市販品）……150g
リンゴのコンポート（市販品）……50g
アプリコットのコンフィチュールB（市販品）……適量

つくり方
❶ 板などに Ａ をカードルごと逆さにして置き、ラップをはがす。
❷ ①をふたたびひっくり返し、シルパンを敷いた天板に置く。
❸ ボウルにアプリコットのコンフィチュールAとリンゴのコンポートを入れ、ゴムベラで均一になるまで混ぜる。
❹ ②に③をのせ、カードで薄く平らにのばす。
❺ ④に Ｂ を入れ、カードで表面を平らにしながら均一な厚さに広げる。
❻ 160℃のコンベクションオーブンで約30分焼成する。生地までしっかりと火を入れるため、低めの温度で長めの時間焼成する。
❼ 焼き上がったら、シルパンごと板に置く。
❽ ⑦に板をのせ、上下の板を持ってひっくり返す。上になった板をとり、シルパンをはがす。
❾ ⑧に板をのせ、上下の板を持ってひっくり返す（焼き面が上になる）。カードルの内側側面にペティナイフをさし入れ、カードルをはずす。
❿ 鍋にアプリコットのコンフィチュールBを入れ、水（分量外）を加えて軽く煮詰める。
⓫ ⑨の上面に⑩を刷毛でぬる。⑩が熱いうちに作業すること。
⓬ 波刃包丁で4辺の端の固い部分を切りとり、5×5cmに切り分ける。
⓭ それぞれの中央に Ｃ を適量のせる。

古典から藤生流にアレンジ

{ キャレ・ピスターシュ生地 }

🔴古 ザクッとした歯ごたえのある生地

🔴藤 しっとりとしたやわらかい生地

古典では、サブレのような生地ですが、私は小麦粉の分量を古典のレシピよりも減らし、バターを増やして、しっとり、やわらかい生地に。こうすると、ふんわりとした食感のアパレイユとの一体感が生まれます。また、ピスタチオの風味を打ち出すため、古典で配合しているバニラシュガーは省きました。

{ アパレイユ・ピスターシュ }

🔴古 ナッツ主体のペーストを使用

🔴藤 なめらかなアパレイユに変更

私がこの菓子を再現したいと思ったのは、ピスタチオのパウダーを使用するところに面白みを感じたから。古典では、ピスタチオとアーモンド、砂糖、シロップでつくるペーストを使いますが、ピスタチオの風味や色を最大限に表現するには、メレンゲなどを加えた口あたりのやさしいアパレイユのほうが適していると考えました。ナッツのこうばしさをアップさせるため、ビターアーモンドエッセンスを加え、ピスタチオの色を強調するため、緑の色素をプラスしています。

{ 組立て }

🔴古 2枚の生地でペーストをサンド

🔴藤 アパレイユを生地に重ねる

古典では、2枚の生地でペーストをサンドしますが、私はピスタチオの色味を生かすため、生地にアパレイユを重ねて焼き上げました。さらに、生地とアパレイユの間には、混ぜ合わせたアプリコットのコンフィチュールとリンゴのコンポートを組み込んでいます。甘ずっぱい風味が、ピスタチオのこうばしい味わいを引き立て、奥行のある複雑な味わいに。厚みも出て、層の美しさも表現できました。

{ 仕上げ }

🔴古 粉糖をふる

🔴藤 アーモンドの糖衣がけをトッピング

古典では粉糖をふって仕上げますが、私はアプリコットのコンフィチュールをぬってから、緑の糖衣をまとわせた自家製のアーモンドの糖衣がけをトッピング。コンフィチュールで甘ずっぱさとつやをプラスし、アーモンドの糖衣がけで見た目と食感にアクセントを加えました。

No.04 Gâteaux Conservés

"ガトー・コンセルヴェ"

Gâteau Mexicain

[ガトー・メキシカン]

『TRAITÉ DE PATISSERIE MODERNE』
のルセットを再現

ガトー・メキシカン
[Gâteau Mexicain]

<u>Foncer des moules à manqués en pâte sucrée, garnir le fond d'une mince couche de confiture d'abricots</u> ❶ ; d'autre part, mettre dans une terrine : 250g amandes en poudre–150g sucre en poudre–250g couverture chocolat râpée et travailler avec 2 œufs et 16 jaunes, ajouter 7 blancs montés soutenus avec 50g sucre semoule.
 Garnir les moules avec cet appareil, <u>saupondrer la surface avec du chocolat granulé et saupondrer à nouveau de chocolat râpé.</u> ❷ <u>Cuire à four très doux.</u> ❸ Se vend attaché avec une faveur.

❶ パート・シュクレをマンケ型に敷き込み、その底にアプリコットのコンフィチュールを薄くぬる。
❷ 細かい粒状にしたチョコレートを表面にちらし、さらに、けずったチョコレートをちらす。
❸ ごく弱火で焼成する。

　チョコレートたっぷりのガルニチュールを詰めて焼き上げたタルトタイプの焼き菓子。チョコレートは溶かしてほかの材料と合わせるのが一般的ですが、「TRAITÉ DE PATISSERIE MODERNE」では、すりおろしたチョコレートを混ぜていて、そこに面白さを感じました。チョコレートを溶かして混ぜたガルニチュールは、チョコレートがほかの材料となじんでまとまるため、濃厚で締まった味と食感になります。一方で、すりおろしたチョコレートを混ぜた場合は、チョコレートがほかの材料と混ざりきらずに全体にちらばるため、味、食感ともに比較的軽く仕上がります。それでいて口あたりはしっとり、カカオの風味もしっかりと表現できるのです。ここでは、基本的な配合は変えずに古典の魅力を引き出しつつ、材料選びでアレンジを加えたものに挑戦しました。
　小麦粉は、ザクッとしたほどよい歯ごたえと、小麦粉の豊かな風味を表現できる強力粉を、チョコレートは、焼成してもカカオの力強い風味を感じられるカカオ分約55％のダークチョコレートをセレクト。また、古典では生地の底にアプリコットのコンフィチュールをぬりますが、私は果実味や酸味の強いアプリコットのコンフィに代え、果肉の歯ごたえも加えて存在感を強調しました。素朴ながら各パーツの深い味わいが絡み合う1品です。

古典のパート・シュクレは、断面が白くても、しっかりと火が入った状態で歯ごたえがあります。ガルニチュールは適度に気泡が残り、しっとりとした食感に焼き上がります。

ドゥミ・セックにアレンジ！

店頭では長径7×短径6×高さ2cmのオーバル形にして販売しています。土台のパート・シュクレは、バターの分量が多く、ほろっとくずれるパート・サブレ・ショコラに変更。生地の底には甘ずっぱいフランボワーズのコンフィチュールを敷いて、全体の味にキレをプラスしました。ミルクとダークの2種類のチョコレートチップを飾って見た目と食感のアクセントに。

A　パート・シュクレ・オルディネール
[Pâte Sucrée Ordinaire]

材料《 口径12×高さ3cmのマンケ型3台分 》

バター*1……50g
純粉糖……65g
全卵*2……35g
強力粉（日清製粉「レジャンデール」）……165g
牛乳……適量

*1 ポマード状にする。
*2 溶きほぐす。

古典の配合は?
Farine [小麦粉]……500g
Sucre en Poudre [グラニュー糖]……200g
Beurre [バター]……150g
Œufs [全卵]……2個分
Lait [牛乳]……少量

つくり方

❶ ボウルにバターを入れ、純粉糖を加えて、すり混ぜる。
❷ 全卵を2回に分けて加え、そのつど泡立て器で混ぜてなめらかな状態にする。
❸ 強力粉を加え、ボウルをまわしながら底からすくい上げるようにしてカードで混ぜる。強力粉は薄力粉よりもグルテンが形成されやすく、グルテンが多いと生地が固くなってしまうため、練らないようにさっくりと混ぜること。大体まとまれば混ぜ終わり。粉けが多少残っていてもOK。
❹ 牛乳を少量加え、粉けがなくなるまで底からすくい上げるようにして混ぜる。バターの配合が少ないため、牛乳で生地の固さを調整する。
❺ ひとまとめにし、ラップで包む。
❻ 手のひらで厚さ1cmほどにととのえる。冷蔵庫に1晩おく。

B　ガルニチュール
[Garniture]

材料《 口径12×高さ3cmのマンケ型3台分 》

純粉糖……40g
アーモンドパウダー（皮付き）*1……65g
ダークチョコレート（カレボー「811」（ブロック）／カカオ分54.5%）*2……65g
卵白……60g
グラニュー糖……15g
全卵*3……25g
卵黄*3……80g

*1 生のアーモンドを自家製粉する。
*2 おろし金ですりおろす。
*3 合わせて溶きほぐす。

古典の配合は?
Amandes en Poudre [アーモンドパウダー]……250g
Sucre en Poudre [グラニュー糖]……150g
Couverture Chocolat Râpée [すりおろしたチョコレート]……250g
Œuf [全卵]……2個
Jaunes d'Œuf [卵黄]……16個分
Blancs d'Œuf [卵白]……7個分
Sucre Semoule [微粒グラニュー糖]……50g

つくり方

❶ Bをつくる作業の前に「組立て」（25頁）の工程①〜⑤を行うとよい。ボウルに、純粉糖、アーモンドパウダー、ダークチョコレートを入れ、ゴムベラで混ぜる。
❷ 別のボウルに卵白を入れ、白っぽくふんわりするまで泡立て器で混ぜる。グラニュー糖を加え、泡立て器ですくうと角がピンと立つまで混ぜる。白っぽくふんわりするまで混ぜてからグラニュー糖を加えることで、より気泡が細かい、しっかりとした質感に仕上がる。
❸ 合わせて溶きほぐした全卵と卵黄を①に加え、全体がなじむまで泡立て器で混ぜる。
❹ ③に②を加え、ゴムベラで底からすくい上げるようにさっくりと混ぜる。気泡をつぶさないように手ばやく混ぜること。

Gâteau Mexicain

組立て・焼成

材料《 口径12×高さ3cmのマンケ型3台分 》
アプリコットのコンフィ（5mm角、市販品）……90g
ダークチョコレート
（カレボー「811」（ブロック）／カカオ分54.5%）*……適量
＊おろし金ですりおろしたものと、粗くきざんだものを用意。

つくり方
❶ 打ち粉（分量外）をした作業台にⒶを置き、麺棒で厚さ3mmにのばしてマンケ型よりふたまわりほど大きな円形に切る。
❷ マンケ型の内側にバター（分量外）をぬり、①を敷き込む。型をまわしながら、空気が入らないように生地を型にしっかりと密着させること。
❸ 底の生地にピケする。
❹ アプリコットのコンフィを約30gずつスプーンで入れ、平らにぬる。
❺ 型からはみ出た余分な生地をペティナイフで切り落とす。粉が多く保形性の高い生地のため、冷やして締めなくてもダレる心配がないので、このまま常温に置いておいてもOK。
❻ ⑤にⒷを110gずつ入れる。
❼ すりおろしたダークチョコレートを茶漉しで表面全体にふる。
❽ 粗くきざんだダークチョコレートをちらす。粗くきざんだダークチョコレートの代わりにチョコレートチップをちらしたり、あるいは何もちらさなかったりすると、見た目はもちろん、風味や食感も異なる印象になる。
❾ ⑧を天板にのせ、上火180℃・下火180℃のデッキオーブンで約30分焼成する。天板をはずし、さらに約15分焼成する。
❿ 焼き上がったら常温にしばらくおいて粗熱をとり、型をはずす。

古典から藤生流にアレンジ

{ パート・シュクレ・オルディネール }

㊤ 粉の種類は指定なし

㊥ 強力粉を使用

古典では、粉の種類について記述はなく、粉に対してバターの量が3分の1以下という粉の多い配合です。当時のフランスで主流だったと思われる粉は強力粉。そこで私はザクッとしたほどよい歯ごたえと豊かな粉の風味を表現できる日清製粉「レジャンデール」を選びました。

{ ガルニチュール }

㊤ アーモンドパウダーの詳細は記載なし

㊥ 皮付きアーモンドを自家製粉

古典では、アーモンドパウダーについて細かな指定がありません。私は、ダークチョコレートの存在感に負けない程度にアーモンドの風味を表現したいと思い、皮付きアーモンドを自家製粉して配合しました。アーモンドを細かく挽くと油脂分が出てしまうため、粗めに挽きます。

{ 組立て }

㊤ コンフィチュールを使用

㊥ きざんだコンフィを使用

古典では、生地の底にアプリコットのコンフィチュールを薄くぬりますが、私は市販品のアプリコットのコンフィを使用。ドライフルーツを煮もどし、砂糖漬けにして5mm角にしてある、うめはらの「アプリコットカット5ミリ」を選びました。果実味や酸味が強く、濃厚なチョコレートの風味にも負けないうえに、果肉が食感のアクセントになります。また、流動性が高く、ガルニチュールとなじみやすいコンフィチュールに比べ、存在感を強調できるのもコンフィを選んだ理由です。

{ 焼成 }

㊤ ごく弱火で焼成する

㊥ 180℃で2段階の火入れを行う

古典では、「ごく弱火で焼成する」とあります。古典の「弱火」は150〜160℃と想像できますが、私は上火180℃・下火180℃で焼成。ただし、型ごと天板に置いて30分焼成し、天板をはずしてさらに15分焼成して、パート・シュクレを固すぎずサクッとした食感に仕上げます。粉が多い配合のパート・シュクレは火が入りにくく、とくに底の部分は天板にのせたまま焼成を続けると、もったりとした口あたりになってしまいます。また、最初から天板に置かずに直火で焼成すると固い食感になってしまいます。

『LE RÉPERTOIRE DE LA PÂTISSERIE』
のルセットを再現

フィナンシェール
[Financières]

Tamiser ensemble 250gr. de poudre d'amandes, 125gr. de sucre, 125gr. de fécule, 25gr. de sucre vanille, ❶ mélanger le tout à la spatule dans 6 blancs montés. Garnir pleins à la poche des petits moules à savarin beurrés et passés dans des amandes hachées fines. ❷ Cuire à four moyen. ❸ Dose pour 18.

❶ アーモンドパウダー250g、砂糖125g、片栗粉125g、バニラシュガー25gを一緒にふるいにかける。
❷ 絞り袋に生地を入れ、バターをぬって細かくくだいたアーモンドをまぶした小さなサヴァラン型に、型いっぱいに絞る。
❸ 中火で焼成する。

　卵白、砂糖、アーモンドパウダー、小麦粉を合わせたところに焦がしバターを加えるのがフィナンシェの一般的なレシピ。しかし、古典の「LE RÉPERTOIRE DE LA PÂTISSERIE」に記載されているフィナンシェは、バターを加えずに、たっぷりのアーモンドパウダーや砂糖、片栗粉などを、泡立てた卵白に混ぜ合わせます。どのような焼き上がりになるのか興味が湧いて再現したところ、やさしいアーモンドの香りとほろっとした食感が心地よい菓子に仕上がりました。白い見た目にも新しさを感じ、小さなサヴァラン型で焼くかわいらしい形も気に入りました。そこで、私なりのアレンジを加え、一般的なレシピでつくるフィナンシェと区別するため、「フィナンシェール」と名づけて商品化しました。

　こだわったのは、アーモンドの風味を最大限に引き出し、しっとりとした食感に仕上げること。古典では卵白は泡立ててからほかの材料と合わせますが、私は、一般的なフィナンシェと同様、すり混ぜるだけにして、しっとりとした食感を打ち出しました。さらに、古典では配合しない溶かしバターをプラス。バターの香りとこくがアーモンドの旨みを引き立てます。また、白い見た目もこだわりです。低めの温度で焼き色がつかないように焼き、バニラシュガーをたっぷりふりました。

空気を含ませすぎず、目の詰まったしっとりとした質感に。小麦粉の代わりに片栗粉を使うのも、ほろっとした食感に仕上げるポイントです。グラニュー糖、純粉糖、乾燥させて粉砕したバニラビーンズのサヤを混ぜてつくるバニラシュガーを、焼き上がってすぐの生地にたっぷりとふると、生地の熱で砂糖の一部が溶けて生地にしみ込み、甘みが補強されます。

A フィナンシェール生地
[Financières]

材料《 口径5cmのサヴァラン型22個分 》

卵白*1……115g
タン・プール・タン*2……185g
片栗粉……60g
バニラビーンズ*3……1/4本
バニラオイル……10滴
バター*4……60g

*1 溶きほぐす。
*2 自家製粉したマルコナ種の生のアーモンドのパウダーとグラニュー糖を同割で混ぜ合わせたもの。
*3 サヤから種を出す。種のみ使う。
*4 溶かして約50℃に調整する。

古典の配合は?

Poudre d'Amandes
[アーモンドパウダー]……250g
Sucre [砂糖]……125g
Fécule [片栗粉]……125g
Sucre Vanille
[バニラシュガー]……25g
Blancs d'Œufs Montés
[泡立てた卵白]……6個分

つくり方

❶ ボウルに卵白、タン・プール・タン、片栗粉、バニラビーンズの種、バニラオイルを入れ、粉けがなくなってなめらかな状態になるまで泡立て器でしっかりと混ぜる。中心から外側に向かって、粉類を巻き込んでいくように泡立て器を渦巻き状に動かすと混ざりやすい。

❷ バターを加え混ぜる。

焼成・仕上げ

材料《 口径5cmのサヴァラン型22個分 》

グラニュー糖*1……適量
純粉糖*1……適量
バニラビーンズ*1・2……適量

*1 混ぜ合わせる。
*2 サヤを乾燥させ、粉砕したもの。

つくり方

❶ 直径5cmのサヴァラン型を隙間がないように天板に並べ、スプレーオイル（分量外）を吹きつける。
❷ Aを絞り袋に入れ、①に縁から1〜2mm程度低い高さまで絞り入れる。
❸ 型どうしがくっつかないように等間隔で天板に並べる。
❹ 深さのある天板（高さ約4cm）を逆さにして③をのせ、上火180℃・下火180℃のデッキオーブンで約20分焼成する。
❺ 焼き上がったらすぐに型をはずし、上下を返してオーブンペーパーを敷いた板の上に並べる。
❻ 混ぜ合わせた砂糖2種類とバニラビーンズを茶漉しでたっぷりとふる。

古典から藤生流にアレンジ

{ フィナンシェール生地 }

㊁ アーモンドパウダーを配合

㊥ タン・プール・タンにして配合

古典ではアーモンドパウダーを使用しますが、私は自家製のタン・プール・タンを配合し、ほかの素材となじみやすくしました。タン・プール・タンに使うアーモンドパウダーは、マルコナ種の生のアーモンドを自家製粉。使用する直前に製粉することで、アーモンドの風味としっとりとした口あたりのよさも強調させています。

㊁ バターは不使用

㊥ 溶かしバターをプラス

古典では、油脂分はアーモンドに含まれる油脂分だけですが、私は溶かしバターを加え、しっとりとした食感を強調させつつ、ほんのりとバターを香らせました。溶かしバターとタン・プール・タンを配合して、アーモンドパウダーの配合量を減らし、油脂分を調節しています。

{ 焼成 }

㊁ 中火で焼成する

㊥ 焼成の工夫で白く焼き上げる

古典では、焼成に関しては「中火で焼成する」という記載のみ。中火は200℃前後と推測していますが、私は全体を真っ白に焼きたいので上火180℃・下火180℃にし、生地を並べた天板の下に深さのある天板を置いて、火のあたりがやわらかくなるようにしました。

{ 仕上げ }

㊁ 細かくくだいたアーモンドを貼りつける

㊥ バニラシュガーをたっぷりふる

古典では細かくくだいたアーモンドを型にまぶしてから生地を絞って焼成することで、アーモンドの風味と食感を強調しています。一方、私は、アーモンドによって表現できるしっとり感や深いこくを楽しんでもらいたいと考えました。また、焼き上がったらすぐにバニラシュガーをたっぷりとふって、甘みとバニラの上品な香りをプラス。真っ白な見た目からもしっとりとした生地を連想させます。

No.06 Gâteaux Conservés

"ガトー・コンセルヴェ"

Gâteau Cendrillon

［ ガトー・サンドリオン ］

『 LA PÂTISSIÈRE DE LA CAMPAGNE ET DE LA VILLE 』
のルセットを再現

ガトー・サンドリオン
[Gâteau Cendrillon]

Mélangez dans une terrine, en les ajoutant successivement, 100 grammes de farine très fine, 100 grammes de sucre en poudre très fin, une pincée de sel, 60 grammes de bon chocolat râpé et trois jaunes d'œufs; ❶ travaillez le tout jusqu'à ce que le mélange soit parfait; vous fouettez alors les blancs d'œufs et vous les incorporez à votre appareil. Etendez ensuite cet appareil sur une plaque beurrée légèrement; donnez 2 centimètres et demi à 3 centimètres d'épaisseur, ❷ et faites cuire au four à chaleur modérée. Lorsque la cuisson est achevée, laissez refroidir, puis coupez par bandes de 6 à 8 centimètres de largeur; détaillez ensuite chaque bande par morceaux de 3 centimètres; ❸ masquez chaque morceau avec un mélange à parties égales de sucre en poudre et de chocolat râpé liés avec du blanc d'œuf, faites sécher à l'étuve ou à la bouche du four.

❶ 非常に目の細かい小麦粉100gと
グラニュー糖100g、塩1つまみ、
すりおろしたおいしいチョコレート60g、
卵黄3個分を順に加え、
テリーヌ型の中で混ぜる。
❷ 厚さ2.5〜3cmになるように
（生地を流す）。
❸ 幅6〜8cmの帯状に切り、さらに、
それぞれの帯を3cmずつに切り分ける。

「サンドリオン」とはフランス語で童話のシンデレラ（灰かぶり）という意味ですが、この菓子がなぜガトー・サンドリオンと名づけられたのか、その由来ははっきりしません。すりおろしたチョコレートを加える点と、バターを使用しない点が製法のポイントです。「ガトー・メキシカン」（22頁）でも登場しましたが、チョコレートをすりおろして配合する製法は、じつは古典ではよく見かけるもので、チョコレートを溶かして生地に加えるよりも軽やかさを表現でき、一方でチョコレートの濃厚な風味も強く打ち出せます。ガトー・サンドリオンを再現してみると、バター不使用ながらしっとりとした食感に仕上がり、かみしめると広がるチョコレートと小麦粉の風味の調和が秀逸でした。そこで、グラニュー糖を純粉糖に代えた以外は古典と同じ材料を使い、この菓子の魅力を際立たせるアレンジを加えました。

まず、砂糖の量を減らす代わりにチョコレートの量を増やしてカカオ感あふれる濃厚な味わいを強調。小麦粉は、旨みも香りも強い強力粉を選び、粉の風味を打ち出すと同時に、もっちりとした食感を際立たせました。見た目の美しさを演出し、甘みも補強するグラス・ロワイヤルにも、すりおろしたチョコレートを加えて全体のカカオ感をアップさせました。

溶かしたチョコレートを加えた生地は濃厚で締まった味と食感になりますが、すりおろしたチョコレートを加えた生地は、適度に気泡が残って軽やかになりつつも、しっとりと焼き上がります。チョコレートの粒子を口の中でほんのり感じるのも魅力です。仕上げに、すりおろしたチョコレートを加えたグラスをぬるのも、この菓子の特徴です。

A ガトー・サンドリオン生地
[Gâteau Cendrillon]

材料《8×4cmの長方形36個分》

強力粉(日清製粉「テロワール ピュール」)……200g
純粉糖……100g
グラニュー糖……100g
ダークチョコレート
(カレボー「811」(ブロック)
／カカオ分54.5%)*1……180g
塩……1.5g
卵白……180g
卵黄*2……120g

*1 おろし金ですりおろす。
*2 溶きほぐす。

> **古典の配合は?**
> Farine [小麦粉]……100g
> Sucre en Poudre
> [グラニュー糖]……100g
> Sel [塩]……1つまみ
> Chocolat Râpé
> [すりおろしたチョコレート]……60g
> Jaunes d'Œufs [卵黄]……3個分
> Blancs d'Œufs [卵白]……数個分

つくり方

❶ ボウルに強力粉、純粉糖、グラニュー糖、すりおろしたダークチョコレート、塩を入れ、木ベラで全体が均一になるまで混ぜる。

❷ ミキサーボウルに卵白を入れ、空気を含んでふわふわとした質感になるまで高速で撹拌する。砂糖を加えないと泡立ちがはやいので、泡立てすぎて分離しないように注意すること。

❸ ①に②を一度に加え、木ベラで混ぜる。泡が軽く混ざりにくいので、最初は木ベラを小きざみに動かして、粉類と泡立てた卵白を軽くなじませてから、気泡をつぶさないように底からすくい上げるようにしてさっくりと混ぜる。粉けが残っていてもOK。

❹ ③に卵黄を加え、つやが出るまでしっかりと混ぜる。

B グラス・オ・ショコラ
[Glace au Chocolat]

材料《8×4cmの長方形36個分》

卵白……39g
グラニュー糖……60g
ダークチョコレート(カレボー「811」(ブロック)／カカオ分54.5%)*……60g

* おろし金ですりおろす。

つくり方

❶ ボウルに卵白とグラニュー糖を入れ、なめらかになるまでゴムベラで混ぜる。

❷ すりおろしたダークチョコレートを加え、均一な状態になるまで混ぜる。

焼成

つくり方
1. 43×34×高さ3cmの天板を2枚重ねる。内側にスプレーオイル（分量外）を吹きつけ、底と側面にオーブンペーパーを敷く。
2. ①に A を流し、カードで表面を平らにならす。
3. 上火180℃・下火180℃のデッキオーブンで約20分焼成する。
4. 焼き上がったら天板をはずし、板などに移して粗熱をとる。

仕上げ

つくり方
1. 焼成した A を焼き面を下にして天板に置き、オーブンペーパーをはがす。
2. ①の上面に B をぬり、L字パレットナイフで薄く平らにのばす。
3. 上火・下火ともに170～180℃のデッキオーブンに約4分入れ、表面が乾いてつやが出るまで火を入れる。
4. 板などに移して粗熱をとる。
5. 縦長に置き、波刃包丁で縦に4等分（幅約8cm）に切り分ける。
6. 横長に置き、左右の端の固い部分を切りとる。
7. 波刃包丁で縦に幅約4cmに切り分け、約8×4cmにする。

古典から藤生流にアレンジ

{ ガトー・サンドリオン生地 }

㊥ 小麦粉と砂糖は同量

㊖ 砂糖は小麦粉の半量に

材料は基本的に古典と変えていませんが、砂糖は、グラニュー糖を純粉糖に代え、分量も減らしました。一方でチョコレートは約1.5倍量を配合。砂糖の甘さを抑えながら、チョコレートの風味を強調させました。

㊥ 粉類を混ぜてから卵黄をプラス

㊖ 粉類とメレンゲを混ぜてから卵黄をプラス

古典では、小麦粉とグラニュー糖、すりおろしたチョコレート、塩を混ぜたあとに、卵黄、メレンゲの順に加えています。しかし、この方法だとダマになりやすいため、私は、小麦粉と純粉糖、すりおろしたチョコレート、塩を混ぜたら、まずはメレンゲを加え混ぜ、その後、卵黄を混ぜます。粉類とメレンゲが混ざった、なめらかな状態のほうが、卵黄をなじませやすいのです。

{ 焼成 }

㊥ 厚さ2.5～3cmに成形

㊖ 厚さ1.5cm弱に成形

古典には、「厚さ2.5～3cmになるように（生地を流す）」とありますが、私は古典の生地よりも薄い、厚さ1.5cm弱にして焼き上げました。これが、もっちりとした食感が楽しめるベストな厚みと考えています。厚すぎるともったりしすぎてしまうのです。

{ 仕上げ }

㊥ 6～8×3cmに切り分ける

㊖ 約8×4cmに仕上げる

古典では、焼き上げた生地を長さ6～8×幅3cmに切り分けていますが、私は薄く焼いていることもあり、少しだけ大きい約8×4cmに。また、古典では生地を切ってからグラス・オ・ショコラをぬり、オーブンで表面を乾燥させていますが、私は、効率を上げるため、生地が焼き上がったらグラス・オ・ショコラをぬり、オーブンで表面を乾燥させてから切り分けています。

No.07 Gâteaux Conservés

"ガトー・コンセルヴェ"

Gâteau de Lacam

[ガトー・ラカム]

『 LE RÉPERTOIRE DE LA PÂTISSERIE 』
のルセットを再現

ガトー・ラカム

[Gâteau de Lacam]

La recette de ce gâteau et due au célèbre pâtissier Lacam, c'est un des praticiens qui ont le plus contribué à élever la pâtisserie à la hauteur d'un art. Voici de quelle manière on confectionne ce délicieux gâteau: Prenez 250 grammes d'amandes douces mondées; pilez-les avec 375 grammes de sucre; ❶ passez au tamis et travaillez ce mélange dans une terrine avec huit jaunes d'oeufs, quatre oeufs entiers, une demi-gousse de vanille râpée, un verre de crème de noyau, un verre de crème d'anisette, et lorsque le tout est bien amalgamé, ❷ on ajoute 180 grammes de farine de riz, 375 grammes de beurre frais fondu et huit blancs d'oeufs fouettés bien ferme; on doit profiter de ce que le beurre est tiéde pour bien opérer le mélange de tous ces ingrédients; versez ensuite votre appareil dans un moule à gâteau Solférino; ❸ faites cuire au four à température modérée; glacez avec une glace de sucre à l'anisette. ❹

❶ 皮なしのアーモンド250gを
砂糖375gと一緒に挽く。
❷ (アーモンドと砂糖、卵黄、全卵、バニラ、
アプリコットの種のリキュール、アニゼットの)
すべてをしっかりと合わせる。
❸ ガトー・ソルフェリーノ型に
アパレイユを流し入れる。
❹ アニゼット風味のグラスで糖衣がけする。

　数多くのプチフールやアントルメを製作し、フランス菓子を芸術の域まで引き上げた19世紀の菓子職人、ピエール・ラカムが考案したといわれる菓子です。ここで紹介するのは、「LE RÉPERTOIRE DE LA PÂTISSERIE」に掲載されているルセットをベースにしたもの。もっとも興味深いのは、米粉が使われていることです。100年以上も前に米粉が菓子の材料として存在していたことに驚きました。生地は非常にしっとりとしていて、かみしめると、アニスが香る香草系リキュールのアニゼットの風味が口いっぱいに広がります。表面のグラスにもアニゼットを加えて味に深みを出しました。シャリッとした歯ざわりは食感のアクセントにもなっています。

　米粉を配合するとしっとりとした質感に仕上がりますが、私は軽さもを加えたいと思い、混ぜ方を工夫しました。古典では混ぜ方についての記載はありませんが、私は空気をたっぷりと含ませるようにして材料を混ぜ、さらに、できた気泡をできるだけつぶさないように全体を混ぜ合わせます。卵白とグラニュー糖は固く泡立てすぎず、溶かしバターは人肌程度に調温するなど、ほかの材料となじみやすい質感や温度にもこだわりました。つねに手ばやく均一に混ぜられる方法を採用することで、ふんわりとした口溶けを実現させています。

しっとり、きめ細かな質感と、アニゼットの甘くさわやかな香りが魅力。アニゼットは、アニスをメインに数種類のハーブやスパイスなどの香りを移したリキュールです。私は生地にアプリコットのコンフィチュールをぬってからグラスを重ねることが多いのですが、この菓子はアニゼット風味のグラスを直接生地にぬり、アニゼットの香りを強く打ち出しました。

A ガトー・ラカム生地
[Gâteau de Lacam]

材料《口径16×高さ5cmのフラワーケーキ型4台分》

全卵*1……110g
卵黄*1……80g
グラニュー糖A……150g
アーモンドパウダー……125g
バニラビーンズ*2……1/3本
卵白……140g
グラニュー糖B……38g
バター……188g
アニゼット……35g
アマレット……35g
米粉……90g

*1 合わせて溶きほぐす。
*2 サヤから種を出す。種のみ使う。

古典の配合は？

Amandes [アーモンド]……250g
Sucre [砂糖]……375g
Jaunes d'Œufs [卵黄]……8個
Œufs Entiers [全卵]……4個
Vanille [バニラ]……1/2本
Crème de Noyaux [アプリコットの種のリキュール]……グラス1杯
Crème d'Anisette [アニゼット]……グラス1杯
Farine de Riz [米粉]……180g
Beurre [バター]……375g
Blancs d'Œufs [卵白]……8個

つくり方

❶ ミキサーボウルに、合わせた全卵と卵黄、グラニュー糖A、アーモンドパウダー、バニラビーンズの種を入れ、ビーターで中速で撹拌する。空気を含んで全体がもったりとし、白っぽくなるまで撹拌を続ける。

❷ ①の作業と同時進行で、別のミキサーボウルに卵白を入れ、中速で撹拌し、空気を含んでふんわりとした状態になるまで泡立てる。

❸ ②にグラニュー糖Bを一度に加え混ぜる。ホイッパーですくうと、角ができてすぐにたれるくらいの状態になったらOK。これ以上固く泡立てると、全卵や卵黄、アーモンドパウダーなどを混ぜた生地と合わせる際になじみにくくなり、ゴムベラで混ぜる回数が増えるため、泡がつぶれやすく、焼成時にきれいに膨らまなくなってしまう。

❹ 鍋にバターを入れ、火にかけて溶かす。アニゼットとアマレットを加え、約50℃に調整する。

❺ ①をボウルに移し、④を加える。

❻ ⑤に米粉と③を加え、混ぜ残しがないように木ベラで底からすくい上げるようにして手ばやくさっくりと混ぜる。表面につやが出てきたらOK。

B グラス・ア・ラニゼット
[Glace à L'Anisette]

材料《つくりやすい分量》

純粉糖……270g
アニゼット……約90g

つくり方

❶ ボウルに純粉糖を入れ、アニゼットを半量程度加えてゴムベラで混ぜる。

❷ 全体が大体混ざったら、残りのアニゼットを加え、ゴムベラですくうとスーッと流れ落ちる状態になるまで混ぜる。固いようであれば、アニゼットを少量加えて調整する。

焼成・仕上げ

つくり方

❶ バター（分量外）を型の内側にぬり、Ⓐを230gずつ流し入れる。

❷ ①を天板に並べ、上火180℃・下火180℃のデッキオーブンで約25分焼成する。

❸ 天板をはずし、さらに約5分焼成する。下からしっかりと火を入れることで、こうばしい焼き色をつける。

❹ 焼き上がったら、軍手をはめた手で型の側面をポンッとたたき、すぐにオーブンペーパーを敷いた板に型ごとひっくり返して置く。ヘラなどを使って型をはずす。そのまま常温において冷ます。

❺ ④を手でもち、上面中央から外側に向かって刷毛でⒷをたっぷりとぬる。ぬり残しのないように注意。

❻ 網をのせたプラックに⑤をのせ、上火・下火ともに180〜200℃のデッキオーブンに1分30秒〜2分入れ、表面を乾燥させる。プラックに流れたⒷがぐつぐつと沸騰しはじめたらオーブンから出すこと。生地にぬったⒷが沸騰するまで火を通してしまうと、一度固まったⒷがふたたび溶けて、ベタベタとした仕上がりになってしまうので注意。

古典から藤生流にアレンジ

{ ガトー・ラカム生地 }

㊀ アーモンドと砂糖を合わせて挽く

㊥ 市販品のアーモンドパウダーを使用

古典では、皮なしのアーモンドを砂糖と一緒に挽いて配合しますが、私は市販品のアーモンドパウダーを使用。自家製のアーモンドパウダーを使うと、アーモンドのこうばしい香りが生き、よりしっとりとした仕上がりになりますが、この菓子はアニゼットの香りと米粉によるふんわりとした口あたりを前面に打ち出したいことから、あえて市販品を選びました。

㊀ 「しっかりと合わせる」とのみ記載

㊥ 空気をたっぷりと含ませる

古典には、挽いたアーモンドと砂糖、卵黄と全卵、バニラビーンズ、酒を「しっかりと合わせる」とありますが、どの程度まで合わせるかは記載されていません。そこで私は、全卵と卵黄、グラニュー糖、アーモンドパウダー、バニラビーンズの種を、しっかりと空気を含んで全体がもったりとし、白っぽくなるまで混ぜることに。小麦粉不使用でグルテンが形成されず、保形性が低いので、卵でしっかりと骨格をつくらないと、焼成時にきれいに膨らまず、べったりとした生地になってしまいます。

{ グラス・ア・ラニゼット }

㊀ つくり方の詳細は記載なし

㊥ グラス・ア・ローをアレンジ

古典には、「アニゼット風味のグラスで糖衣がけする」としかなく、詳しいレシピは載っていません。そこで私は、水の代わりにアニゼットを純粉糖に加えてつくるグラス・ア・ラニゼットにしました。グラス・ア・ローの基本的な配合は、粉糖に対して水が粉糖の4分の1量ほどで、これ以上水を加えると、ゆるすぎてしまいます。アルコールの場合は、水よりも粉糖が溶けにくいので、粉糖に対してアルコールは粉糖の3分の1量ほどを目安に加えています。

{ 焼成・仕上げ }

㊀ ガトー・ソルフェリーノ型を使用

㊥ フラワーケーキ型を使用

古典では、パート・フイユテにクレーム・パティシエールを詰め、パータ・シューをかぶせて焼くガトー・ソルフェリーノ型を使いますが、日本では一般的な菓子ではなく、型も手に入らなかったことから、フラワーケーキ型を採用。見た目もかわいらしく華やかな印象になりました。

No.08 Gâteaux Conservés
"ガトー・コンセルヴェ"

Plum Cake
[プラムケーキ]

『TRAITÉ DE PATISSERIE MODERNE』
のルセットを再現

プラムケーキ
[Plum Cake]

　Observation. – Les Plum-Cakes, gâteaux d'origine anglaise, fournissent une pâte lourde et serrée mais se conservant assez longtemps, ce qui permet d'en avoir toujours d'avance; la proportion des œufs peut varier de 6 à 12 par 500g de sucre. ❶（中略）: nous conseillons donc, dans la préparation des Plum-Cakes, de ramollir le beurre sans le fondre, d'y mettre ensuite le sucre, puis les œufs (tiédis à l'étuve), les uns après les autres, et de travailler le tout pour faire mousser. ❷（中略）
　Pour éviter que les raisins tombent au fond du moule durant la cuisson, il est préférable de ne pas les faire macérer dans le rhum ❸ : de même pour les fruits.
　Plum-Cake(no.2) – 500g sucre – 500g beurre – 125g miel, travaillés à la spatule dans une terrine avec 10 œufs mis successivement, 3g de sel – 5g bicarbonate de soude – 300g raisins de Corinthe macérés dans un peu de kummel et de forte infusion de thé, 650g farine. Four moyen. Moules à plum-cakes avec papier.

❶ 卵の割合は、砂糖500gに対して6〜12個の範囲で変えてもよい。
❷ 溶かさない程度にバターをやわらかくし、そこに砂糖を混ぜ、さらに（常温にもどした）全卵を1個ずつ加え、泡立てるようにすべてを混ぜる。
❸ 焼成中に生地の底にレーズンが沈まないように、レーズンはラム酒に漬けないほうがよい。

　「TRAITÉ DE PATISSERIE MODERNE」では、ラム酒漬けレーズン入りなど3種類の「プラムケーキ」が紹介されています。いずれもていねいに解説され、イラストも掲載されている点は興味深いところです。そのなかから、紅茶とキュンメルが香るレーズン入りのタイプを紹介します。キュンメルは、キャラウェイがベースの香草系リキュール。非常に印象的な風味に仕上がったので、店では、フランス・グヨ社のキュンメルの商品名と同じ「クリスタル・キュンメル」という名前で販売しています。
　古典の生地は、バター、砂糖、卵、小麦粉がほぼ同割のリッチな配合。このままでも充分おいしいので、この配合比率はほとんど変えていません。アレンジしたのは、生地にキュンメルを加えること。生地に混ぜる紅茶風味のキュンメル漬けレーズンとの調和を図り、より芳醇に仕上げました。一方、レーズンは、小粒のカレンズを使う古典に対し、私は大粒のものに代え、分量を増やしました。古典には紅茶とキュンメルの具体的な分量の記載はなく、風味づけ程度ですが、私は1晩漬けて生地の底に沈まないぎりぎりの水分を含ませ、しっかりとした風味とジューシーさを表現しました。生地のまわりの紙も特徴的。ギザギザの装飾は、シンプルな焼き菓子を少しでも華やかに見せる演出法の一つだったのでしょう。

香り高いアールグレイの抽出液とキュンメルに1晩漬けた大粒のレーズンを、古典の配合よりも多く生地に混ぜ込みました。小麦粉を黄色く発色させる性質をもつ重曹を配合した素朴で独特な風合いも特徴です。

「プラムケーキ」のレシピはイラスト入り。古典には、シャルロット型などの高さのある型、もしくは長方形の型を使うとありますが、イラストでは高さがそこまであるように見えないことから、私は一般的な丸型を採用しました。

A　紅茶風味のキュンメル漬けレーズン
[Raisins de Corinthe Macérés dans un peu de Kummel et de Forte Infusion de Thé]

材料《 直径12×高さ6cmの丸型4台分 》

水……400g
アールグレイの茶葉……25g
レーズン*……200g
キュンメル……25g
*大粒のものを使用。

古典の配合は？
Raisins de Corinthe
[コリント種のレーズン]……300g
Kummel [キュンメル]……少量
Thé [紅茶]*
*分量の記載なし。

つくり方

❶ 鍋に水を入れて強火にかけ、沸騰したらアールグレイの茶葉を加えてすぐに火を止める。ふたをしてそのまま約20分おく。
❷ ボウルにレーズンを入れ、①を網で漉しながらそそぎ入れる。
❸ ②にキュンメルを加える。
❹ 表面にラップを密着させて冷蔵庫に1晩おく。Bに合わせる直前にザルにあけて、しっかりと水けをきる（写真）。

B　プラムケーキ生地
[Plum-Cake]

材料《 直径12×高さ6cmの丸型4台分 》

全卵……275g
ハチミツ……63g
バター*……250g
グラニュー糖……250g
キュンメル……25g
塩……1.5g
重曹……2.5g
強力粉（日清製粉「レジャンデール」）……325g
*ポマード状にする。

古典の配合は？
Sucre [砂糖]……500g
Beurre [バター]……500g
Miel [ハチミツ]……125g
Œufs [全卵]……10個
Sel [塩]……3g
Bicarbonate de Soude [重曹]……5g
Raisins de Corinthe Macérés dans un peu de Kummel et de forte Infusion de Thé
[紅茶風味のキュンメル漬けレーズン]……300g
Farine [小麦粉]……650g

つくり方

❶ ボウルに全卵とハチミツを入れて火にかけ、泡立て器で混ぜながら約25℃になるまで加熱する。
❷ ミキサーボウルにバターを入れ、ビーターで低速で撹拌する。
❸ グラニュー糖を一度に加え、全体がなじむまで撹拌を続ける。
❹ ③に①の3分の1量を3回に分けて加え、そのつど全体がなじむまで低速で撹拌する。バターに対して卵が多い配合の場合、空気を多く含ませると卵が分離しやすくなるため、卵はまず少量を充分になじませることで、できるだけ全体の撹拌の時間を短くし、空気を含みにくくする。
❺ ①の残りを加えながら、中速で撹拌する。④で全体がしっかりと混ざっていれば、残りの卵が多少分離してもOK。⑦の工程で強力粉を加えるとしっかりつながる。
❻ ボウルにキュンメル、塩、重曹を入れて混ぜる。重曹は水分を含ませてから生地に加えると、はやくしっかりとなじませることができる。
❼ ⑤に強力粉、水けを切ったA、⑥を加え、混ぜ残しがないように、ゴムベラで底からすくうようにして、全体がなめらかになり、表面につやが出るまで混ぜる。工程⑤で多少分離するので、ここでしっかりと合わせないと、ぼそぼそとした口溶けの悪い食感の生地に焼き上がってしまう。

焼成・仕上げ

つくり方

❶ 直径12×高さ6cmの丸型に、スプレーオイル（分量外）を吹きつけて底にオーブンペーパーを敷き、約40×9cmの帯状に切ったオーブンペーパーを内側側面に沿わせる。

❷ ①に Bを約350gずつ入れ、型を作業台に軽くたたきつけて表面を平らにならす。

❸ 上火180℃・下火180℃のデッキオーブンで約50分焼成する。表面にできた割れ目にうっすらと焼き色がつき、指で押したときに弾力があれば焼き上がり。

❹ 焼き上がったら、すぐにオーブンペーパーをつけたまま型をはずして板に置き、粗熱をとる。

❺ 粗熱がとれたら、オーブンペーパーの上部をギザギザの山形になるようにハサミで切る。

古典から藤生流にアレンジ

{ 紅茶風味のキュンメル漬けレーズン }

古 小粒のレーズン（カレンズ）を使用

藤 大粒のレーズンをたっぷり配合

古典では、カレンズとも呼ばれる、ギリシア原産の小粒で酸味の強いコリント種のレーズンを配合しますが、私はカリフォルニア産の大粒のレーズンを使います。大粒のレーズンのほうが紅茶とキュンメルをたっぷり含んで、よりジューシーに仕上がり、しっとりとした生地とのバランスもよいのです。古典の配合よりも生地対比で少し多めに加え、リッチな印象に仕上げました。

古 キュンメルと紅茶は香りづけ程度

藤 キュンメルと紅茶の風味をしっかりと表現

古典には、「焼成中に生地の底にレーズンが沈まないように、レーズンはラム酒に漬けないほうがよい」とあります。また、キュンメルは少量としか記載されておらず、キュンメルと紅茶の正確な配合も記されていないことから、アルコールは香りづけ程度に使うと想像できます。一方、私はキュンメルを加えた紅茶にレーズンを1晩漬けて、しっかりと風味をしみ込ませています。ただし、漬けるのは1晩にして水分を含ませすぎないことと、生地に加える前にしっかりと余分な水分を切ることが重要。風味を際立たせつつ、生地が分離せず、焼成中に生地の底にレーズンが沈むこともないように調整しました。

{ プラムケーキ生地 }

古 生地にアルコールは配合しない

藤 キュンメルを加えて香り高く

古典では、アルコールは混ぜ込むレーズンにのみ使用し、生地には配合していませんが、私は、より香り高くしっとりとした生地にするために、生地にもキュンメルをプラス。キュンメルと紅茶が香るレーズンとの調和も図りました。

{ 仕上げ }

古 焼成後に周囲に巻いた紙を切る

藤 効率を考えて周囲の紙を切る

古典では、型の内側に型の約1.5倍の高さの紙を巻き、生地を入れて焼成後に、その紙をギザギザに切ります。生地を型に入れる際に、紙の上部に生地がついてしまい、焼成時に紙についた生地が焦げてしまうので、その部分を取り除くために焼成後に紙を切る、または、膨らむ生地の高さに合わせて紙を切るほうが美しく仕上がる、など理由はいろいろと想像できますが、それについて記載はありません。今回、私は焼成後に紙を切る古典の方法と、焼成前に紙を切って型に沿わせる方法の2パターンを試しました。ここでは古典の方法を紹介していますが、効率を考えるのであれば後者がおすすめです。

No.09 Gâteaux Conservés

"ガトー・コンセルヴェ"

Lintzer Tart

[リンツァートルテ]

『TRAITÉ DE PATISSERIE MODERNE』
のルセットを再現

リンツァートルテ
[Lintzer Tart]

Procédé géneral pour la préparation des Lintzer-Tart.– Foncer une série de cercles à flans avec l'une des pâtes ci-dessus indiquées, en tenant le fonçage un peu épais; ❶ garnir l'intérieur du flan, mais aux deux tiers seulement, de confiture de framboises cuites avec leurs pépins. Rioler ensuite la surface, c'est-à-dire former un quadrillage en losanges avec la pâte du fond coupée à la roulette, de la largeur de deux centimètres, ❷ et appliquée sur les bords mouillés; avoir soin de ne pas laisser trace de farine sur le gâteau; piquer au couteau et cuire, sans dorer, à four moyen pendant une demi-heure environ. ❸

❶ 少しだけ厚みをもたせてフォンサージュする。
❷ ローラーで幅2cmに切った生地で、ひし形の碁盤目状をつくる。
❸ ナイフでピケし、卵はぬらずに、中火で約30分焼成する。

シナモンなどのスパイスが香る生地にグロゼイユなどのコンフィチュールを合わせ、同じ生地を格子状に重ねて焼いたリンツァートルテ。オーストリア発祥として知られ、ドイツやフランスのアルザス地方などでも見かける古典菓子です。私がこの菓子に出合ったのはウィーンの老舗「ハイナー」での修業時代でした。ここでは、古典に掲載されているレシピを再現しています。

最大の魅力は、シナモンがふわりと香るこくのある生地と甘ずっぱいコンフィチュールの絶妙なバランスです。私は生地の存在感をより高めるため、シナモンパウダーを古典の3倍強に増量。膨張剤は配合せず、古典よりも薄い、厚さ4mmにのばして浅めに焼き、ザクッとした歯ざわりとしっとりとした食感を両立させました。また、格子状に生地を重ねたデザインは、古典では格子状の"窓"が小さく、コンフィチュールが見える範囲も小さいのですが、私は生地が重なる部分を減らし、華やかでシズル感のある見た目を意識しました。コンフィチュールは甘みと酸味のバランスがよいフランボワーズに。コンフィチュールの露出部分は焼成時にも煮詰まり、ただ甘いだけになってしまうので、凝固剤を厳選し、果実感を損なわないように工夫しました。形も四角いデザインに代え、モダンな印象に仕上げています。

フール・セックに アレンジ！

リンツァートルテをヒントに、パータ・リンツァーを使ったフール・セックも販売。粉糖を使い、ベーキングパウダーも配合しました。ヘーゼルナッツを混ぜてカリッとした食感もプラス。フランボワーズのコンフィチュールとグラス・ア・ローで飾って"リンツァーらしさ"を演出しています。

A パータ・リンツァー・タルト・フィーヌ
[Pâte à Lintzer Tart Fine]

材料《 25×25cmの正方形1台分 》

バター*1……150g
グラニュー糖……62g
カソナード……62g
全卵*2……55g
塩*2……1g
アーモンドパウダー……125g
強力粉(日清製粉
「レジャンデール」)*3……250g
シナモンパウダー*3……5g

*1 ポマード状にする。
*2 全卵を溶きほぐし、塩を加え混ぜる。
*3 合わせてふるう。

<u>古典の配合は?</u>

Farine [小麦粉]……500g
Amandes en Poudre
 [アーモンドパウダー]……250g
Sucre [砂糖]……125g
Cassonade [カソナード]……125g
Cannelle en Poudre Fine
 [細かいシナモンパウダー]……3g
Sel [塩]……2g
Beurre [バター]……300g
Œufs [全卵]……2個
Carbonate d'Ammoniaque
 [炭酸アンモニウム]……4g

つくり方

❶ ミキサーボウルにバターを入れ、ビーターで低速で撹拌する。
❷ いったんミキサーを止めてグラニュー糖とカソナードを一度に加え、全体がなじむまで低速で撹拌する。
❸ 塩を加えた全卵を少量ずつそそぎながら撹拌し、すべてそそいだら中速に切り替える。
❹ 全体がなじんでまとまってきたら低速に切り替え、アーモンドパウダーを加え混ぜる。
❺ 合わせてふるった強力粉とシナモンパウダーを加え、粉けがなくなるまで撹拌する。
❻ ひとまとめにし、ラップに包んで冷蔵庫に1晩おく。

B フランボワーズのコンフィチュール
[Confiture de Framboise]

材料《 25×25cmの正方形3台分 》

フランボワーズのピュレ……75g
水……75g
水アメ……75g
グラニュー糖*……150g
凝固剤(伊那食品工業
「イナゲル JP12-S」)*……3g
フランボワーズ
(冷凍・ブロークン)……75g

* 混ぜ合わせる。

<u>古典の配合は?</u>

Framboise Fraîche
 [生のフランボワーズ]……500g
Sucre [砂糖]……300g

＊ 原文には水に関する記述はなく、砂糖の4分の1～3分の1量(ここでは75～100g)の配合を適量としている。

つくり方

❶ 鍋にフランボワーズのピュレ、水、水アメを入れて中火にかけ、泡立て器でざっと混ぜる。
❷ 混ぜ合わせたグラニュー糖と凝固剤を加え混ぜる。
❸ グラニュー糖が溶けたら、フランボワーズを加え混ぜる。
❹ 鍋底が焦げつかないように、ときどき泡立て器で混ぜながら沸騰させる。気泡が小さくなり、粘りけが出るまで煮詰める。
❺ 火からおろしてボウルに移し、ラップを密着させて冷蔵庫に1晩おく。

Lintzer-Tart

組立て

つくり方

❶ 打ち粉（分量外）をした作業台に A を置き、手のひらで押しつぶしてくずし、ふたたび手でひとまとめにする。こうすることで生地の状態が均一になる。
❷ 麺棒で約50×25×厚さ4mmの長方形にのばす。
❸ ラップで包み、切りやすい固さになるまで冷蔵庫で冷やす。
❹ ❸を作業台に置き、25×25cmに2枚に切り分ける。
❺ ❹の1枚を約2cm幅の帯状に12本に切り分ける。
❻ ❹のもう1枚の生地をシルパンを敷いた天板にのせる。生地の中央に B 150gをのせ、縁から内側約1cmの部分を残してL字パレットナイフで全体にのばす。
❼ B をぬらずに残した縁の部分に刷毛で水（分量外）をぬる。
❽ ❺の帯状に切った生地4本を、1本ずつ❼で水をぬった部分に重ねる。
❾ ❺の帯状に切った生地4本を、❽の上面に等間隔に並べる。
❿ ❺の帯状に切った生地の残り4本を格子状になるように等間隔に並べる。

焼成・仕上げ

つくり方

❶ 上火180℃・下火180℃のデッキオーブンで25〜30分焼成する。途中20分が経過したら、天板の下にもう1枚天板を敷く。天板をもう1枚敷くことで、火のあたりがやわらかくなり、生地の底が焦げるのを防ぐ。
❷ 焼き上がったらすぐに板に置き、熱いうちに波刃包丁で端を少しだけ切る。さらに好みの大きさに切り分ける。そのまま常温において冷ます。
❸ 完全に冷めたら、生地の端に茶漉しで粉糖（分量外）をふる。

古典から藤生流にアレンジ

{ パータ・リンツァー・タルト・フィーヌ }

古 炭酸アンモニウムを配合

藤 膨張剤は不使用

古典では膨張剤として炭酸アンモニウムを配合し、ケイクに近い生地に仕上げています。一方、私は、しっとりとして口溶けのよい繊細な口あたりを表現しつつ、ザクッと歯ごたえのある食感に仕上げるため、炭酸アンモニウムやベーキングパウダーといった膨張剤は使いません。膨張剤を使わないことで、小麦やシナモンの風味も際立ちます。

古 シナモンパウダーは全体の0.2％

藤 0.7％の配合でシナモンの風味をアップ

古典では、材料の総量約1420gのうち3gがシナモンパウダーで、割合にすると約0.2％ですが、私は、材料の総量710gのうち5gの約0.7％とし、シナモンの香りを強調しました。また、私が理想とする、しっとりとしながら歯ごたえのあるフール・セックとドゥミ・セックの中間のような食感にするには、焼きを浅めにしなければなりません。シナモンパウダーを増やせば、焼きが浅くてもしっかりと色づいた仕上がりになります。

{ フランボワーズのコンフィチュール }

古 シンプルな素材でしっかりと煮詰める

藤 凝固剤を使って焼成時の変化を抑制

古典のコンフィチュールは、「鍋に砂糖と水を入れて116℃のプチ・ブーレ（冷やして指にとると小さな球状になる状態）になるまで煮詰め、生のフランボワーズを加えて、冷やして指でつまんで開くと細い糸を引く程度まで煮詰める」とあり、しっかりと火をとおした固めの質感であることがうかがえます。古典ではコンフィチュールの大部分を生地でおおいますが、私はコンフィチュールの露出部分を増やしているため、焼成時のコンフィチュールに直接火があたる部分が多くなっています。そのため、古典のようなコンフィチュールを使うと、焼成時にさらに煮詰まって固いアメ状になり、風味も損なわれて甘みばかりが強くなってしまいます。そこで、火をとおしても状態の変化を最小限に抑えられる伊那食品工業の凝固剤「イナゲルJP12-S」を配合し、みずみずしい食感と風味を保っています。

{ 組立て }

古 セルクルを使って丸く成形

藤 型を使わず、四角に成形

古典では、生地はのばさずに、セルクルに厚みをもたせて手で敷き込むため、生地部分が多い円形のケーキ形の菓子であると想像できます。私は生地を厚さ4mmにのばし、型を使わずに四角く成形することで、モダンな印象に。厚さを4mmにしたのは、生地とコンフィチュールのバランスがもっともよかったからです。

No.10 Gâteaux Conservés

"ガトー・コンセルヴェ"

Framboisettes

[フランボワゼット]

『 LA PÂTISSERIE D'AUJOURD'HUI 』
のルセットを再現

フランボワゼット
[Framboisettes]

Sur Plaque, <u>abaisse en pâte à sablés fins,</u> ❶ dorer les bords, <u>étaler une couche de confiture framboises-pépins,</u> ❷ recouvrir d'une abaisse en sablé, souder les bords, dorer, poudrer de sucre cristal., et marquer de tout petits carrés; four doux. <u>Découper les carrés avant complet refroidissement.</u> ❸

❶ パータ・サブレを薄くのばす。
❷ フランボワーズ・ペパン（フランボワーズの種入り）のコンフィチュールをぬり広げる。
❸ 完全に冷める前に四角く切り分ける。

　私は個人的にサブレ生地とフランボワーズのコンフィチュールの組合せが大好きなので、「LA PÂTISSERIE D'AUJOURD'HUI」で、この菓子を見つけたときは、すぐに再現しようと思いました。つくり方は、薄くのばしたパータ・サブレ2枚で種入りのフランボワーズのコンフィチュールをサンドし、ザラメ糖をまぶして焼くだけ。古典のレシピのままでも十分おいしかったのですが、私は、生地×コンフィチュール×ザラメ糖というシンプルな組合せによって生まれる味わいを、より深いものにしたいと思い、アレンジを加えました。

　古典では、ザクッとした歯ごたえのある「パータ・サブレ・ファン」を使っていますが、私は、小麦粉に対してバターと卵の量が多い「パート・シュクレ・フィーヌ」を使うことにしました。パータ・サブレ・ファンよりもサクッ、ほろっとした食感で、フランボワーズのコンフィチュールとの一体感が生まれるためです。一方で、ザラメ糖のジャリッとした食感とのコントラストが際立ち、食感の楽しさも演出できました。また、古典では生地にコンフィチュールを挟んでから焼成しますが、私は、生地を焼成してからコンフィチュールをサンド。完成したコンフィチュールに火を入れないことで、フレッシュな果実感とみずみずしい質感を生かしました。

生地のこんがりとした茶色とフランボワーズのコンフィチュールの鮮やかな赤色が美しい層を成し、上面にたっぷりとふったザラメ糖のキラキラと光る様子も魅力的です。フランボワーズのコンフィチュールは、生地で挟んだ際に横から流れ出ないように、しっかりと煮詰め、固めに仕上げるのがポイント。プチプチとした種の食感で存在感を出しました。

A　パート・シュクレ・フィーヌ
[Pâte Sucrée Fine]

材料《5×5cmの正方形25個分》

強力粉（日清製粉
「レジャンデール」）……250g
グラニュー糖……100g
バター*1……200g
全卵*2……28g
卵黄*2……50g

*1 ポマード状にする。
*2 合わせて溶きほぐす。

> **古典の配合は？**
> Farine［小麦粉］……500g
> Beurre［バター］……400g
> Sucre［砂糖］……200g
> Œuf［全卵］……1個
> Jaunes d'Œuf［卵黄］……5個

つくり方

❶ ボウルに強力粉とグラニュー糖を入れ、泡立て器で混ぜる。
❷ ミキサーボウルにバターを入れ、ビーターで低速で撹拌する。
❸ いったんミキサーを止めて①を一度に加え混ぜる。
❹ 混ぜ合わせた全卵と卵黄を一度に加え、全体が均一な状態になるまで撹拌する。混ぜすぎて粘りけが出ないように注意。
❺ 混ぜ残しがないように底からすくい上げるようにしてカードで混ぜる。
❻ ⑤をビニール袋に入れて手で平らにし、冷蔵庫に1晩おいてしっかりと冷やす。

B　フランボワーズのコンフィチュール
[Confiture de Framboise]

材料《5×5cmの正方形25個分》

◎フランボワーズの
コンフィチュール（種なし）
……でき上がりより90g
　フランボワーズのピュレ……50g
　水……50g
　水アメ……50g
　グラニュー糖*……100g
　ペクチン*……5g
フランボワーズ
（冷凍・ブロークン）……45g

* 合わせる。

> **古典の配合は？**
> Fruits Epluchés
> ［皮をむいたフルーツ］……500g
> Sucre［砂糖］
> ……375gまたは500g
> ＊ 原文には水に関する記述はなく砂糖の4分1〜3分の1量（ここでは約90〜125gまたは約125〜165g）の配合を適量としている。

つくり方

❶ フランボワーズのコンフィチュールをつくる。鍋にフランボワーズのピュレ、水、水アメ、合わせたグラニュー糖とペクチンを入れて中火にかけ、泡立て器でざっと混ぜる。
❷ 鍋底が焦げつかないように、ときどき泡立て器で混ぜながら沸騰させる。気泡が小さくなり、粘りけが出るまで煮詰める。
❸ 火からおろしてボウルに移す。
❹ 鍋に③を90gとフランボワーズを入れて中火にかけ、鍋底が焦げつかないように、ゴムベラで混ぜながら沸騰させる。ゴムベラですくっても下に流れない状態になるまで煮詰める。ボウルに移し、冷蔵庫に1晩おく。

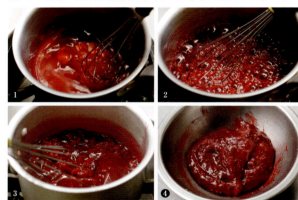

Framboisettes

組立て・焼成・仕上げ

材料《5×5cmの正方形25個分》
ぬり卵……適量
ザラメ糖……30g

つくり方
❶ Ａをシーターに通し、48×24×厚さ4mmの長方形にのばす。
❷ ①を2等分に切り分けてそれぞれ24×24cmの正方形にする。
❸ ②の1枚を麺棒で25×25cmにのばし、ピケして天板にのせる。
❹ ②の24×24cmの生地も天板にのせ、この生地にのみ刷毛でぬり卵をしてザラメ糖を全体にふる（焼成時に少し広がり、約25×25cmの正方形になる）。
❺ 160℃のコンベクションオーブンで約20分焼成する。焼き上がったら、すぐに板に移して粗熱をとる。
❻ ピケして焼成した生地を焼き面を下にして作業台に置く。
❼ ❻にＢをのせ、パレットナイフで全面にぬり広げる。
❽ ザラメ糖をふった生地を、焼き面を上にして⑦に重ねる。
❾ 波刃包丁で5×5cmの正方形に切り分ける。

古典から藤生流にアレンジ

{ パート・シュクレ・フィーヌ }

㊁ パータ・サブレ・ファンでつくる

㊂ パート・シュクレ・フィーヌでつくる

古典ではパータ・サブレ・ファンを使っていますが、私は古典に掲載されているパート・シュクレ・フィーヌを使用。パータ・サブレ・ファンよりも小麦粉に対してバターと卵の配合が多いため、バターの香りが強く、サクッ、ホロッとした食感に仕上がります。最初に強力粉とグラニュー糖、バターを混ぜてから卵を加えると、生地がなじみやすく、しっかりとつながるため、くずれるような食感ながら、保形性と適度な歯ごたえのある生地になります。

{ フランボワーズのコンフィチュール }

㊁ つくり方は記載なし

㊂ あとから種を加えて食感を強調

古典の「フランボワゼット」のルセットには「フランボワーズ・ペパンのコンフィチュールをぬり広げる」としか掲載されていません。そこで私は、ペパン（種）の入っていないフランボワーズのコンフィチュールをつくり、そこにフランボワーズ（ブロークン）を加えて煮詰める方法で、フランボワーズ・ペパンのコンフィチュールをつくりました。ペパンの量は全体の50％。たっぷりのペパンを加え、ペパンにはできるだけ火を入れないことで、プチプチとした食感を強調しています。

{ 焼成・組立て・仕上げ }

㊁ 組み立ててから焼成し、切り分ける

㊂ 生地を焼成してから組み立て、切り分ける

古典では、「生地にぬり卵をしてコンフィチュールをぬり広げ、もう1枚の生地をかぶせて、ぬり卵をし、ザラメ糖をふって、焼成後に切り分けやすいように四角く印をつけて弱火で焼く」とあり、組み立てて焼成してから切り分けています。一方、私は、生地を焼成してからコンフィチュールを挟み、切り分けることで、サクッとした生地の食感を生かしました。ポイントは、生地が焼き上がって粗熱がとれたらすぐに作業をすること。完全に冷めると、切り分ける際に生地がくずれやすくなります。

No.11 Petits Fours Glacés

"糖衣がけしたプチ・フール"

Bouchées
[ブッセ]

『 LA TRAITÉ DE PATISSERIE MODERNE 』
のルセットを再現

ブッセ
[Bouchées]

Accoler deux bouchées en biscuit creusées, avec de la crème Chantilly vanille bien égouttée; ❶ abricoter et glacer soit au fondant café, soit chocolat. ❷ Ce petit four doit se faire au dernier moment. Pour toutes les bouchées accolées, couper un peu celle du dessous, pour la stabiliser.

❶ 中央をへこませたビスキュイのブッセ2個を、十分に水けをきったバニラのクレーム・シャンティイでくっつける。
❷ （ビスキュイに）アブリコテ（アプリコットのコンフィチュールをぬる）し、コーヒーもしくはチョコレートのフォンダンをかける。
＊ 古典にはコーヒー味、もしくは、チョコレート味が基本のブッセとして記載されています。

　ブッセはフランス語で、ひと口という意味。小さく焼いたシューやビスキュイに、クリームやコンフィチュールを合わせたひと口サイズのプチ・フールをさします。日本で一般的に知られているブッセは、ひと口サイズではないことが多いですが、ビスキュイタイプのふわふわの生地にクリームなどを挟んでいることから、フランス古典菓子がもとになっているのではないかと思います。古典では数種類紹介されていて、いずれもフォンダンの糖衣がけをするのが特徴です。ここで紹介するブッセは、「TRAITÉ DE PATISSERIE MODERNE」に掲載されているビスキュイ生地を使う「ブッセ・カフェ／ショコラ」のアレンジです。日本人にとって親しみやすい味と食感を意識し、フォンダンはかけずに仕上げています。

　生地は、ビスキュイ・ア・ラ・キュイエールに。古典では、粉は小麦粉のみですが、私は半量を自家製のアーモンドパウダーに代え、こくとこうばしさを打ち出しました。しっとり、ふんわりとした弾力がありつつ、歯切れのよい生地にするため、材料を合わせる順番や混ぜ方を工夫し、グルテンをしっかりと形成させてから焼成します。挟むクリームは、こくのあるクレーム・オ・ブールを選択。オレンジの風味を加え、空気をたっぷりと含ませることで軽やかさも表現しました。

生地は、しっかりとグルテンを形成させつつ、固く泡立てたメレンゲを加えることで、弾力がありながらもふんわりとした食感に仕立てました。たっぷりとふった粉糖がサクッとした歯ざわりも生みます。古典ではバニラ風味のクレーム・シャンティイを挟んでいますが、こくのあるクレーム・オ・ブールに変更。保形性と保存性も高めました。

A ビスキュイ・ア・ラ・キュイエール
[Biscuit à la Cuiller]

材料《 48個分 》

アーモンドパウダー（皮付き）*1 ……125g
強力粉（日清製粉「テロワール・ピュール」）*2……125g
ベーキングパウダー*2……2.5g
全卵*3……220g
グラニュー糖A……125g
卵黄*3……180g
卵白……315g
グラニュー糖B……125g
純粉糖……適量

*1 生のアーモンドを自家製粉する。
*2 合わせてふるう。
*3 溶きほぐす。

古典の配合は？
Sucre en Poudre
　[グラニュー糖]……500g
Jaunes d'Œufs [卵黄]……20個分
Œufs Entiers [全卵]……2個
Blancs d'Œufs [卵白]……20個分
Sucre Semoule
　[微粒グラニュー糖]……100g
Farine [小麦粉]……500g
Vanille [バニラ]……適量
Sucre Glace [粉糖]……適量

つくり方

❶ ミキサーボウルに、アーモンドパウダー、合わせてふるった強力粉とベーキングパウダー、全卵を入れ、ビーターで低速で撹拌する。粉けがなくなってきたら中速に切り替え、粘りが出て、ビーターの跡が残るまでしっかりと撹拌する。

❷ グラニュー糖Aを一度に加え混ぜる。

❸ 卵黄を3〜4回に分けて加え、全体が白っぽく、もったりした状態になるまでしっかりと撹拌する。ボウルに移す。

❹ ③の作業と同時進行で、別のミキサーボウルに卵白を入れ、中速で泡立てる。卵白のコシがきれたら高速に切り替える。

❺ ホイッパーの跡が残り、ふわふわとした状態になったら、グラニュー糖Bを一度に加え混ぜる。

❻ ホイッパーですくうとピンと角が立つ状態になったら、中速に切り替え、ボリュームが減って、わずかにボソッとした状態になったら、ミキサーを止める。通常は、ボリュームが出て白っぽくなったら砂糖を加えるが、この菓子ではホイッパーの跡が残ってふわふわとした状態にしてから砂糖をプラス。こうすると状態がより安定し、保形性も高まる。充分に泡立ててから中速に切り替えて気泡をととのえると、さらに固くなって安定性が増し、気泡のつぶれにくいメレンゲに仕上がる。

❼ ③に⑥の4分の1量を加え、木ベラでメレンゲをくずすようにして混ぜる。気泡をつぶしてもOK。

❽ ⑦に⑥の残りを2回に分けて加え、そのつど気泡をつぶさないように、手ばやくさっくりと混ぜる。

❾ ⑧を口径1.5cmの丸口金を付けた絞り袋に入れ、オーブンペーパーを敷いた天板に、直径約5cmの円形に絞る。焼成中に膨らむので、適度に間隔をあけること。

❿ 純粉糖を茶漉しでたっぷりとふる。

⓫ 下にもう1枚天板を敷き、ダンパーを開けた上火180℃・下火180℃のデッキオーブンで約40分焼成する。

⓬ 焼き上がったらオーブンペーパーごと板などに移し、すぐに1個ずつオーブンペーパーからはがしてプラックに並べて冷ます。半量は焼き面を上にして並べ、その隣に残り半量を焼き面を下にして並べると、組立て時にBを挟む作業がしやすくなる。

Bouchées

B オレンジ風味のクレーム・オ・ブール
[Crème au Beurre à l'Orange]

材料《 約106個分 》

グラニュー糖……224g
水……56g
卵白……140g
バター……500g
オレンジペースト(市販品)
……140g

古典の配合は?
Blancs d'Œufs [卵白]……6個分
Sucre Cuit [シロップ]……500g
Beurre [バター]……500g

つくり方

❶ 鍋にグラニュー糖と水を入れて強火にかけて117℃まで加熱し、プチ・ブーレ(冷やして指にとると小さな球状になる状態)になるまで煮詰める。
❷ ①が沸騰しはじめたら、ミキサーボウルに卵白を入れ、高速で泡立てはじめる。ボリュームが出て白っぽくふんわりとしてきたら、①をミキサーボウルの内側側面に沿わせるようにしてそそぐ。
❸ 高速で撹拌を続け、バターが溶けない程度の温度(約30℃)になったら中速に切り替えて、きめをととのえる。
❹ 中速で撹拌を続け、バターを3〜4回に分けて加え混ぜる。バターをすべて混ぜたら高速に切り替え、空気を含んでふんわりとするまで撹拌する。
❺ ボウルにオレンジペーストを入れ、④の一部を加えて泡立て器でしっかりと混ぜる。
❻ ⑤を④に加え、均一な状態になるまで高速で撹拌する。

組立て

つくり方

❶ Bを口径1.5cmの丸口金を付けた絞り袋に入れ、焼き面を下にして並べたAの中央に約10gずつ球状に絞る。
❷ 焼き面を上にして並べたAを重ね、Bが横からあふれない程度にしっかりと押さえる。

古典から藤生流にアレンジ

{ ビスキュイ・ア・ラ・キュイエール }

古 粉は小麦粉のみ
藤 自家製粉のアーモンドパウダーも配合

生地は、古典で紹介されているビスキュイ・ア・ラ・キュイエールの応用です。古典では粉は小麦粉のみですが、私は小麦粉の半量を自家製粉のアーモンドパウダーに置き換えて、アーモンドのこくと、こうばしい風味を打ち出しました。また、全卵の配合量を増やして卵のやさしい風味もプラス。全卵を増やし、ベーキングパウダーを加えることで、膨らみをよくし、保形性も高めています。

古 卵黄&砂糖→全卵→小麦粉の順に混ぜる
藤 全卵&粉類→砂糖→卵黄の順に混ぜる

古典のビスキュイ・ア・ラ・キュイエールは、最初に卵黄と砂糖をすり混ぜ、全卵と小麦粉を順に加え混ぜてから、メレンゲを合わせます。しかし、私は、しっとりとして弾力がありながら、歯切れのよい生地に仕上げるため、最初に強力粉とベーキングパウダー、アーモンドパウダー、全卵を粘りけが出るまで混ぜてグルテンをしっかりと形成させてから、グラニュー糖と卵黄を順に加え混ぜ、最後にメレンゲをプラス。アーモンドと小麦の風味を生かすため、アーモンドパウダーは自家製粉し、小麦粉は香りと旨みの強い製品を選びました。

{ オレンジ風味のクレーム・オ・ブール }

古 クレーム・シャンティイをサンド
藤 クレーム・オ・ブールをサンド

古典では、ビスキュイ2個でバニラ風味のクレーム・シャンティイを挟んでいますが、私は日もちを考え、クレーム・オ・ブールをサンド。保形性もよく、常温でも溶けにくいイタリアンメレンゲをベースにしたレシピを採用しました。オレンジのペーストを混ぜてさわやかな味わいにすることで、軽やかさも打ち出しています。また、古典では上面にアプリコットのコンフィチュールをぬり、フォンダンをかけていますが、生地とクリームの食感のコントラストも楽しんでほしいと思い、生地には何もぬらずに仕上げました。

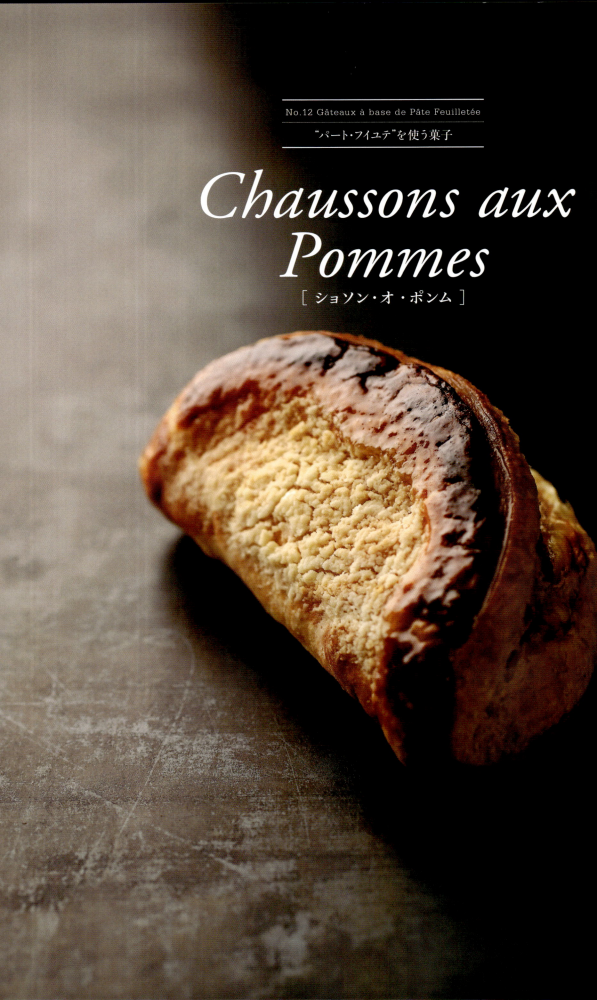

No.12 Gâteaux à base de Pâte Feuilletée
"パート・フイユテ"を使う菓子

Chaussons aux Pommes
[ショソン・オ・ポンム]

『TRAITÉ DE PATISSERIE MODERNE』
のルセットを再現

ショソン・オ・ポンム
[Chaussons aux Pommes]

Découper des abaisses en feuilletage plein, avec un coupe-pâte cannelé ❶ ; allonger un peu ces abaisses avec le rouleau, puis garnir le centre avec un peu de marmelade de pommes ❷ ; mouiller les bords au pinceau, replier l'abaisse pour former un demi-cercle; dorer, rayer, et cuire à four chaud. Glacer au four. ❸

❶ カヌレ形の抜き型でのばした生地を切り分ける。
❷ (生地の) 中央にリンゴのマーマレードを少量絞る。
❸ オーブンで光沢をつける。

パート・フイユテもしくはフイユタージュと呼ばれる折り込み生地を使う菓子で、ヴィエノワズリーのカテゴリーにも分類されるショソン。フランス語でスリッパを意味し、パート・フイユテでガルニチュールを包んで半円形にしたパイ菓子です。なかでもリンゴのコンポートを詰めたショソン・オ・ポンムは、フランスのパティスリーでは定番中の定番。ここでは大小2種類のサイズが掲載されている「TRAITÉ DE PATISSERIE MODERNE」の小さなサイズのレシピにアレンジを加えたショソン・オ・ポンムを紹介します。

生地は、古典にある数種類のパート・フイユテから、基本とされ、デトランプに対して折り込むバターの割合が多い「パート・フイユテ・フィーヌ」を採用。古典では強力粉と薄力粉が同割ですが、私は強力粉と薄力粉の割合を8対2にして、よりザクッとした食感を表現しました。しかし、私はこの菓子のポイントは配合よりも焼成にあると考えています。とくにこだわったのは、表面のキャラメリゼ。焼成中、うっすらと色づいたら粉糖をたっぷりとふり、生地に火を入れながら表面をじっくりと焦がします。こうすると縁の部分は厚みのあるキャラメリゼになってカリッとした食感に、ほかは粉糖が溶けきらずに残って、ほんのりやわらかい食感になるのです。

古典ではリンゴのマーマレードを使っていますが、私は、より濃厚な風味を楽しめるペースト状のリンゴのコンポートを採用。生地のザクッとした歯ざわりとコンポートのとろりとした口あたりの対比も魅力です。上面のキャラメリゼされたつやのある部分と白いマットな部分も異なる食感を生み、見た目のアクセントにもなっています。

A パート・フイユテ・フィーヌ
[Pâte Feuilletée Fine]

材料《 約30個分 》

強力粉（日清製粉「カメリヤ」）*1・2
……800g
薄力粉（日清製粉
「スーパーバイオレット」）*1・2……200g
塩*1……15g
水*1……400～420g
酢*1……50g
発酵バター*3……80g
折り込み用発酵バター*1……800g
*1 発酵バター以外の材料は冷蔵庫で冷やす。
*2 合わせてふるう。
*3 溶かして常温に調整する。

古典の配合は?
Farine［薄力粉］……250g
Gruau［強力粉］……250g
Sel［塩］……12g
Eau［水］……約1/4ℓ
Beurre dans la Détrempe
［デトランプ用のバター］
……50～150g
Beurre［バター］……500g

つくり方

❶ デトランプをつくる。ミキサーボウルに合わせてふるった強力粉と薄力粉、塩を入れる。
❷ 水、酢、溶かして常温に調整した発酵バターを加え、フックで低速で撹拌する。
❸ ひとまとまりになったら作業台に置く。つやが出るまで手でこね、表面を張らせるようにして丸くひとまとめにする。
❹ 表面にナイフで十文字に深く切り込みを入れ、ビニール袋に入れて冷蔵庫に1晩おく。
❺ 折り込み用発酵バターをビニール袋に入れ、デトランプと同じくらいの固さになるまで麺棒でたたき、約20×20×厚さ1cmにする。
❻ 打ち粉（分量外、以下同）をした作業台に❹を置き、切り込みの中央から四方に広げ、手でたたいて正方形にする。麺棒で35×35cmにのばす。
❼ ❻の中央に❺を角を45度ずらしてのせ、❻の四隅を中央に向かって折りたたんで包む。生地の合わせ目を手でしっかりと押さえる。
❽ 麺棒でしっかりと押さえ、デトランプとバターを密着させる。
❾ シーターに通しやすいように麺棒で厚さ2～2.5cmの長方形にのばす。
❿ シーターに通し、約70×35cmにのばす。
⓫ ❿を横長の状態で左右から3つ折りにし、麺棒で押さえて生地どうしを密着させる。
⓬ 麺棒を手前から奥、奥から手前に転がし、厚さ2～2.5cmの長方形にのばす。
⓭ ⓫を90度向きを変えてシーターに通し、約70×35cmにのばす。
⓮ ⓭を横長の状態で左右から3つ折りにし、麺棒で押さえて生地どうしを密着させる。刷毛で余分な打ち粉を落とし、ラップに包んで冷蔵庫に30分～1時間おく。
⓯ ❾～⓭の作業をさらに2回行う（3つ折り2回を3回、計6回になる）。

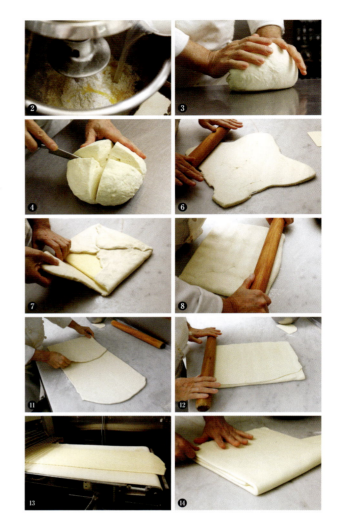

ガルニチュール・組立て

材料《 約30個分 》
リンゴのコンポート（市販品）……1.2kg

つくり方
❶ [A]を麺棒で厚さ2〜2.5cmの長方形にのばし、シーターに通して厚さ3mmにのばす。
❷ 直径13cmの型でぬき、オーブンペーパーを敷いたプラックなどにのせ、冷蔵庫に30分おく。
❸ 生地の縁に刷毛で水（分量外）をぬる。
❹ 口径1cmの丸口金を付けた絞り袋にリンゴのコンポートを入れ、生地の中央に40gずつ絞る。
❺ 生地を2つに折り、生地の合わせ目を指で押さえて密着させる。冷蔵庫に約30分おいて表面を冷やし固める。

❸

❺

焼成・仕上げ

材料《 約30個分 》
純粉糖……適量

つくり方
❶ ペティナイフで表面全体に幅約5mm間隔で15〜20本の筋を入れる。
❷ ぬり卵（分量外）を刷毛で表面にぬる。
❸ ②を生地の合わせ目を手前に向けて天板に並べ、上火200℃・下火200℃のデッキオーブンに入れる。
❹ 15分ほど経ち、生地が膨らんで表面がうっすらと色づいてきたら、オーブンから一度出して茶漉しで純粉糖をたっぷりとふる。ふたたびオーブンに入れて焼く。途中、コンポートが出てきそうになったら、ペティナイフで生地の合わせ目の部分に穴をあけて空気を抜き、膨らみを抑えること。
❺ 生地が膨らみきったら天板の前後を入れ替える。焼成時間は計約50分。

❶

❷

❹

❺

古典から藤生流にアレンジ

{ パート・フイユテ・フィーヌ }

㊁ 薄力粉と強力粉を同割で配合
㊥ 強力粉を多く配合して食感を強調

古典では、小麦粉は薄力粉と強力粉を同割で配合しますが、私は薄力粉と強力粉を2対8の割合で配合。強力粉を多めにすることで、しっかりとした粉の風味とパリッとした食感を際立たせました。

{ ガルニチュール・組立て }

㊁ 生地をカヌレ形のぬき型でぬく
㊥ 円形の型でぬく

古典では生地をカヌレ形のぬき型でぬきますが、フイユタージュは焼くと膨らみが大きく、きれいなギザギザ模様にならないので、私は円形にぬくことに。また、古典では楕円に少し生地をのばしてからコンポートを包みますが、作業性と見た目の美しさを考え、のばさずにそのまま包んでいます。

㊁ リンゴのマーマレードを使用
㊥ ペースト状のリンゴのコンポートを使用

古典では少量のリンゴのマーマレードを生地で包みますが、私はリンゴをしっかりと煮詰めたペースト状の市販のコンポートをたっぷり使用しています。ヨーロッパ産のリンゴのまろやかな酸味が際立つプロヴェール社の「コンポートポム」をセレクトし、表面のキャラメリゼの甘みとのコントラストを表現しました。自家製のコンポートではリンゴの水分や糖度、固さによって状態が安定しないこともあるため、品質がつねに安定している市販品を採用しました。

{ 焼成・仕上げ }

㊁ 光沢をつけて仕上げる
㊥ 純粉糖をたっぷりとふって表情豊かに

古典では「オーブンで光沢をつける」とありますが、詳しい方法は記載されていません。そこで私は、オーブンに入れて約15分後に純粉糖をたっぷりとふり、そこからさらに35分ほど焼成してじっくりとキャラメリゼすることに。縁は光沢と厚みのあるキャラメル状になり、ほかは粉糖が溶けずに残り、白っぽくザクッとした食感に仕上がります。

No.13 Gâteaux à base de Pâte Feuilletée

"パート・フイユテ"を使う菓子

Jésuites
[ジェズイット]

『TRAITÉ DE PATISSERIE MODERNE』
のルセットを再現

ジェズイット
[Jésuites]

Abaisser une bande de feuilletage, mettre un peu de crème cuite, ❶ mouiller les bords et replier. Étendre sur la surface de la glace royale avec amandes hachées. ❷ Découper en triangles. ❸ Four moyen entr'ouvert. Cuisson : 30 minutes environ.

❶ 少量のクレーム・キュイットをのせる。
❷ 表面にグラス・ロワイヤルをぬり広げ、くだいたアーモンドをちらす。
❸ 三角形に切り分ける。

　「ジェズイット」は、パート・フイユテでクレーム・ダマンドやクレーム・パティシエールなどを挟み、グラス・ロワイヤルをぬって焼いた三角形の菓子。フランス語でキリスト教カトリック教会の修道会であるイエズス会の修道士を意味し、修道士の帽子に形が似ていることから、その名がついたようです。私がこの菓子に出合ったのは、旅行で訪れた南フランスの小さな町だったと記憶しています。その後、古典でルセットを見つけ、当時の味を思い出しながら再現しました。
　古典では、パート・フイユテに挟むのは、おもにクレーム・パティシエールを意味する「クレーム・キュイット」とありますが、私はクレーム・ダマンドとクレーム・パティシエールを2対1の割合で合わせたクレーム・フランジパーヌに変更。アーモンドの風味に、パティシエールでこくと水分、適度な弾力をプラスした軽めのクリームにして、生地の軽い食感との統一感を出しました。クリームを挟んだ生地は、膨らみを抑えながらしっかりと焼成。焼成後に三角形に切り分け、グラス・ロワイヤルをぬってアーモンドスライスをちらし、ふたたびオーブンでほんのり色づくまで焼きます。こうするとクリームが流れることなく美しい断面を表現でき、パリッとした食感とキャラメルのような風味も打ち出せるのです。

古典では、クリームを挟んだ生地を切り分けてから焼成しますが、焼成中に間のクリームが流れ出たり、焼き上がりの高さが均一にならないなど、見た目の美しさを保ちにくいので、私は焼成後に切り分けます。グラス・ロワイヤルは粉糖を卵白の5分の1量と少なめに配合し、ゆるい質感に。焼成しても固すぎないパリッとした食感になります。

A　パート・フイユテ・フィーヌ
[Pâte Feuilletée Fine]

材料とつくり方
→ 56頁参照。つくりやすい分量。でき上がりより580g使用・約18個分。
56頁の工程⑮まで同様に行い、その後以下の作業を行う。

❶ 生地を580gとり分け、麺棒で厚さ2〜2.5cmの長方形にのばし、シーターに通して約48×30×厚さ2mmにのばす。
❷ 2等分に切り分け、それぞれ30×24cm（各約250g）にする。オーブンペーパーを敷いたプラックなどにのせて冷蔵庫に30分おく。

B　クレーム・パティシエール
[Crème Pâtissière]

材料《 つくりやすい分量 》
卵黄*1……80g
バニラビーンズ*2……1/2本
純粉糖……125g
薄力粉（日清製粉「スーパーバイオレット」）*3……25g
コーンスターチ*3……25g
牛乳……500g
バター……12g

*1 溶きほぐす。
*2 サヤから種を出す。サヤも使う。
*3 合わせてふるう。

> **古典の配合は？**
> Sucre en Poudre
> ［グラニュー糖］…500g
> Jaunes d'Œufs［卵黄］…12個分
> Farine［小麦粉］…100g
> Vanille［バニラ］…適量
> Sel［塩］…1つまみ
> Lait Bouillant
> ［沸かした牛乳］…1ℓ
> Beurre［バター］…適量

つくり方
❶ ボウルに卵黄とバニラビーンズの種、半量の純粉糖を入れ、泡立て器で白っぽくなるまですり混ぜる。
❷ 合わせてふるった薄力粉とコーンスターチを加え、粘りけが出ないようにゆっくりと混ぜる。
❸ 銅ボウルに牛乳、バニラビーンズのサヤ、残りの純粉糖を入れて強火にかける。泡立て器でときどき混ぜながら加熱し、沸騰直前にバニラビーンズのサヤを取り除く。
❹ 沸騰したら一部を②に加え混ぜる。これを銅ボウルに戻し、強火にして泡立て器で混ぜながら炊く。とろりとした状態になったら火からおろし、余熱で火を入れるイメージで泡立て器で混ぜ、少しゆるめのなめらかな状態にする。
❺ ふたたび火にかけ、泡立て器を持つ手が重くなり、沸騰しはじめたら火からおろしてバターを混ぜ溶かす。
❻ ボウルに移して氷水にあてて冷まし、ラップを密着させて冷蔵庫で保管する。

C　クレーム・ダマンド
[Crème d'Amande]

材料《 つくりやすい分量 》
バター*1……100g
純粉糖……100g
全卵*2……55g
生クリーム（乳脂肪分27％）……25g
アーモンドパウダー……100g

*1 ポマード状にする。
*2 溶きほぐし、湯煎にかけて人肌程度の温度に温める。

> **古典の配合は？**
> Amandes Emondées et sechées
> ［乾燥させて甘皮をむいたアーモンド］…500g
> Sucre［砂糖］…500g
> Beurre［バター］…500g
> Œufs［全卵］…8個

つくり方
❶ ボウルにバターと純粉糖を入れ、泡立て器ですり混ぜる。
❷ 純粉糖が溶けてなじんだら、全卵を3回程度に分けて加え、そのつどしっかりと混ぜる。純粉糖を混ぜたバターと全卵の温度が違いすぎると分離してしまうこともあるため、温度に注意すること。
❸ 生クリームを加え混ぜる。
❹ アーモンドパウダーを加え、ゴムベラで粉けがなくなるまで混ぜる。

D　クレーム・フランジパーヌ
[Crème Frangipane]

材料《 18個分 》
クレーム・パティシエール（B）……175g
クレーム・ダマンド（C）……350g

つくり方
❶ ボウルにBを入れ、ゴムベラで混ぜてなめらかにする。
❷ 別のボウルにCを入れ、一部を①に加え混ぜる。それをCが入ったボウルに戻し入れ、混ぜ合わせる。

* 古典では、クレーム・フランジパーヌは、現在一般的なクレーム・パティシエールとクレーム・ダマンドを合わせたものではなく、米粉などを配合したクリームとして紹介されています。

組立て・焼成

つくり方

1. オーブンペーパーを敷いた板に A を縦長に置き、包丁の峰などで縦幅の中央に横一直線に跡をつける。
2. 生地の手前の縁と中央の跡に刷毛で水（分量外）をぬる。
3. 口径1cmの丸口金を付けた絞り袋に D を入れ、生地の手前と左右の縁と中央の跡から内側約1cmをあけて、横一直線に8本（計約250g）絞る。
4. D を絞っていない奥側の生地を手前に折って D をおおい、生地の合わせ目を指で押さえて密着させる。冷蔵庫に約30分おいて表面を冷やし固める。
5. ④を天板に移して上火200℃・下火200℃のデッキオーブンに入れる。10～15分経ち、表面がうっすらと色づいたら、膨らみを抑えるために天板を上にのせ、さらに15分ほど焼成する。焼成時間は計約30分。焼き上がったらそのまま常温において粗熱をとる。
6. 波刃包丁で9個ずつの二等辺三角形に切り分ける。三角形の短辺は3cm程度が目安。

仕上げ

材料《つくりやすい分量》

◎グラス・ロワイヤル……でき上がりより適量
　卵白……100g
　純粉糖……20g
アーモンドスライス*……適量

＊上火160℃・下火160℃のデッキオーブンで約15分焼成する。

つくり方

1. グラス・ロワイヤルをつくる。ボウルに卵白を入れ、純粉糖をふるいながら加える。カードでしっかりと混ぜ、なめらかな状態にする。デコレーション用のグラス・ロワイヤルよりも純粉糖を少なめにし、ゆるめの質感に仕上げること。純粉糖が多いと焼成時に割れやすく、固い食感になってしまう。
2. 二等辺三角形に切り分けた生地の上面に①をパレットナイフでぬる。
3. 天板に並べ、ローストしたアーモンドスライスをちらす。
4. 160℃のコンベクションオーブンで約30分、表面が色づくまで焼成する。焼き上がったらオーブンペーパーを敷いたプラックなどに移し、粗熱をとる。
5. 流れたグラス・ロワイヤルをペティナイフで切って形をととのえる。

古典から藤生流にアレンジ

{ クレーム・パティシエール }

㊥ 粉には小麦粉を使用

㊑ 小麦粉の半量をコーンスターチに変更

古典ではクレーム・パティシエールに使う粉はすべて小麦粉ですが、私は薄力粉とコーンスターチを同割で配合します。薄力粉のみでつくるのと比べ、よりなめらかに仕上がります。

{ クレーム・ダマンド }

㊥ クレーム・ダマンドの材料はすべて同割

㊑ 全卵の量を減らし、生クリームをプラス

古典のクレーム・ダマンド・フィーヌは、アーモンド、砂糖、バター、全卵がほぼ同割ですが、私は、全卵の量を減らし、代わりに乳脂肪分27％の生クリームを配合。卵の風味を減らすことでアーモンドの香りを強調し、生クリームでこくをプラスするとともに乳味を生かしたやさしい味わいに仕上げています。

{ クレーム・フランジパーヌ }

㊥ クレーム・パティシエールを使用

㊑ クレーム・フランジパーヌに変更

古典では、生地に挟むクリームは、おもにクレーム・パティシエールを意味する「クレーム・キュイット」を使用する、とありますが、私はそれを、クレーム・パティシエールとクレーム・ダマンドを合わせたクレーム・フランジパーヌに代えて、適度ななめらかさ、アーモンドの香り、こくのある味わいを表現しました。

{ 仕上げ }

㊥ 仕上げ作業をしてから焼成

㊑ しっかり焼成してから仕上げる

古典では、生地にクリームを挟み、表面にグラス・ロワイヤルをぬって、くだいたアーモンドをちらし、三角形に切り分けてから中火のオーブンで約30分焼成しています。しかし、私は切り口を美しく仕上げる狙いから、焼成してから切り分けることにしました。また、グラス・ロワイヤルは生地をしっかりと焼成したあとにぬり、コンベクションオーブンでじっくりと乾燥焼きにすることで、焦がさずに仕上げ、パリッとした食感も生み出しました。

No.14 Gâteaux à base de Pâte à Choux

"パータ・シュー"を使う菓子

Éclairs
[エクレール]

『TRAITÉ DE PATISSERIE MODERNE』
のルセットを再現

エクレール

[Éclairs]

Coucher à l'aide d'une poche, douille unie et sur plaes, qu des bâtons en pâte à choux de 10cm de longueur ou un peu plus. ❶ Cuire à four doux, garnir à froid avec de la crème cuite, café ou chocolat; abricoter légèrement la surface que l'on glace ensuite également au fondant café ou chocolat. ❷ Pour 12, il faut de 240g à 320g ou plus, selon la taille et même poids de crème.

❶ パータ・シューを長さ10cm、またはもう少し長めの棒状に絞る。
❷ (パータ・シューの)表面に軽くアブリコテ (アプリコットのコンフィチュールをぬる) し、さらにコーヒーもしくはチョコレートのフォンダンをかける。

　古典菓子の基本の生地の一つがパータ・シュー。そして、基本のクリームが「クレーム・キュイット」と呼ばれるクレーム・パティシエール。この2つを合わせた菓子といえば、フランスではエクレールが代表とされ、コーヒー風味とチョコレート風味は、とりわけクラシックな味わいです。私は、この菓子の最大の魅力は、仕上げのフォンダンにあると思っています。美しいつや、なめらかな質感、適度な厚みのあるフォンダンをつくるには、固さや温度の調整が重要で、職人の腕の差が出ます。フランス修業時代、フォンダンの出来で職人のレベルを計るパティシエが多かったことを記憶しています。

　生地は、古典にある数種類のレシピから「パータ・シュー・オルディネール」を採用。古典では水分は水のみですが、私は全体の5分の2量を牛乳に代え、砂糖も加えて、甘みやサクッとした食感、より美しい焼き色を打ち出しました。クレーム・パティシエールは、「エクレール・カフェ」にはインスタントコーヒーの粉で、「エクレール・ショコラ」にはダークチョコレートで風味をつけています。フォンダンの甘みと個性に負けないバランスを考え、前者にはコニャックを加え、後者にはカカオ分約55％の甘みと苦みのバランスがよいチョコレートを使用。ほろ苦さと奥行のある味わいを表現しました。

エクレール・ショコラ

エクレール・カフェ

パータ・シューにはぬり卵をぬり、仕上げのフォンダンのすべり止めとしてフォークで筋をつけて約40分焼成。適度な厚みをもたせながらサクッとした食感に焼いたら、コニャックが香るコーヒー風味、もしくは濃厚なチョコレート風味のクレーム・パティシエールを絞り入れます。甘みの強いフォンダンの厚みも味を左右する重要なポイントです。

A パータ・シュー・オルディネール
[Pâte à Choux Ordinaire]

材料《約30本分》
牛乳……100g
水……150g
バター……100g
グラニュー糖……15g
塩……2.5g
薄力粉(日清製粉「スーパーバイオレット」)……150g
全卵*……250g
*溶きほぐす。

古典の配合は?
Eau [水]……1ℓ
Beurre [バター]……375g
Sel [塩]……12g
Farine [小麦粉]……500g
Œufs [全卵]……16個

つくり方
❶ 鍋に牛乳と水、バター、グラニュー糖、塩を入れて火にかける。バターが完全に溶けて沸騰したら火からおろし、薄力粉を加えて木ベラで手ばやく混ぜる。
❷ 粉けがなくなったら中火にかけ、木ベラで生地を底から返すようにして混ぜながら水分をとばす。鍋底に薄い膜が張り、生地がまとまって鍋底から離れるようになったら火からおろす。
❸ ②をミキサーボウルに入れ、ビーターで中速で撹拌する。生地が温かいうちに全卵を数回に分けて加え、全体が均一な状態になるまで混ぜる。最後に全卵を加えるときは、全卵がとびちりやすいので低速にする。
❹ ヘラですくうとゆっくり落ち、ヘラに残った生地が写真のように三角形になればOK。温かいうちに絞って焼成作業に移ること。

B クレーム・パティシエール
[Crème Pâtissière]

材料とつくり方
→ 60頁参照。つくりやすい分量。
工程④の途中からは、以下のようにつくる。
❶ 強火にして泡立て器で混ぜながら炊く。コシが切れてサラッとした状態になり、つやが出たら火からおろし、バターを混ぜ溶かす。
❷ ボウルに移して氷水にあてて冷まし、ラップを密着させて冷蔵庫におく。

C クレーム・パティシエール・オ・カフェ
[Crème Pâtissière au Café]

材料《5本分》
クレーム・パティシエール(B)……200g
コニャック(レミーマルタン)……5g
インスタントコーヒーの粉……2g

つくり方
❶ ボウルにBを入れ、なめらかになるまでヘラで混ぜる。
❷ コニャックにインスタントコーヒーの粉を加え、ざっと混ぜ溶かす。
❸ ①に②を加え、泡立て器で混ぜ合わせる。

D クレーム・パティシエール・オ・ショコラ
[Crème Pâtissière au Chocolat]

材料《5本分》
クレーム・パティシエール(B)……200g
ダークチョコレート(カレボー「811カレット」/カカオ分54.5%)……30g

つくり方
❶ ボウルにBを入れ、なめらかになるまでヘラで混ぜる。
❷ 別のボウルにダークチョコレートを入れ、湯煎で溶かして28℃に調整する。
❸ ②に①の一部を加え、泡立て器で混ぜてしっかりと乳化させる。
❹ ①に③を加え、泡立て器でしっかりと混ぜ合わせる。

E フォンダン・オ・カフェ
[Fondant au Café]

材料《つくりやすい分量》
フォンダン(市販品)*……100g
濃縮コーヒーエキス……適量
シロップ(ボーメ30度)……適量
*湯煎にかけて人肌程度の温度に調整する。

つくり方
❶ ボウルにフォンダンを入れ、コーヒーエキスを加えてヘラで混ぜる。
❷ ①を湯煎にかけ、シロップを加えながらヘラで混ぜて人肌より少し高い温度(38〜40℃)に温める。ヘラですくうとすーっとリボン状に落ちるくらいの固さに調整する。しっかりとつやが出るまで混ぜること。
❸ ボウルの内側側面をぬぐってきれいにし、乾燥を防ぐために使用直前までぬらした布巾などをかぶせておく。

F フォンダン・オ・ショコラ
[Fondant au Chocolat]

材料《つくりやすい分量》
フォンダン(市販品)*……100g
ダークチョコレート(カレボー「70-30-38カレット」/カカオ分70.5%)*……70g
シロップ(ボーメ30度)……適量
*それぞれ湯煎にかけて人肌程度の温度に調整する。

つくり方
❶ ボウルにフォンダンを入れ、ダークチョコレートを加えてヘラで混ぜる。
❷ Eの工程②・③と同様の作業を行う。

焼成

つくり方

❶ Ⓐを口径1.5cmの丸口金を付けた絞り袋に入れ、天板に長さ10cmの棒状に絞る。焼成時に膨らみが悪くならないように、Ⓐは温かいうちに絞ること。
❷ つやを出し、口金の跡を平らにするため、上面にぬり卵（分量外）を刷毛でぬる。
❸ ②の上面に水（分量外）を刷毛でぬり、フォークを生地にほぼ水平にあてて生地を軽く押さえるようにして縦に筋を入れる。
❹ 上火190℃・下火190℃にし、ダンパーを開けたデッキオーブンで約20分焼成する。生地が膨らみ、焼き色がついたら上火170℃・下火170℃に落として、さらに約20分焼成する。温度が高すぎると生地が膨らみすぎて割れてしまうので注意。焼き上がったら、そのまま常温において冷ます。

仕上げ

つくり方

❶ 焼成して冷ましたⒶの底に、マジパンスティックなどで穴を2ヵ所あける。
❷ エクレール・カフェを仕上げる。口径9mmの丸口金を付けた絞り袋にⒸを入れ、生地の底にあけた穴から40gずつ絞り入れる。
❸ あふれ出たⒸはパレットナイフでぬぐう。
❹ Ⓔを人肌より少し高い程度の温度（38〜40℃）に温めてヘラで混ぜてつやを出す。これに③を焼き面を下にしてつけ、ゆっくり引き上げて軽くゆすって余分なⒺを落とす。Ⓔが厚くついてしまった部分は指でぬぐうようにして余分なⒺを落とし、厚さを均等にする。縁を指でなぞる。
❺ Ⓔをつけた面を上にして板などに並べ、乾かす。
❻ エクレール・ショコラを仕上げる。Ⓒの代わりにⒹを、Ⓔの代わりにⒻを使って工程②〜⑤と同様の作業を行う。

古典から藤生流にアレンジ

{ パータ・シュー・オルディネール }

㊀ 甘みのない生地
㊥ 牛乳と砂糖をプラス

古典では水のみですが、牛乳を加えることで、サクッとした食感を打ち出しました。グラニュー糖も配合することで、ほのかな甘みも加え、色づきもよくしました。

{ クレーム・パティシエール・オ・カフェ }

㊀ コーヒー風味という記載のみ
㊥ コニャックを加えて香り高く

奥行のある味わいにするため、コーヒーの味と香りに負けない芳醇なコニャックをプラス。コニャックにインスタントコーヒーの粉を溶かしてからクレーム・パティシエールと合わせました。フォンダンの甘みとのバランスを考え、ほろ苦い味わいを表現しています。

{ 焼成 }

㊀ 絞りっぱなしで焼成
㊥ ぬり卵をし、筋をつける

古典では、「丸口金を付けた絞り袋で長さ10cm、またはもう少し長めの棒状に絞る」という記述のみですが、私は美しい焼き色をつけるため、ぬり卵をし、焼成時に表面が割れたりせずに均一に膨らむように上面にフォークでしっかりと筋をつけてから焼成しました。上面に筋をつけるとフォンダンがすべらないため、仕上がりも美しくなります。

{ 仕上げ }

㊀ アブリコテをしてからフォンダンをかける
㊥ つやのあるフォンダンのみをつける

古典では、仕上げにパータ・シューにアブリコテ（アプリコットのコンフィチュールをぬる）してから、フォンダンをかけていますが、私はフォンダンのみで仕上げます。私は、フォンダンの美しいつやは、エクレールの最大の魅力だと思います。フォンダンにシロップを加え、人肌より少し高い程度の温度に温めて固さを調整し、ヘラで混ぜてしっかりとつやを出します。もっとも注意すべきは温度で、高すぎると薄くつけられるものの、つやがなくなり、舌ざわりも悪くなってしまい、逆に低すぎると、つやはあってもぶ厚くなり、固まるまでに時間がかかって横に流れたり、表面が割れたりして美しく仕上がりません。

No.15 Gâteaux avec la Crème Cuite

"クレーム・キュイッド"の菓子

Saint-Honoré
［サントノーレ］

『TRAITÉ DE PATISSERIE MODERNE』
のルセットを再現

サントノーレ
[Saint-Honoré]

Former en pâte à foncer un fond rond que l'on pique et borde, un peu en retrait, d'une couronne en pâte à choux; faire une spirale en même pâte au centre pour empêcher ce fonde de brûler. ❶ Dorer la couronne et cuire pendant 15 minutes environ.

Faire ensuite des petits choux, que l'on glace au sucre cuit cassé et que l'on colle sur le tour ❷ avec ce même sucre, un peu espacés les uns des autres. Garnir le fond d'une «crème dite à Saint-Honoré» et finir le dessus en plaçant symétriquement de la crème à la cuiller. ❸

❶ 土台(パータ・フォンセ)が焦げるのを防ぐため、中央にパータ・シューを渦巻き状に絞る。
❷ カッセ(125〜146℃に煮詰めた状態)にした砂糖をプチシューの上にかける。
❸ 土台に《サントノーレ用のクリーム》を絞り、上にスプーンでサントノーレ用クリームを対称的に置く。

「サントノーレ」が誕生したのは19世紀。菓子職人のシブースト氏が考案し、パリのサントノーレ通りに店を構えていたことから、その名がつけられたといわれています。このほか、菓子やパンの職人の守護聖人であるサントノーレにちなんだという説もあるようです。素朴な古典菓子のなかでは、ひと際華やかな菓子ですが、現代のサントノーレと比べれば構成はシンプルです。パータ・フォンセにパータ・シューを絞って焼き、キャラメルがけしたプチシューをデコレーション。中央にクレーム・パティシエールとメレンゲを合わせたクレーム・シブーストを絞るのがクラシックなスタイルです。

古典菓子で基本となるクリームは、「クレーム・キュイット」と呼ばれるクレーム・パティシエール。「TRAITÉ DE PATISSERIE MODERNE」では、クレーム・パティシエールをベースにつくるクレーム・シブーストは「サントノーレ用のクレーム・キュイット」として、複数のつくり方で紹介されています。私は、こくや風味に加え、保形性や日もちなども考え、それら複数のレシピを参考に、クレーム・パティシエールにイタリアンメレンゲを合わせることにしました。牛乳と砂糖を配合して甘みを加えたプチシューに、キルシュ風味のクレーム・パティシエールを入れたのも、古典にはないアレンジです。

パーツを増やしてアレンジ！

コーヒー風味のクレーム・シャンティをプチシューの間に星口金で絞るだけで、ぐんと華やかな印象に。ほろ苦さが加わり、味に変化も出ます。クレーム・シャンティの風味を変えるだけで、バリエーションは無限に。中央のアーモンドスライスは、見た目と食感のアクセントです。

プチガトーにアレンジ！

直径6cmのパータ・フォンセを使用してプチガトーに仕立てました。サントノーレ用のクレーム・キュイットは中央に絞り、まわりにプチシューを2個のせ、しっかりと泡立てたコーヒー風味のクレーム・シャンティで飾っています。

A パータ・フォンセ・オルディネール
[Pâte à Foncer Ordinaire]

材料《直径14cmのセルクル10台分》

冷水……約50g
塩……2g
グラニュー糖……4g
薄力粉（日清製粉
「スーパーバイオレット」）*1……50g
強力粉（日清製粉
「カメリヤ」）*1……50g
卵黄*2……8g
バター*3……6g

*1 合わせてふるう。　*2 溶きほぐす。
*3 溶かして常温に調整する。

古典の配合は?
Farine [小麦粉]……500g
Sel [塩]……12g
Sucre [砂糖]……12g
Beurre [バター]……250g
Eau [水]……約300mℓ

つくり方
❶ ボウルに冷水と塩、グラニュー糖を入れ、泡立て器などで混ぜる。
❷ 作業台に薄力粉と強力粉をフォンテーヌ状（山のようにまとめ、中央をくぼませた状態）にし、中央に①を入れ、まわりの粉を少しくずして指で混ぜる。
❸ 卵黄とバターを中央に加え、まわりの粉をくずしつつ、カードで粉と水分を切るようにしながら混ぜる。
❹ 粉がなくなり、ある程度まとまったら、作業台に打ち粉をふり、手のひらで押しながらこねる。ひとまとめにして麺棒で厚さ3〜5mm程度にのばし、ラップで包んで冷蔵庫に1晩おく。

❸

❹

B パータ・シュー・オルディネール
[Pâte à Choux Ordinaire]

材料とつくり方
→ 64頁参照。つくりやすい分量。

C キルシュ入りクレーム・パティシエール
[Crème Pâtissière au Kirsch]

材料とつくり方
→ 64頁参照。つくりやすい分量。
工程②で氷水にあてて冷ましたあと、キルシュ（適量）を加え混ぜる。

D キャラメル
[Caramel]

材料《つくりやすい分量》
水……30g　グラニュー糖……100g

つくり方
❶ 鍋に水とグラニュー糖を入れて強火にかけ、茶色くなるまで加熱する。
❷ 鍋底をさっと水につけて温度の上昇を防ぐ。

E サントノーレ用のクレーム・キュイット
[Crème Cuite pour Saint-Honoré]

材料《つくりやすい分量》

◎イタリアンメレンゲ
　グラニュー糖……200g
　水……50g
　卵白……140g
◎クレーム・パティシエール
　卵黄……70g
　グラニュー糖……50g
　バニラビーンズ*1……1/3本
　薄力粉（日清製粉
　「スーパーバイオレット」）……23g
　牛乳……170g
　粉ゼラチン*2……5g
　冷水*2……30g

*1 サヤから種を出す。種のみ使う。
*2 粉ゼラチンは冷水でふやかす。古典では、店舗販売を考慮し、保形性を上げるためにゼラチンを加えている。

古典の配合は?
Sucre Poudre [グラニュー糖]……500g
Jaunes d'Œufs [卵黄]……16個分
Farine [小麦粉]……100g
Lait [牛乳]……1ℓ
Vanille (ou Café ou Cacao Foudu)
[バニラ（もしくはコーヒーか溶かしたチョコレート）]……適量
Gélatine [ゼラチン]……6〜8枚
Blancs d'Œufs [卵白]……24〜30個分

つくり方
❶ イタリアンメレンゲをつくる。鍋にグラニュー糖と水を入れて強火にかけ、117℃になるまで加熱し、プチ・ブーレ（冷やして指にとると小さな球状になる状態）になるまで煮詰める。
❷ ミキサーボウルに卵白を入れ、高速で撹拌する。ボリュームが出て白っぽくふんわりとしてきたら、①をミキサーボウルの内側側面に沿わせるようにして少しずつそそぐ。ホイッパーですくうとピンと角が立つ状態になったら、中速に切り替え、約32℃になるまで撹拌を続ける。
❸ クレーム・パティシエールをつくる。ボウルに卵黄、グラニュー糖、バニラビーンズを入れて泡立て器ですり混ぜ、薄力粉を加え混ぜる。
❹ 銅ボウルに牛乳を入れて火にかけ、沸騰したら一部を③に加え混ぜる。これを残りの牛乳が入った銅ボウルに戻し入れ、強火にして泡立て器で混ぜながら炊く。とろりとした状態になったら火からおろし、余熱で火を入れるイメージで泡立て器で混ぜ、なめらかな状態にする。
❺ ふたたび火にかけて混ぜ、全体につやが出て、コシが切れてサラッとした状態になったら火からおろし、冷水でふやかした粉ゼラチンを混ぜ溶かす。次の工程でイタリアンメレンゲと混ぜ合わせやすいように、少しゆるめに仕上げる。
❻ ②の約3分の1量を⑤に加え、泡立て器で混ぜて全体をなじませる。気泡がつぶれてもよいので、しっかり混ぜること。仕上がりがなめらかになる。
❼ ②をボウルに入れて⑥を加え、気泡をつぶさないようにゴムベラで切るようにしてさっくりと混ぜる。メレンゲの混ぜ残しがないように注意。最後に底からすくい上げるようにして混ぜると均一な状態になる。

❷

❺

❻

❼

組立て・仕上げ

つくり方

❶ Ⓐを麺棒で厚さ1.5mmにのばす。ピケし、直径14cmの型などでぬき、天板に並べる。

❷ Ⓑを口径9mmの丸口金を付けた絞り袋に入れ、①の縁から約1cmほど内側にリング状に絞り、さらに中央から外側に向かって渦巻き状に絞る。渦巻き状に絞るときは、口金をⒶに近づけて生地をつぶし気味にして絞ると、食感に変化が生まれる。焼成時に膨らみが悪くならないように、Ⓑは温かいうちに絞ること。

❸ 別の天板に、Ⓑを直径2cmの球状に絞る（プチシュー用）。

❹ つやを出し、口金の跡を平らにするため、リング状と球状に絞ったⒷの表面に刷毛でぬり卵（分量外）をぬる。

❺ ②と③を上火180℃・下火180℃のデッキオーブンで約15分焼成する。Ⓑが膨らみ、焼き色がついてきたら、②のリング状の生地の内側をマンケ型の底面などで押して膨らみを抑える。上火170℃・下火170℃にしてさらに約5分焼成する。焼き上がったらそのまま常温において粗熱をとる。

❻ プチシューの上面に、竹串やマジパン用スティックなどで穴をあける。ゴムベラなどで混ぜてなめらかにしたⒸを直径3mmの丸口金を付けた絞り袋に入れ、プチシューにたっぷりと絞り入れる。

❼ プチシューの底の平らな部分にⒹをつけ、シルパットを敷いたプラックにⒹをつけた面を下にして置き、そのまま固める。

❽ ⑤のパータ・フォンセを作業台に置く。Ⓔをサントノーレ口金をつけた絞り袋に入れ、口金の切り込みのあるほうを上にして、リング状に絞ったⒷの内側から中心に向かって、ドーム状になるように絞る。

❾ ⑦のプチシューの上面にⒹを少量つけ、この面を下にしてリング状のⒷの上に接着する。最初に十字の位置に4個、その間に1個ずつ接着し、計8個のプチシューを飾る。

古典から藤生流にアレンジ

{ パータ・フォンセ・オルディネール }

㊁ すべての材料を一度に合わせる

㊥ 2回に分けて混ぜる

古典では、小麦粉をフォンテーヌ状にして小麦粉以外の材料を中央に置き、すべてを一度に混ぜますが、私は、粉をフォンテーヌ状にし、混ぜておいた冷水、塩、グラニュー糖を中央にそそいでまわりの粉少量と混ぜてから、卵黄と溶かしバターをふたたび中央に加えてすべてを混ぜます。少量ずつ混ぜてグルテンの形成をできるだけ抑えることで、サクサクとした食感に仕上げています。

{ サントノーレ用のクレーム・キュイット }

㊁ しっかりと泡立てた卵白を混ぜる

㊥ イタリアンメレンゲを混ぜる

「サントノーレ用のクレーム・キュイット」とはクレーム・シブーストのこと。古典では、クレーム・パティシエールにしっかりと泡立てた卵白を混ぜますが、私は、卵白に熱いシロップを加えて泡立てたイタリアンメレンゲを合わせて保形性を高めています。

{ 組立て・仕上げ }

㊁ プチシューは空洞

㊥ クレーム・パティシエールをたっぷりと絞る

古典ではプチシューに何も絞り入れませんが、私はキルシュが香るクレーム・パティシエールをたっぷりと絞り、全体の味わいに奥行を出しました。

㊁ プチシューにキャラメルをかける

㊥ キャラメルを平らにつけたプチシューを飾る

プチシューの底面にキャラメルをつけ、この面を上にして飾るのが私の手法。底面にキャラメルをつけてシルパットに置いて固め、平らになる部分を多くすることで、美しい仕上がりを演出しています。

No.16 Gâteaux avec la Crème Cuite

"クレーム・キュイット"の菓子

Cyrano
[シラノ]

『TRAITÉ DE PATISSERIE MODERNE』
のルセットを再現

シラノ
[Cyrano]

Battre sur le feu ainsi qu'une génoise ❶ : 200g de sucre avec 6 œufs entiers et 3 jaunes, ajouter une pincée de sel et vanille; laisser refroidir et mélanger avec 100g d'amandes hachées grillées, 100g de beurre fondu et bien chaud, 80g de farine de châtaignes. ❷ Remplir de cet appareil des cercles à flans garnis de papier beurré. Cuire à four moyen. ❸

❶ ジェノワーズと同じように火にかけながら混ぜる。
❷ ローストしてくだいたアーモンド100g、しっかりと熱した溶かしバター100g、マロンパウダー80gを混ぜ合わせる。
❸ 中火で焼成する。

「クレーム・キュイット」（クレーム・パティシエール）を使う「シラノ」は栗が主役の古典菓子。栗の香りと甘みをもつ生地と、なめらかな栗風味のクリームの一体感が魅力です。古典の生地は共立てで、粉はマロンパウダーのみを配合。小麦粉不使用のため、グルテンが形成されず、保形性は低いのですが、これが独特の食感と口溶けのよさを生みます。古典ではローストしてくだいたアーモンドを混ぜ、食感にアクセントを加えていたようです。しかし、私はしっとりとした口あたりを前面に打ち出したかったので、代わりにアーモンドパウダーを配合。深いこくのある味わいに仕上げました。

クリームは、クレーム・パティシエールを応用した「クレーム・ア・シラノ」です。古典ではマロンパウダーとオーツ麦の粉、くだいたプラリネを加えますが、私はプラリネをクレーム・ド・マロンに変更。これにより、栗の味わいが強調され、生地と一体感のある口あたりになりました。ただ、水分量の多いクレーム・ド・マロンを合わせると、全体がやわらかくなりすぎてしまうので、オーツ麦の粉は強力粉に代えて適度な固さと粘りけをもたせました。表面をおおうクレーム・ア・シラノには、古典にならってバターを配合し、保形性を上げるとともに、こくのある濃厚な風味も表現しています。

古典における組立ての工夫にも注目。生地を2枚に切り分ける際、クリームが流れ出ることを防ぎ、また、クリームをたっぷりと挟めるように下の生地は中央が少しくぼんだ状態に切ります。仕上げ用のクレーム・ア・シラノは、古典のルセットをそのまま採用し、バターを配合して保形性を高めました。栗のコンフィやマジパン細工などの飾りは私のオリジナルです。

A シラノ生地
[Cyrano]

材料《 口径16.5×高さ4cmのマンケ型約5台分 》

全卵*1……300g
卵黄*1……60g
バニラオイル……適量
グラニュー糖*2……200g
塩*2……1つまみ
アーモンドパウダー*3……100g
マロンパウダー*3……80g
バター*4……100g

*1・2 それぞれ合わせる。
*3 合わせてふるう。
*4 溶かして約50℃に調整する。

古典の配合は?

Sucre [砂糖]……200g
Œufs [全卵]……6個
Jaunes d'Œufs [卵黄]……3個分
Sel [塩]……1つまみ
Vanille [バニラ]……1つまみ
Amandes Hachées Grillées
[ローストしてくだいたアーモンド]
……100g
Beurre Fondu
[溶かしバター]……100g
Farine de Châtaignes
[マロンパウダー]……80g

つくり方

❶ ボウルに合わせた全卵と卵黄、バニラオイル、合わせたグラニュー糖と塩を入れて火にかける。泡立て器で混ぜながら約38℃まで加熱する。
❷ ミキサーボウルに移し、高速で撹拌する。空気を含んで白っぽく、ふんわりとした状態になったら中速にし、ホイッパーの跡がしっかりと残る状態になるまで撹拌する。後半で中速にすることで、生地に含まれた気泡のきめがととのい、生地が安定する。
❸ 合わせてふるった アーモンドパウダーとマロンパウダーを加えながら、エキュモワールでさっくりと混ぜ合わせる。
❹ ③にバターを加え、バターがボウルの底にたまらないように、底からすくい上げるようにして混ぜる。つやが出てとろりとした状態になればOK。

B クレーム・ア・シラノ
[Crème à Cyrano]

材料《 口径16.5×高さ4cmのマンケ型3台分 》

卵黄……40g
バニラオイル……適量
純粉糖……62g
強力粉（日清製粉
「スーパーカメリヤ」）……30g
マロンパウダー……30g
牛乳……250g
クレーム・ド・マロン……100g
バター（仕上げ用）*……100g

* ポマード状にする。

古典の配合は?

Jaunes d'Œufs [卵黄]……4個分
Sucre en Poudre
[グラニュー糖]……125g
Vanille [バニラ]……適量
Farine de Châtaignes
[マロンパウダー]……125g
Farine de Gruau
[オーツ麦の粉]……125g
Lait [牛乳]……1/2ℓ
Praliné Broyé
[くだいたプラリネ]……少量
Beurre [バター]……100g（仕上げ用）

つくり方

❶ ボウルに卵黄とバニラオイル、純粉糖を入れ、泡立て器で白っぽくなるまで混ぜる。
❷ 強力粉とマロンパウダーを加え、粉けがなくなるまでしっかりと混ぜる。
❸ 銅ボウルに牛乳を入れて強火にかけ、沸騰したら火からおろす。
❹ ②に③の半量を数回に分けてそそぎ入れ、そのつど泡立て器で混ぜてなめらかな状態にする。
❺ ④を③の銅ボウルに戻し、ふたたび強火にかけて泡立て器で混ぜながら炊く。火にかけ続けるとダマができやすいので、全体が固まりはじめたら、そのつど火からおろして泡立て器で混ぜ、なめらかな状態にする。全体につやが出て、コシが切れたら炊き上がり。ただし、次の工程でクレーム・ド・マロンを加えると、やわらかくなるため、やや固めに炊き上げること。
❻ クレーム・ド・マロンを加え、全体が均一でなめらかな状態になるまで混ぜる。
❼ ボウルに移し、そのまま常温において冷ます。
❽ 冷めたら仕上げ用に3分の1量をとり分け、仕上げ用にはポマード状にしたバターを加え混ぜる。

C 栗のコンフィ
[Confit de Marron]

材料《 つくりやすい分量 》

純粉糖……80g
ラム酒……20g
栗の渋皮煮（市販品）……2個／1台

つくり方

❶ ボウルに純粉糖とラム酒を入れて混ぜる。そこに栗の渋皮煮をくぐらせ、網をのせたプラックに並べる。
❷ 上火180℃・下火170℃のデッキオーブンに約2分入れて表面を乾かす。

焼成

つくり方
❶ 天板に並べた口径16.5×高さ4cmのマンケ型にスプレーオイル（分量外）を吹きつけ、底にオーブンペーパーを敷く。
❷ ①に A を150gずつ入れる。
❸ 上火180℃・下火170℃のデッキオーブンで約30分焼成する。
❹ 焼き上がったら、縁の盛り上がった部分を軍手をはめた手で軽く押さえる。粗熱をとり、型をはずして焼き面を下にして冷ます。焼きたては生地がくずれやすいので、しっかりと粗熱がとれてから型をはずすこと。

組立て・仕上げ

材料《1台分》
アーモンドスライス*……適量
葉形のマジパン細工……5～6枚
＊ 上火160℃・下火160℃のデッキオーブンで約15分焼成し、粗めにくだく。

つくり方
❶ 焼成して型をはずした A の側面の固い部分をペティナイフで削ぎ落とす。
❷ オーブンペーパーをはがし、上面から約1cm下の側面から中央に向かって少し斜め下に向けてペティナイフをさし入れ、ぐるりと1周させて生地を2枚に切り分ける。下の生地は中央が少しくぼんだ状態になる。
❸ 下の生地に、バターを加え混ぜていない B を100gのせ、パレットナイフで平らにのばす。
❹ ②で切り分けた上の生地をのせる。
❺ 仕上げ用にバターを加え混ぜた B を④の上面に適量のせ、パレットナイフで表面全体に均一にぬり広げる。
❻ 残りの仕上げ用にバターを加え混ぜた B を星口金を付けた絞り袋に入れ、⑤の上面の縁に絞る。
❼ 側面下の縁に、粗めにくだいたアーモンドスライスをつける。
❽ C と葉形のマジパン細工を飾る。

古典から藤生流にアレンジ

｛ シラノ生地 ｝

古 ローストしてくだいたアーモンドをプラス

藤 アーモンドパウダーを配合

古典では、ローストしてくだいたアーモンドを配合しますが、私はアーモンドのこうばしさを抑えつつ、こくを加え、マロンパウダーの風味もしっかりと際立たせるためにアーモンドパウダーを配合。粒子が細かいため、口溶けもよくなります。なお、粉はアーモンドパウダーとマロンパウダーのみのため、グルテンが形成されず、生地の保形性が低く、焼成後に生地が沈みやすくなるので、粉類とバター以外の材料は、事前に加熱して高速のミキサーでしっかりと気泡を含ませます。仕上げに中速で撹拌してきめをととのえましょう。均一でしっかりとした気泡をつくることで、生地が大きく落ち込むことを防げます。

｛ クレーム・ア・シラノ ｝

古 オーツ麦の粉を配合

藤 強力粉を使用

古典にあるオーツ麦の粉の代わりに強力粉を配合。オーツ麦特有の風味を除くことで、マロンパウダーの風味が前面に出て、多くの人になじみのあるシンプルな味わいになります。強力粉はグルテンを形成するため、適度に粘りけのある質感に仕上がるのも魅力です。クレーム・ド・マロンを混ぜ合わせると非常にやわらかくなるので、固めに炊き上げるのもポイントです。

古 くだいたプラリネを少量混ぜ込む

藤 クレーム・ド・マロンを混ぜ込む

くだいたプラリネを混ぜ込み、こうばしさと甘み、アクセントとなる食感を加える古典に対し、私は栗の味わいを強調するためにクレーム・ド・マロンを混ぜ合わせました。ほっくりとした栗の魅力を表現した、味わいも口あたりも、古典よりリッチなクリームです。

｛ 仕上げ ｝

古 クレーム・ア・シラノのみで飾る

藤 栗のコンフィなどで華やかに

栗が主役であることを演出するため、デコレーションにもひと工夫。古典にあるバター入りのクレーム・ア・シラノを表面にぬって星口金で絞るだけでなく、栗のコンフィとマジパン細工を飾りました。また、ローストして粗めにくだいたアーモンドスライスを側面下部に飾ることで、見た目と食感にアクセントをプラスしています。

No.17 Gâteaux Fériés
"ガトー・フェリエ"

Tronc d'Arbre
[トロン・ダルブル]

『TRAITÉ DE PATISSERIE MODERNE』
のルセットを再現

トロン・ダルブル
[Tronc d'Arbre]

Ramollir aux blancs 500g pâte d'amandes et dresser sur plaque cirée une bande de 30 à 35 centimètres de long sur 12 de large; la rouler une fois cuite autour d'une bouteille, <u>faire deux ronds en même pâte pour le dessous et le couvercle,</u> ❶ et 6 à 7 petits ronds qu'on roule pour imiter les nœuds. Coller la bûche sur fond et les nœuds de place en place avec du sucre cuit, <u>imiter les rayures du bois sur le dessus avec de la glace royale rosée et l'écorce en meringue cuite chocolat ou café; douille cannelée. Quelques bouquets de mousse en pâte d'amandes verte pressée sur un tamis ou un semis de pistaches hachées.</u> ❷ <u>Se garnit crème Chantilly ou glace.</u> ❸

❶ ふたと底に使うため、丸形の生地を2枚つくる。
❷ ピンク色のグラス・ロワイヤルで木目を、星口金で絞って焼いたチョコレート風味やコーヒー風味のメレンゲで樹皮をまねる。ふるいに押しつけてつくる緑のパート・ダマンド、もしくは細かくくだいたピスタチオでつくった苔の束をいくつか飾る。
❸ クレーム・シャンティイかアイスクリームを詰める。

「トロン・ダルブル」はフランス語で木の幹という意味のクリスマス菓子。祝祭日の菓子を意味する「ガトー・フェリエ」に分類され、「TRAITÉ DE PATISSERIE MODERNE」にはブッシュ・ド・ノエルと並んで掲載されています。古典では、パート・ダマンドに卵白を加えた生地を絞って焼いた円筒形の器にクレーム・シャンティイやアイスクリームを詰めます。しかし、私はより長く楽しめるように、焼き菓子やコンフィズリーを詰めたギフトボックスにアレンジしました。生地の製法もアレンジ。パート・ダマンドの代わりに、タン・プール・タンに卵白を加えて自家製のパート・ダマンド・クリュを使います。このほうが生地の固さを調整しやすいのです。

ピンクのグラスで木目をつけたり、コーヒー風味などのメレンゲを樹皮に見立てて飾ったりするのが古典の手法。それらで生地が隠れるからか、生地を絞る口金の種類は明記されていません。一方、私は、生地の焼き色や絞った跡など、その風合いを生かしながら、木の幹を表現したいと思い、両目口金で生地を絞りました。仕上げは自由に。木の節に見立てた小さな円筒形の生地を飾る位置も好みで構いません。古典では苔に見立てた緑色のパート・ダマンドなどを飾りますが、キノコ形のメレンゲを飾るだけでも木の幹を十分に表現できます。

ギフト仕様にアレンジ！

焼成後も両目口金で絞ったギザギザの跡をきれいに出すには、生地の固さの調整具合がポイント。古典では瓶に生地を巻いて円筒形にし、アイスクリームなどを入れますが、私は生地をパッケージのイメージで使い、缶を使って直径約10cmと少しだけ大きめにして、個別包装の焼き菓子などを詰めます。

A　トロン・ダンブル生地
[Tronc d'Arbre]

材料《1台分》

タン・プール・タン*……375g
卵白……50g

*アーモンドパウダーと純粉糖を同割で混ぜ合わせたもの。

古典の配合は?
Pâte d'Amandes
［パート・ダマンド］……500g
Blancs d'Œufs［卵白］……適量

つくり方

❶ ミキサーボウルにタン・プール・タンと卵白を入れ、ビーターで低速で撹拌する。ダマがなくなり、全体がなめらかになったらOK。

❷ 大きなトロン・ダルブル（木の幹）となる生地を絞る。幅2cmの両目口金を付けた絞り袋に①を入れ、オーブンペーパーを敷いた天板に長さ約35cmの帯状に1本絞る。

❸ ②に沿って、隙間ができないように少しだけ重なるようにしてさらに5本絞り、約35×12cmのシート状にする。生地が途中で切れないように、ゆっくりと絞るのがポイント。生地が固く、絞り袋にたくさん入れると力を入れた際に絞り袋が破れることがあるので、最大でも長さ35cmの帯状の1本ぶんほどの量を入れ、何度も生地を追加すること。

❹ 小さなトロン・ダルブル（木の節）となる生地を絞る。幅2cmの両目口金を付けた絞り袋に①を入れ、オーブンペーパーを敷いた別の天板に長さ7.5cmの帯状に9本絞る。

❺ 土台となる底の生地を絞る。口径1cmの丸口金を付けた絞り袋に①を入れ、④の天板の空いたスペースに渦巻き状に絞り、直径13cm程度の円盤形にする。

❻ ⑤を、できるだけ平らに焼き上がるように、手で軽くたたいて表面を平らにする。

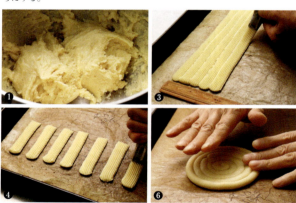

B　キャラメル（接着用）
[Caramel]

材料《つくりやすい分量》

水……25g　　グラニュー糖……100g

つくり方

❶ 鍋に水とグラニュー糖を入れて強火にかけ、茶色く色づいたら火からおろす。

❷ 鍋底をさっと水につけて温度の上昇を防ぐ。

C　グラス・ロワイヤル
[Glace Royale]

材料《つくりやすい分量》

卵白……25g　　純粉糖……100g
レモン果汁……適量　　色素（緑）……適量

つくり方

❶ ボウルに卵白と少量のレモン果汁を入れ、純粉糖をふるいながら加えて泡立て器で空気を含んで白っぽくふんわりとし、つやが出るまで混ぜる。重いとデコレーションをしたあとに落ちてしまうことがあるため、卵白を多めに配合し、空気をたっぷりと含ませるように混ぜて、軽く仕上げる。

❷ 色素を加え、ゴムベラで混ぜる。

焼成

つくり方

❶ 大きなトロン・ダルブル生地をのせた天板と、小さなトロン・ダルブル生地と底の生地をのせた天板の下に、それぞれもう1枚天板を敷く。

❷ 大きなトロン・ダルブル生地は、上火・下火ともに180〜190℃のデッキオーブンで約15分焼成する。茶色く色づいてきたら、下に敷いた天板をはずし、天板の手前と奥を入れ替えて、さらに5分焼成する。

❸ 小さなトロン・ダルブル生地と底の生地は、上火・下火ともに180〜190℃のデッキオーブンで約10分焼成する。茶色く色づいてきたら、下に敷いた天板をはずし、天板の手前と奥を入れ替えて、さらに5分焼成する。どの生地も焼成状態を確認して時間を調整すること。

組立て1

つくり方

❶ 直径10×高さ10〜12cmの缶の周囲に、フッ素樹脂加工のオーブンペーパーをフッ素樹脂の面を外側にして巻く。

❷ 大きなトロン・ダルブル生地が焼き上がったら、天板にオーブンペーパーをかぶせ、別の天板などにオーブンペーパーごとひっくり返す。両手に軍手をはめ、上のオーブンペーパーをはがす。

❸ ②を、下に敷いたオーブンペーパーごと①に巻きつけ、生地が重なる部分を軽く指で押さえて密着させ、筒状にする。

❹ 手で形をととのえてから缶をはずし、オーブンペーパーをはがす。

❺ 小さなトロン・ダルブル生地が焼き上がったら、パレットナイフを生地の下にさし込んでオーブンペーパーからはがす。熱いうちに直径2〜2.5cmの麺棒などに巻きつけ、生地が重なる部分を軽く指で押さえて密着させ、筒状にする。手で形をととのえてから麺棒などをはずす。

❻ 底の生地は、焼き上がったら熱いうちに手やパレットナイフで軽くたたき、表面をできるだけ平らにする。こうすることで、大きなトロン・ダルブル生地をしっかりと固定できる。冷めると生地が固くなって割れてしまうので、成形は熱いうちに手ばやく行うこと。

❼ すべてのパーツを常温において完全に冷ます。

組立て2・仕上げ

材料《1台分》

◎ キノコ形のメレンゲ……でき上がりより適量
　卵白*……90g
　グラニュー糖*……150g
　純粉糖……100g
　カカオパウダー……適量
サンタクロースの人形……1個
ヒイラギのピック……適量
好みの焼き菓子や
コンフィズリー……適量
チョコレートのプレート……1枚
*合わせる。

つくり方

❶ キノコ形のメレンゲをつくる。ミキサーボウルに、合わせた卵白とグラニュー糖を入れて強火にかけ、絶えず泡立て器で混ぜながら、約50℃になるまで加熱する。
❷ ①をミキサーにセットし、全体につやが出て、ホイッパーですくうとピンと角が立つまで高速で泡立てる。
❸ ②に純粉糖を加え、エキュモワールでさっくりと混ぜる。
❹ ③を口径1cmの丸口金を付けた絞り袋に入れ、オーブンペーパーを敷いた天板に、上に向かって短い棒状に絞り（キノコの柄）、そのまま口金を離さずに下に押すように絞る（キノコの傘）。絞った跡を指で押さえる。
❺ 上火120℃・下火120℃のデッキオーブンで約50分焼成する。常温において冷まし、茶漉しでカカオパウダーをふる。
❻ 筒状に成形した大きなトロン・ダルブル生地を立て、下の部分をⒷの鍋に少しだけ浸してキャラメルをつける。
❼ 底の生地を板に置き、その上に⑥をキャラメルを付けた部分を下にして重ね、接着する。
❽ 小さなトロン・ダルブル生地の側面の一部にⒷを少量つけ、⑦の大きなトロン・ダルブル生地の側面に貼る。好みの位置でOK。
❾ コルネにⒸを入れて先端をハサミで切り、小さなトロン・ダルブル生地の側面にツタがからまるようなイメージで絞って模様をつくる。
❿ ⑤やサンタクロースの人形、ヒイラギのピックなどを小さなトロン・ダルブル生地の中に入れる。
⓫ 大きなトロン・ダルブル生地の中に緩衝剤を入れ、焼き菓子やコンフィズリーを入れる。好みの位置にチョコレートのプレートを飾る。

❻ ❽ ❾ ⓫

古典から藤生流にアレンジ

{ トロン・ダルブル生地 }

㊎ 完成しているパート・ダマンドを使用
㊐ タン・プール・タンからつくって固さを調整

古典では、すでに完成しているパート・ダマンドを卵白で溶いてやわらかくし、それを生地としていますが、私はアーモンドパウダーと純粉糖でタン・プール・タンをつくり、それに卵白を加えて自家製のパート・ダマンド・クリュを製造。手づくりなら適宜卵白を加えて固さを調整できるため、効率がよいのです。市販のパート・ダマンド・クリュは固めにできているため、扱いやすいやわらかさに調整するのに少々時間がかかってしまいます。

{ 焼成 }

㊎ 焼成度合の記載はなし
㊐ 上面にはしっかりと焼き色をつける

上面は組立て時に外側にくるため、木の質感を出すべく、しっかりと焼き色をつけます（写真上）。ただし、内側にくる面（天板に接した面）にしっかりと焼き色がつくほど焼成すると、固くなりすぎて焼成後に成形しづらくなってしまいます。そこで、生地を絞った天板の下にもう1枚天板を敷いて火のあたりをやわらかくし、ある程度上面に焼き色がついたら、下に敷いた天板をはずして焼成度合を調整します。天板に接した面は焼き色がほとんどつかない白っぽい色合いでOK（写真下）。上からしっかりと火が入るので、生焼けにはなりません。

{ 仕上げ }

㊎ 装飾で木の質感を表現する
㊐ 生地の装飾は控えめに

古典では、組み立ててからグラス・ロワイヤルで木肌に見立てて筋を絞ったり、チョコレート風味やコーヒー風味の茶色のメレンゲを樹皮に見立てて飾ったり、緑のパート・ダマンドでつくる苔を貼ったりしてデコレーション。それに対し、私は、両口口金で絞った生地の跡を生かし、生地自体の風合いで木の幹を表現。緑に着色したグラス・ロワイヤルでツタを描き、キノコ形のメレンゲや市販の小物などを使ってシンプルにデコレーションしました。

㊎ 生地のふたでとじる
㊐ ふたはつくらず、中身を見せる

古典では、アイスクリームやクレーム・シャンティイを詰めるための器として製造していて、ふたをして中身が見えないようにします。一方、私は、ふたはつくらず、中に入れた菓子がよく見えるようにして楽しさを演出しました。

菓子づくりへの思い

フジウで進化した古典菓子

時を経ても変わらない滋味を
時流に合わせた表現方法で引き立てる

　フランス古典菓子は私の菓子づくりのベースとなるもの。それは約50年前のヨーロッパ修業時代から変わっていません。とはいえ、意識的に古典菓子について勉強をはじめたのは帰国後です。洋菓子業界の発展に尽力された山名将治先生がはじめられた勉強会「パティスリー会」をとおして、古典菓子をより深く知るようになり、少しずつ商品化につなげてきました。

　ルセットが掲載されたフランスの古書は少なくなく、古典菓子を再現する際は、複数の古書を調べています。いずれのルセットも基本的に文章のみ。試作のときは、まずは解説どおりにつくってから改良点を見つけます。細かな説明がない場合は、想像力を働かせ、著者の意向をくみとって自分なりに解釈しなくてはなりません。なかには説明どころか材料しか書いていない菓子もあって、その場合はまず材料が登場する順番に沿って材料を合わせていきます。成形や焼成の方法は試作しながら模索し、風味や食感も現代の嗜好に合わせてアレンジします。

　気をつけなくてはいけないのは、アレンジしすぎないこと。主役となる味は何か、特徴として打ち出されている部分はどこかを考え、その菓子の魅力を探ることが大切です。アレンジしすぎると私のオリジナル菓子になってしまいます。それぞれの古典菓子の根幹となる部分を残しながら、私なりの解釈を加えて時流に合った風味や食感、サイズやデザインに仕立てることで、"フジウの古典菓子"は生まれるのです。古典菓子はすべてのフランス菓子の基本です。つくり手の解釈次第で、菓子としての幅が広がる懐の深さも古典菓子の醍醐味でしょう。

フジウの定番菓子

配合はシンプルに、誰がつくってもおいしく。
後世まで受け継がれる菓子をめざして

　古典から再現した菓子に限らず、私がつくる菓子はすべてフランス伝統菓子から派生したもので、その多くはパリでの修業先「ジャン・ミエ」のルセットをもとにしています。オーナーシェフのジャン・ミエ氏は、私が修業していた1970年代に"ヌーヴェル・パティスリー(新しい菓子)"と呼ばれた、ムースを中心に構成される軽やかな菓子を続々と開発し、新進気鋭のパティシエの1人として注目されていました。しかし、その当時に最先端とされていた菓子でも、あらためて配合などを見直してみると古典菓子がベースになっている部分も多く、

とりわけムースに合わせる生地は古典の配合に近い基本のものばかりだったように思います。じつは、私が30代のころ、基本のルセットをすべて自分流にアレンジしようと試みたことがありました。誰もがおいしいと思い、誰もがつくりやすいルセットを追求していったのですが、結局は古典菓子に近い製法に回帰していきました。古典菓子は、長い歴史のなかで数えきれない数のパティシエがつくり込み、受け継がれてきた完成されたものだと気づいたのです。

当店ではスタッフは基本的に新卒を採用し、5年前後経ったら次の修業先へのステップアップをすすめています。入社4〜5年目にもなると職人としての基礎ができてくるので、彼らにはオリジナルの菓子を考案する機会を与えていて、考えた菓子が複雑すぎる構成だったり、わかりにくい配合だったりする場合は、かならず考え直すように伝えます。たとえば、1kgの粉に対して配合する砂糖が263gの分量だったとき、砂糖を250gにして考えられる菓子への改良を指示するのです。1kgに対して13gの差は、仕上がりに大きな影響を与えません。それなら、誰にとってもわかりやすい配合にするべき。半端な分量のルセットは後世まで受け継がれていかないと思うのです。ルセットを考えるなら、古典菓子のように100年後にも残っているものをめざしてほしい。もちろん、これは私自身にとっても同じことで、未来に残る菓子を考案したいとつねに思っています。

フジウのコンフィズリー

パリ修業時代に感じたワクワク感が伝わる魅力的な砂糖菓子を伝えていきたい

コンフィズリーは、アメやキャラメル、パート・ド・フリュイ、パート・ダマンド、チョコレート菓子など幅が広く、その多くがフランスでは安価で気軽に購入できる駄菓子のような存在です。昔も今もその位置づけは変わりませんが、私が修業していた時代のパリには、コンフィズリー（砂糖菓子）の専門店がたくさんあって、一つひとつ手づくりされたものもよく見かけました。当時、その色や形の楽しさ、バリエーションの豊かさに魅せられ、頻繁にコンフィズリー専門店に足を運んだものでした。今では工場で大量生産されるものが増え、自家製のコンフィズリーを提供する店は少なくなりました。時代の流れのなかで、古典菓子でもあるコンフィズリーの製法を受け継いでいきたいという思いもあり、独立開業以来、コンフィズリーづくりには力を入れています。キャラメルやメレンゲ、ヌガーのような日本でも比較的なじみ深いものを筆頭に、古書を読んだり、友人のフランス人パティシエから教えてもらうなどしてルセットを集め、修業時代に食べた私自身の味や見た目の記憶もたどりながら商品化。日本の気候や日本人の嗜好に合わせて改良を重ね、商品数を増やしてきました。コンフィズリーの魅力は、おいしさはもちろん、色や形の楽しさにもあると思います。見るだけでワクワクするようなデザインに仕立てることも意識しています。

ここ数年のフランスの菓子業界では古典回帰の傾向が強まり、地方の伝統菓子や古典にある素朴な菓子をベースにした商品を多く見かけるようになりました。それでも手間も時間もかかるコンフィズリーを手がける職人はどんどん少なくなっています。コンフィズリーを含めたフランス伝統菓子をブラッシュアップしながら、今後も伝統菓子の魅力を広めることに尽力していきたいです。

II
Créations

フジウの定番菓子

Fours Secs
Demi-Secs
Gâteaux Individuels
Entremets

No.01 Fours Secs

フール・セック

Citron
[シトロン]

シトロン

[Citron]

　パリの修業先である「ジャン・ミエ」のレシピをベースにしました。ジャン・ミエでは直径15cm程度の大きなサイズが定番で、修業当時、毎日焼いていた思い出深い一品です。さわやかなレモンが香る風味豊かな生地とグラス・ア・ローの組合せが好きで、帰国後、レモンをイメージしたオーバル形にアレンジ。当店のオープン時から販売しています。

　さわやかな風味の秘訣は、生地にすりおろしたレモンの表皮をたっぷりと加えること。そして、グラス・ア・ローには水の代わりにレモン果汁を配合して、レモンの酸味と香りをしっかりと打ち出しました。ザクッとした生地と、シャリシャリとしたグラス・ア・ローのコントラストも魅力です。また、生地にはアプリコットのコンフィチュールをぬってからグラス・ア・ローを重ね、味わいに奥行を出すとともに、つるんとした表面に仕上げました。グラス・ア・ローはオーブンで乾かす際、火を入れすぎないことが、美しいつやを生むポイントです。

パート・サブレと呼んでいますが、製法はいわゆるパート・シュクレです。生地は長径7×短径6.5cmの型でぬき、グラス・ア・ローは黄の色素を配合してレモンを連想させる淡い黄色に仕上げました。また、かみごたえにもこだわり、厚さ5mmとボリューム感を出しました。アーモンドのこうばしさも感じられます。

A　パート・サブレ・シトロン
[Pâte Sablée au Citron]

材料《 約110個分 》

バター*1……600g
純粉糖……400g
全卵*2……220g
レモンの皮……4個分
アーモンドパウダー……250g
強力粉（日清製粉「レジャンデール」）……1kg
ベーキングパウダー……10g

＊1 ポマード状にする。
＊2 溶きほぐし、湯煎にかけて人肌程度の温度に調整する。

つくり方

❶ ミキサーボウルにバターを入れ、できるだけ空気を含ませないようにビーターで低速で混ぜる。
❷ 純粉糖を一度に加え混ぜる。
❸ レモンの皮をすりおろす。
❹ ボウルに全卵を入れ、③を加えて泡立て器で混ぜる。全卵はかならず人肌程度の温度に調整すること。温度が低い場合は、ボウルの底を直火で温めながら人肌程度の温度になるまで混ぜる。冷たいと次の工程でバターと合わせる際に混ざりにくくなる。
❺ ②に④を3〜4回に分けて加え混ぜる。
❻ アーモンドパウダー、強力粉、ベーキングパウダーを一度に加え混ぜる。粉けが少し残っている状態になったらミキサーを止める。
❼ 混ぜ残しがないように、カードで底からすくうようにして全体が均一な状態になるまで混ぜる。ビニール袋に入れて手で平らにし、冷蔵庫に1晩おく。

B　グラス・ア・ロー・シトロン
[Glace à l'Eau au Citron]

材料《 つくりやすい分量 》

純粉糖……500g
レモン果汁……100g
色素（黄）……適量

つくり方

❶ ボウルに純粉糖を入れ、レモン果汁を加えてゴムベラで均一になるまで混ぜる。レモン果汁の分量は純粉糖の20%が目安。
❷ 色素を加え混ぜる。

成形・焼成

つくり方
❶ 作業台にAを置き、スケッパーを使いながら手で軽くこねて均一な状態にする。棒状にして麺棒でシーターに通しやすい厚さにのばす。
❷ シーターに通し、厚さ5mmにのばす。
❸ ②を作業台に置き、長径7×短径6.5cmのオーバル型でぬく。
❹ 天板に並べ、上火160℃・下火160℃のデッキオーブンで約20分焼成する。そのまましばらくおいて冷ます。

仕上げ

材料《 110個分 》
アプリコットのコンフィチュール（市販品）……適量

つくり方
❶ 鍋にアプリコットのコンフィチュールを入れ、水（分量外）を少量加えて沸騰させる。
❷ 焼成したAの上面に①を刷毛でぬる。そのまましばらくおいて①を乾燥させる。
❸ ②を①をぬった面を下にして、Bに浸す。①をぬった面にのみBがつくように浸すこと。ゆっくりと引き上げ、余分なBを指でぬぐい落とす。
❹ ③をBをつけた面を上にして天板に並べ、上火200℃・下火200℃のデッキオーブンに1分30秒〜2分入れる。Bが乾けばOK。Bがぐつぐつと沸騰するまで火を通してしまうと、ベタベタとした仕上がりになってしまうので注意。

製法のポイント

{ パート・サブレ・シトロン }

空気をできるだけ含ませずに撹拌する

つねに低速で撹拌し、極力空気を含ませないようにすること。余分な空気を含ませると、焼成時に生地が浮き上がってしまい、表面が均一に平らにならない場合があります。

レモンの皮は全卵に加える

溶きほぐした全卵にすりおろしたレモンの皮を加えると、卵に水分が加わって、卵がしっかりと溶きほぐれ、レモンの皮が均等に混ざりやすくなります。また、レモンの皮の分量が多いため、はやい段階でレモンの皮を加えるほうが均一に混ざります。

最後はカードを使って混ぜる

粉類を加え、粉が少し残る程度までミキサーで撹拌したら、カードで底からすくうようにして混ぜて状態を均一にしましょう。手を使うことで状態をしっかりと把握でき、混ぜ残しもなくなります。ミキサーで均一になるまで混ぜてしまうと、グルテンが多く形成されて、ザクッとした食感にならず、固くなってしまいます。

{ 仕上げ }

アプリコットのコンフィチュールをぬる

焼き面にアプリコットのコンフィチュールをぬってからグラス・ア・ローを重ねると、表面がつるんとし、より美しい仕上がりになります。レモンとは異なる甘ずっぱさも加わり、味に奥行も出ます。

No.02 Fours Secs

フール・セック

Palet

［ パレ ］

パレ
[Palet]

　愛読している「TRAITÉ DE PATISSERIE MODERNE」をはじめ、フランスの古典には「パレ」と名づけられた菓子がよく登場します。パレとは、フランス語で円盤という意味で、その名のとおり、丸く平たい菓子をさします。ここで紹介するのは、私のオリジナル。卵不使用の生地は、ザクッ、ほろほろとくずれる食感が特徴です。この独特の食感を表現するには、材料を混ぜすぎないことが大切。混ぜすぎると生地が固くなってしまうので、しっかりと冷やしたバターを細かく切りながら手ばやく粉類と合わせます。

　生地にはナッツを混ぜて、異なる食感をプラスしました。ほろっとした口あたりの生地に合わせ、混ぜ込むナッツもやわらかめのものをセレクト。フランス語で松の実と名づけたバニラ風味の「ピニョン」には、名前どおり松の実を混ぜ、一方、濃厚なカカオの風味が魅力の「ショコラ」にはマカダミアナッツを混ぜ込みました。さらに、表面に純粉糖をたっぷりとつけて焼成し、甘みを補強しながら、素朴な見た目にアクセントも加えました。

卵不使用のため、保形性が低めで、焼成すると広がって表面に割れ目が入るのも特徴。たっぷりとつけた純粉糖が甘みをダイレクトに感じさせ、焼成後も残った純粉糖が個性的な表情を演出します。ザクッとくずれる生地と混ぜ込んだナッツとの食感のバランスにもこだわりました。

A パレ・ピニョン
[Palet Pignon]

材料《 約40個分 》
強力粉（日清製粉「レジャンデール」）*1……250g
タン・プール・タン *1・2……250g
バター*3……250g
バニラオイル……1g
松の実*4……125g

*1 合わせてふるう。
*2 自家製粉したマルコナ種のアーモンドのパウダーと
　　グラニュー糖を同割で混ぜ合わせたもの。
*3 冷蔵庫で冷やす。
*4 上火160℃・下火160℃のデッキオーブンで約20分焼成する。

つくり方
❶ 合わせてふるった強力粉とタン・プール・タンを作業台に広げる。その上にバターをのせ、包丁で1cm角程度に切る。
❷ スケッパー2つでバターを細かく切る。
❸ 粉の中にバターを混ぜ込んでいくイメージで、粉類とバターを底からスケッパーですくうようにして混ぜ合わせる。バターが溶けて粉類となじみすぎないように手ばやく作業すること。
❹ 一部分を手で軽く押さえて平らにし、バニラオイルをたらして手で全体をざっくりと混ぜ合わせる。バターの粒はまだ残っている状態。
❺ ④を手で軽く押さえて平らにし、松の実をのせる。スケッパーで生地をすくっては松の実にかぶせ、手で軽く押さえるようにして、松の実を均一に混ぜ込む。
❻ ひとまとめにして半分に切り、それぞれ長さ約30cmの棒状にする。ラップで包んで冷蔵庫に1晩おく。

B パレ・ショコラ
[Palet Chocolat]

材料《 約40個分 》
強力粉（日清製粉「レジャンデール」）*1……170g
タン・プール・タン *1・2……250g
カカオパウダー*1……80g
バター*3……250g
生クリーム（乳脂肪分27％）*4……50g
バニラオイル*4……1g
マカダミアナッツ*5……250g

*1 合わせてふるう。
*2 自家製粉したマルコナ種のアーモンドのパウダーと
　　グラニュー糖を同割で混ぜ合わせたもの。
*3 冷蔵庫で冷やす。
*4 合わせて冷蔵庫で冷やす。
*5 粗くきざみ、上火160℃・下火160℃のデッキオーブンで20〜30分焼成する。

つくり方
❶ 合わせてふるった強力粉とタン・プール・タン、カカオパウダーを作業台に広げる。バターをのせ、包丁で1cm角程度に切る。
❷ スケッパー2つでバターを細かく切る。
❸ 粉の中にバターを混ぜ込んでいくイメージで、粉類とバターを底からスケッパーですくうようにして混ぜ合わせる。バターが溶けて粉類となじみすぎないように手ばやく作業すること。
❹ ③をフォンテーヌ状（山のようにまとめ、中央をくぼませた状態）にし、合わせた生クリームとバニラオイルを中央にそそぐ。
❺ スケッパーで底から生地をすくっては生クリームなどにかぶせ、手で軽く押さえるようにして、ざっくりと混ぜ合わせる。バターの粒はまだ残っている状態。
❻ ⑤を手で軽く押さえて平らにし、マカダミアナッツをのせる。⑤と同様にして、マカダミアナッツを均一に混ぜ込む。
❼ ひとまとめにして半分に切り、それぞれ長さ約30cmの棒状にする。ラップで包んで冷蔵庫に1晩おく。

焼成・仕上げ

材料《約40個分》
純粉糖……適量

つくり方
❶ Aは22gずつ、Bは26gずつにちぎって手で丸める。
❷ オーブンペーパーを敷いた天板に純粉糖をたっぷりのせ、①を置いて上から手で押さえて1cm程度の厚さにする。
❸ オーブンペーパーを敷いた天板に、②を純粉糖をつけた面を上にして並べる。
❹ ダンパーを開けた160℃のコンベクションオーブンで約25分焼成する。

製法のポイント

{ パレ・ピニョン & パレ・ショコラ }

バターはしっかりと冷やす

バターがやわらかいと粉類となじみすぎて締まった生地になり、固い食感になってしまいます。冷蔵庫から出したばかりのしっかりと冷えたバターを細かくして粉類と混ぜること。また、材料はすべて練り込むのではなく、合わせる程度のイメージでざっくりと混ぜると、ザクッとした口あたりとホロッとくずれる食感に仕上がります。

{ 焼成・仕上げ }

焼成前に純粉糖をたっぷりつける

焼成後に純粉糖がしっかりと残っているように、生地に純粉糖をたっぷりとつけて焼成。甘みをダイレクトに感じられるほか、見た目にも変化がつきます。純粉糖をつけることを考え、生地自体は甘みを抑えています。

No.03 Fours Secs

フール・セック

Niçois

[ニソワ]

ニソワ
[Niçois]

　出典元は忘れてしまいましたが、もともとは古典でみつけたフール・セック。「ニソワ」はフランス語でニース風という意味で、南フランスの都市、ニースに関係する菓子のようです。名前の由来ははっきりしませんが、両目口金で絞り出して焼く生地の見た目が、ニースの海岸に寄せる波をイメージさせるからかもしれません。アーモンドがこうばしい生地は、そのままでも十分おいしいのですが、バニラ風味の生地にはプラリネクリームを、チョコレート風味の生地にはフランボワーズのコンフィチュールをサンドし、さらにリッチな味わいに仕上げました。

　小麦粉の量に対して卵やバターの配合が多い生地は、ほろっとくずれる食感が魅力です。一方で、小麦粉の量が少なくてグルテンがあまり形成されず、つながりが弱いので、もろくて壊れやすいともいえます。低速〜中速で撹拌し、空気をできるだけ含ませないようしつつ、均一な状態になるまで混ぜて材料どうしの結合をよくするなど、割れにくい生地に仕上げる工夫が必要です。

バニラ風味の生地にはミルクチョコレートとプラリネを合わせたクリームを、チョコレート風味の生地には種の食感が楽しいフランボワーズのコンフィチュールをサンド。リッチな生地の味わいを、さらに風味豊かに仕上げました。チョコレート風味の生地には塩を少量加え、キレをプラス。

A ニソワ・バニーユ
[Niçois Vanille]

材料《 約60個分 》
バター*1……250g
タン・プール・タン（市販品）……250g
全卵*2・3……85g
バニラオイル*3……適量
強力粉（日清製粉「レジャンデール」）……250g
*1 ポマード状にする。
*2 溶きほぐし、湯煎にかけて人肌程度の温度に調整する。
*3 合わせる。

つくり方
❶ ミキサーボウルにバターを入れ、ビーターで低速で混ぜる。
❷ タン・プール・タンを一度に加え混ぜる。
❸ 中速に切り替え、合わせた全卵とバニラオイルを2〜3回に分けて加え混ぜる。
❹ 低速に切り替え、強力粉を一度に加えて粉けがなくなるまで混ぜる。
❺ カードで底からすくうようにして全体が均一な状態になるまで混ぜる。プラックに移す。
❻ ⑤を幅2.3cmの両目口金を付けた絞り袋に入れ、オーブンペーパーを敷いた天板に、長さ5cmの帯状に横長に1本絞り、その手前に隙間ができないように生地が少し重なるようにしてもう1本絞る。隙間ができたり、薄い部分があったりすると割れやすくなるので、均一な厚みに絞ること。
❼ 160℃のコンベクションオーブンで約22分焼成する。そのまま常温において冷ます。

B プラリネクリーム
[Crème Plariné]

材料《 つくりやすい分量 》
ミルクチョコレートA
（カレボー「823カレット」／カカオ分33.6％）……125g
◎ プラリネ……でき上がりより125g
　ミルクチョコレートB
　（カレボー「カレボー823」／カカオ分35％）……100g
　プラリネ・ノワゼット（市販品）……500g
　プラリネ・アマンド（市販品）……500g

つくり方
❶ ボウルにミルクチョコレートAを入れて湯煎にかけ、28〜29℃に調整する。
❷ プラリネをつくる。ボウルにミルクチョコレートBを入れて湯煎にかけて溶かし、プラリネ・ノワゼットとプラリネ・アマンドを加え混ぜる。
❸ ①に②を加え混ぜる。

C ニソワ・ショコラ
[Niçois Chocolat]

材料《 約60個分 》
バター*1……250g
タン・プール・タン（市販品）……250g
全卵*2・3……85g
塩*3……適量
強力粉（日清製粉「レジャンデール」）……160g
カカオパウダー……90g
*1 ポマード状にする。
*2 溶きほぐし、湯煎にかけて人肌程度の温度に調整する。
*3 合わせる。

つくり方
❶ ミキサーボウルにバターを入れ、ビーターで低速で混ぜる。
❷ タン・プール・タンを一度に加え混ぜる。
❸ 中速に切り替え、合わせた全卵と塩を2〜3回に分けて加え混ぜる。
❹ 低速に切り替え、強力粉とカカオパウダーをそれぞれ一度に加える。粉けがなくなり、全体の状態が均一になるまでしっかりと混ぜる。
❺ カードで底からすくうようにして、さらにしっかりと混ぜる。プラックに移す。
❻ ⑤を幅2.3cmの両目口金を付けた絞り袋に入れ、オーブンペーパーを敷いた天板に、長さ5cmの帯状に横長に1本絞り、その手前に隙間ができないように生地が少し重なるようにしてもう1本絞る。均一な厚みに絞ること。
❼ 160℃のコンベクションオーブンで約22分焼成する。そのまま常温で冷ます。

D　フランボワーズのコンフィチュール
[Confiture de Framboises]

材料《 つくりやすい分量 》
◎フランボワーズのコンフィチュール……でき上がりより150g
　フランボワーズのピュレ……50g
　水……50g
　水アメ……50g
　グラニュー糖*……100g
　ペクチン*……5g
フランボワーズ（冷凍・ブロークン）……30g
＊合わせる。

つくり方
❶ 鍋にフランボワーズのピュレ、水、水アメ、グラニュー糖とペクチンを加えて中火にかけ、泡立て器でざっと混ぜる。
❷ 鍋底が焦げつかないように、ときどき泡立て器で混ぜながら沸騰させる。気泡が小さくなり、粘りけが出るまで煮詰める。
❸ 火からおろしてボウルに移す。
❹ 鍋に③150gとフランボワーズを入れて中火にかけ、鍋底が焦げつかないように、ゴムベラで混ぜながらひと煮立ちさせる。ボウルに移し、ラップを密着させて冷蔵庫に1晩おく。

組立て・仕上げ

つくり方
❶ ニソワ・バニラを仕上げる。A1枚を焼き面を下にして手で持ち、中央にパレットナイフでB4gをのせる。
❷ ①にA1枚を焼き面を上にして重ね、手で軽く押さえる。Bが生地からはみ出ないように注意。
❸ ニソワ・ショコラを仕上げる。Aの代わりにCを、Bの代わりにDを使って工程①〜②と同様の作業を行う。ただし、Dは1個につき3gを使用する。

製法のポイント

{ ニソワ・バニーユ ＆ ニソワ・ショコラ }

余計な空気を含ませない

高速で混ぜるとバターにも、生地全体にも空気が入りすぎてしまい、絞る際に切れやすくなるうえ、焼成後も割れやすくなってしまいます。つねに低速〜中速で撹拌することで、余分な空気を含ませないようにします。

しっかりと混ぜ合わせる

ほろっとくずれる食感が魅力ですが、一方で非常にもろい生地なので、しっかりと混ぜ合わせ、それぞれの材料をがっちりと結びつけて割れにくい生地にします。固すぎると絞りにくく、やわらかすぎるとだれやすいので、作業性も考慮。作業性を上げるには、バターを室温にもどしてポマード状にするほか、全卵を人肌程度の温度に温めるなど、バターと全卵を粉類となじみやすくする工夫も必要です。

{ ニソワ・ショコラ }

全体がなじむまでよく混ぜる

カカオパウダーを配合し、ニソワ・バニーユよりも強力粉の割合が少ないので、形成されるグルテンも少なく、よりもろく割れやすい生地になりがちです。そこで、粉けがなくなって全体がしっかりとなじんだ均一な状態になるまでよく混ぜることが大切です。

No.04 Fours Secs

フール・セック

Carré Alsacien

[キャレ・アルザシアン]

キャレ・アルザシアン
[Carré Alsacien]

　ほろ苦く、濃厚なキャラメルにアーモンドスライスをたっぷりと混ぜたヌガティーヌ、ザクザクとした食感のパート・フイユテ、甘ずっぱいフランボワーズのコンフィチュールの組合せ。「キャレ・アルザシアン」は、小さな四角形のなかに多彩な味と食感が盛り込まれたフランス・アルザス地方の郷土菓子です。味の組合せや形は変えず、軽やかでいて、かみごたえのある食感と、深い味わいがより際立つように工夫しました。

　パート・フイユテは、この菓子のために考案したオリジナルの配合と製法です。通常は強力粉と薄力粉を8対2の割合で配合していますが、この菓子では全量を強力粉に。折り込み回数を多くして層も増やし、ザクザクとした軽やかかつ力強い食感を打ち出しました。こうすることで、こうばしいヌガティーヌとの食感のバランスもとっています。生地の膨らみを抑えるタイミングや、ヌガティーヌの煮詰め具合、切り分け方についても研究し、見た目の美しさも追求しました。

しっかりと火をとおして小麦粉の旨みを引き出したパート・フイユテ、キャラメルのほろ苦さのある甘みとアーモンドのこうばしさが絡み合ったヌガティーヌに、果実感たっぷりのフランボワーズのコンフィチュールの甘ずっぱさが際立ちます。ヌガティーヌのつやも魅力の一つ。

A パート・フイユテ・スペシャル
[Pâte Feuilletée Spéciale]

材料《 つくりやすい分量。でき上がりより540g使用・約40個分 》

発酵バター……900g
強力粉A（日清製粉「カメリヤ」）……400g
強力粉B（日清製粉「カメリヤ」）*1……600g
塩*1……20g
酢*1・2……4.5g
冷水*2……290〜320g
*1 冷蔵庫で冷やす。　*2 合わせる。

つくり方

❶ 折り込み用バター生地をつくる。ミキサーボウルに発酵バターを入れ、ビーターで低速で混ぜる。
❷ 強力粉Aを一度に加え、均一な状態になるまで混ぜる。
❸ ②をビニール袋に入れ、手のひらで押し広げて約20×20cmの正方形にし、麺棒で平らにする。ビニール袋の角にナイフで小さな穴を開けて空気を出すと生地が四隅までいきわたりやすい。
❹ ③を2枚の板で挟み、冷蔵庫に1晩おく。
❺ デトランプをつくる。ミキサーボウルに強力粉Bと塩を入れる。
❻ ⑤に合わせた酢と冷水を加え、フックで低速で攪拌する。
❼ ひとまとまりになったら作業台に置く。つやが出るまで手でこね、表面を張らせるようにして丸くひとまとめにする。
❽ 表面にナイフで十文字に深く切り込みを入れ、ビニール袋に入れて冷蔵庫に1晩おく。
❾ 打ち粉（分量外、以下同）をした作業台に⑧を置き、切り込みの中央から四方に広げ、手でたたいて正方形にする。麺棒で約35×35cmにのばす。
❿ ⑨の中央に④を角を45度ずらしてのせ、⑨の四隅を中央に向かって折りたたんで包む。生地の合わせ目を手でしっかりと押さえる。
⓫ 麺棒でしっかりと押さえ、デトランプとバター生地を密着させる。
⓬ シーターに通しやすいように麺棒で厚さ2〜2.5cmの長方形にのばす。
⓭ シーターに通し、約70×35cmの長方形にのばす。
⓮ ⓭を横長の状態で左から4分の1を内側に向かって折り、右から4分の3を内側に向かって折る。麺棒で押さえて生地どうしを密着させる。最後に麺棒で中央に縦にくぼみをつけると、次の工程で2つ折りにしやすい。
⓯ 2つ折りにし、麺棒で押さえて生地どうしを密着させる。
⓰ ⓮を90度向きを変えてシーターに通し、約70×35cmの長方形にのばす。
⓱ ⓰を横長の状態で左右から3つ折りにし、麺棒で押さえて生地どうしを密着させる。刷毛で余分な打ち粉を落とし、ラップで包んで冷蔵庫に30分〜1時間おく。
⓲ ⓬〜⓱の作業をもう2回（計3回）行う。最後は冷蔵庫に1晩おく。

B ヌガティーヌ
[Nougatine]

材料《 6×5cmの長方形約40個分 》

ハチミツ……50g
水アメ……50g
バター……100g
生クリーム（乳脂肪分35％）……75g
バニラオイル……2g
グラニュー糖……150g
アーモンドスライス……180g

つくり方

❶ 鍋にアーモンドスライス以外の材料を入れて中火にかけ、ゴムベラで混ぜながら加熱する。徐々に全体が薄い茶色に色づき、泡が大きくなって粘りけが出てくる。
❷ 全体が濃い茶色になって鍋肌から離れてまとまるようになり、ゴムベラですくうととろりと落ちる状態になったら火を止める。
❸ ②にアーモンドスライスを加え混ぜる。

C フランボワーズのコンフィチュール
[Confiture de Framboise]

材料《 つくりやすい分量 》

フランボワーズのピュレ……100g
グラニュー糖*……110g
ペクチン*……2g
クエン酸（粉末）……1g
* 混ぜ合わせる。

つくり方

❶ 鍋にすべての材料を入れて中火にかけ、泡立て器でざっと混ぜる。
❷ 鍋底が焦げつかないように、ときどき泡立て器で混ぜながら煮詰める。
❸ ②をボウルに移し、ラップを密着させて冷蔵庫に1晩おく。

キャレ・アルザシアン
[Carré Alsacien]

　ほろ苦く、濃厚なキャラメルにアーモンドスライスをたっぷりと混ぜたヌガティーヌ、ザクザクとした食感のパート・フイユテ、甘ずっぱいフランボワーズのコンフィチュールの組合せ。「キャレ・アルザシアン」は、小さな四角形のなかに多彩な味と食感が盛り込まれたフランス・アルザス地方の郷土菓子です。味の組合せや形は変えず、軽やかでいて、かみごたえのある食感と、深い味わいがより際立つように工夫しました。

　パート・フイユテは、この菓子のために考案したオリジナルの配合と製法です。通常は強力粉と薄力粉を8対2の割合で配合していますが、この菓子では全量を強力粉に。折り込み回数を多くして層も増やし、ザクザクとした軽やかかつ力強い食感を打ち出しました。こうすることで、こうばしいヌガティーヌとの食感のバランスもとっています。生地の膨らみを抑えるタイミングや、ヌガティーヌの煮詰め具合、切り分け方についても研究し、見た目の美しさも追求しました。

しっかりと火をとおして小麦粉の旨みを引き出したパート・フイユテ、キャラメルのほろ苦さのある甘みとアーモンドのこうばしさが絡み合ったヌガティーヌに、果実感たっぷりのフランボワーズのコンフィチュールの甘ずっぱさが際立ちます。ヌガティーヌのつやも魅力の一つ。

A　パート・フイユテ・スペシャル
[Pâte Feuilletée Spéciale]

材料《 つくりやすい分量。でき上がりより540g使用・約40個分 》
発酵バター……900g
強力粉A（日清製粉「カメリヤ」）……400g
強力粉B（日清製粉「カメリヤ」）*1……600g
塩*1……20g
酢*1・2……4.5g
冷水*2……290〜320g
＊1 冷蔵庫で冷やす。　＊2 合わせる。

つくり方
❶ 折り込み用バター生地をつくる。ミキサーボウルに発酵バターを入れ、ビーターで低速で混ぜる。
❷ 強力粉Aを一度に加え、均一な状態になるまで混ぜる。
❸ ②をビニール袋に入れ、手のひらで押し広げて約20×20cmの正方形にし、麺棒で平らにする。ビニール袋の角にナイフで小さな穴を開けて空気を出すと生地が四隅までいきわたりやすい。
❹ ③を2枚の板で挟み、冷蔵庫に1晩おく。
❺ デトランプをつくる。ミキサーボウルに強力粉Bと塩を入れる。
❻ ⑤に合わせた酢と冷水を加え、フックで低速で撹拌する。
❼ ひとまとまりになったら作業台に置く。つやが出るまで手でこね、表面を張らせるようにして丸くひとまとめにする。
❽ 表面にナイフで十文字に深く切り込みを入れ、ビニール袋に入れて冷蔵庫に1晩おく。
❾ 打ち粉（分量外、以下同）をした作業台に⑧を置き、切り込みの中央から四方に広げ、手でたたいて正方形にする。麺棒で約35×35cmにのばす。
❿ ⑨の中央に④を角を45度ずらしてのせ、⑨の四隅を中央に向かって折りたたんで包む。生地の合わせ目を手でしっかりと押さえる。
⓫ 麺棒でしっかりと押さえ、デトランプとバター生地を密着させる。
⓬ シーターに通しやすいように麺棒で厚さ2〜2.5cmの長方形にのばす。
⓭ シーターに通し、約70×35cmの長方形にのばす。
⓮ ⓭を横長の状態で左から4分の1を内側に向かって折り、右から4分の3を内側に向かって折る。麺棒で押さえて生地どうしを密着させる。最後に麺棒で中央に縦にくぼみをつけると、次の工程で2つ折りにしやすい。
⓯ 2つ折りにし、麺棒で押さえて生地どうしを密着させる。
⓰ ⓮を90度向きを変えてシーターに通し、約70×35cmの長方形にのばす。
⓱ ⓰を横長の状態で左右から3つ折りにし、麺棒で押さえて生地どうしを密着させる。刷毛で余分な打ち粉を落とし、ラップで包んで冷蔵庫に30分〜1時間おく。
⓲ ⓬〜⓱の作業をもう2回（計3回）行う。最後は冷蔵庫に1晩おく。

B　ヌガティーヌ
[Nougatine]

材料《 6×5cmの長方形約40個分 》
ハチミツ……50g
水アメ……50g
バター……100g
生クリーム（乳脂肪分35％）……75g
バニラオイル……2g
グラニュー糖……150g
アーモンドスライス……180g

つくり方
❶ 鍋にアーモンドスライス以外の材料を入れて中火にかけ、ゴムベラで混ぜながら加熱する。徐々に全体が薄い茶色に色づき、泡が大きくなって粘りけが出てくる。
❷ 全体が濃い茶色になって鍋肌から離れてまとまるようになり、ゴムベラですくうととろりと落ちる状態になったら火を止める。
❸ ②にアーモンドスライスを加え混ぜる。

C　フランボワーズのコンフィチュール
[Confiture de Framboise]

材料《 つくりやすい分量 》
フランボワーズのピュレ……100g
グラニュー糖*……110g
ペクチン*……2g
クエン酸（粉末）……1g
＊ 混ぜ合わせる。

つくり方
❶ 鍋にすべての材料を入れて中火にかけ、泡立て器でざっと混ぜる。
❷ 鍋底が焦げつかないように、ときどき泡立て器で混ぜながら煮詰める。
❸ ②をボウルに移し、ラップを密着させて冷蔵庫に1晩おく。

焼成1

つくり方

❶ 作業台にAを横長に置き、ナイフで縦に8等分（約270gずつ）に切り分ける。そのうちの2個を使用し、それぞれ麺棒で厚さ2～2.5cmの長方形にのばす。

❷ シーターに通し、それぞれ45×35cmの長方形にのばす。60×40cmの天板にのせ、ピケする。

❸ 全体に薄くグラニュー糖（分量外）をふる。

❹ 上火200℃・下火200℃のデッキオーブンに入れる。

❺ オーブンに入れてから7～8分経ち、生地が膨らんで表面がうっすらと色づいてきたら上に同サイズの天板をのせて、さらに10～15分焼成する。

❻ 焼き上がったら板などに置き、上にオーブンペーパーをかぶせて同サイズの天板をのせ、膨らみを抑える。かぶせた天板とオーブンペーパーをはずし、熱いうちに端を切って40×30cmの長方形にする。粗熱をとる。

焼成2・組立て

つくり方

❶ 焼成1を経たA1枚を、焼き面を上にして60×40cmの天板にのせる。表面の数ヵ所にBを、煮詰めてすぐの状態でゴムベラなどですくってのせる。Bを生地の縁から内側約1cmの部分を残して、ゴムベラで全体にのばす。アーモンドスライスが重なりすぎないようにし、均一な厚さにすること。

❷ 160℃のコンベクションオーブンで約20分焼成する。

❸ 粗熱がとれたらナイフで6×5cmの長方形に切り分ける。

❹ 焼成1を経たAのもう1枚を、焼き面を上にして作業台に置く。生地の中央にCをのせ、ゴムベラなどで全体に薄くぬり広げる。

❺ ❹を❸をヌガティーヌを上にして重ねる。L字パレットナイフを使って1度に3～4枚ずつのせていくと効率がよい。

❻ 波刃包丁で、上に重ねた生地の大きさに合わせて切り分ける。

製法のポイント

{ パート・フイユテ・スペシャル }

1728層にしてザクザクした食感を強化

通常のパート・フイユテは3つ折り6回でつくっていますが、4つ折り1回・3つ折り1回を計3回行って層を増やし、層と層の間を浮かせずに焼成することで、ザクザクとした力強い食感を表現。上面のヌガティーヌのガリッとした食感とのバランスもとりました。粉はすべて強力粉を使うのも、生地の骨格をしっかりとつくるためです。

{ ヌガティーヌ }

しっかりと煮詰める

鍋肌からまとまってはがれるようになるまで、しっかりと煮詰めましょう。煮詰め方が甘いと、焼成中に生地から流れてしまいます。また、煮詰まったらすぐにパート・フイユテ・スペシャルにぬること。冷めて固くなってしまうと、均一にのばせません。焼き上がって形を調整したパート・フイユテ・スペシャルの粗熱をとっている間にヌガティーヌを仕込みはじめると、タイミングが合います。

{ 焼成1 }

天板を重ねるタイミングに注意

パート・フイユテ・スペシャルを焼くときは、表面が乾いて膨らみはじめ、うっすらと茶色に色づいてきたら天板をのせること。天板をのせるのがはやすぎると層がつぶれすぎてしまい、遅すぎると生地が割れてしまいます。

{ 焼成2 }

ヌガティーヌが流れ出さないように工夫

パート・フイユテ・スペシャルにヌガティーヌをのばす際は、縁から約1cmの余白を残しておくと、焼成中にヌガティーヌが生地の外に流れにくくなります。また、焼成中に流れてしまったヌガティーヌはパレットナイフなどで生地の上に戻して形をととのえましょう。

{ 仕上げ }

美しく切り分ける

ヌガティーヌを重ねたパート・フイユテ・スペシャルはカットしておき、フランボワーズのコンフィチュールをぬったパート・フイユテ・スペシャルに重ねて接着。上の生地のサイズに合わせて下の生地を切り分けます。上の生地は、ヌガティーヌの粗熱がとれ、やわらかいながらも流れない程度の状態になってから切り分けること。切り分けるときに、粗熱がとれていないと流れてしまい、逆に冷めて固まってしまうと割れてしまいます。

No.05 Fours Secs

フール・セック

Bretzel

[ブレッツェル]

ブレッツェル
[Bretzel]

　人が腕組みしたような形が印象的な「ブレッツェル」。ドイツやフランス・アルザス地方によく見られる発酵生地を使ったパンのような塩味の伝統菓子が有名ですが、私がつくるものは、ウィーンの老舗「ハイナー」での修業時代に出合ったフール・セックがもとになっています。ハイナーでは、パート・フイユテにパート・サブレを重ねていましたが、私はパート・サブレをヘーゼルナッツたっぷりのオリジナルのガルニチュールに代え、ごく薄くのばしたパート・フイユテで包んで紐状に切り分けてから成形し、焼成。ヘーゼルナッツのこうばしい風味を打ち出しつつ、2種類の異なる食感で面白みを出しました。

　ガルニチュールは、ヘーゼルナッツと純粉糖を合わせて粗めに挽き、バターや卵白、強力粉と合わせてつくります。これをたっぷりと使うのがこの菓子の特徴ですが、このガルニチュールが、とりわけだれやすいので、冷蔵庫に入れるなどして適宜冷やして締めながら、手ばやく作業することが大切です。

パート・フイユテは、焼成時の膨らみが小さい3番生地や4番生地を使うと、焼成中にほとんど膨らまないガルニチュールとのバランスがとれ、きれいに仕上がります。サクッと軽いパート・フイユテと、ザクッと歯ごたえのあるガルニチュールの2種類の食感が楽しめる菓子です。

A パート・フイユテ・フィーヌ
[Pâte Feuilletée Fine]

材料とつくり方
→ 56頁参照。つくりやすい分量。でき上がりより1740g使用・約240個分。
  56頁の工程⑮まで同様に行い、その後以下の作業を行う。
  ただし、焼成時の膨らみが小さい3番生地や4番生地を使うほうがよい。

❶ 作業台に生地を横長に置き、包丁で縦に8等分（約290gずつ）に切り分ける。そのうちの6個（計約1740g）と成形で不足したときのためにもう1個を麺棒で厚さ2〜2.5cmの長方形にのばす。
❷ 打ち粉（分量外）をしたシーターに通し、58×38cm×厚さ1.3mmの長方形に薄くのばす。
❸ オーブンペーパーを敷いたプラックなどに移して全体にピケし、冷蔵庫に1時間以上おく。

B ガルニチュール
[Garniture]

材料《 約240個分 》
ヘーゼルナッツ（皮なし）*1……600g
純粉糖A……600g
バター*2……1kg
純粉糖B……400g
卵白*3……200g
強力粉（日清製粉「レジャンデール」）……900g

*1 上火160℃・下火160℃のデッキオーブンで20〜25分焼成する。
*2 ポマード状にする。
*3 溶きほぐす。

つくり方
❶ ロボクープにヘーゼルナッツと純粉糖Aを入れ、粗めに粉砕する。
❷ ミキサーボウルにバターを入れ、ビーターで低速で混ぜる。
❸ ②に純粉糖Bを一度に加え混ぜる。純粉糖がバターになじんできたら中速に切り替え、白っぽくなるまで混ぜる。
❹ 卵白を3〜4回に分けて加え、そのつどなじむまでしっかりと混ぜる。
❺ 低速に切り替えて①を一度に加え、全体がなじむまで混ぜる。
❻ 中速に切り替えて強力粉を一度に加え、ざっくりと混ぜたらミキサーを止める。粉けが少し残っている状態でOK。
❼ ボウルの内側側面についた生地をはらい、混ぜ残しがないように、カードで底からすくうようにしてしっかりと混ぜる。
❽ 600gずつ6個に分割し、プラックに並べる。ラップをして冷蔵庫に1晩おく。
❾ 作業台に打ち粉（分量外、以下同）をして⑧を置く。それぞれ3〜4等分に切り、重ねて手のひらで押さえる。折りたたむようにしながら手で軽くこねて、均一な状態にする。
❿ ⑨を手でひとまとめにして、長さ約30cmの棒状にする。
⓫ 作業台にオーブンペーパーを敷いて打ち粉をする。高さ5mmのバールを間を約30cmあけて左右に置き、その間に⑩を横長にして置く。
⓬ 麺棒を手前と奥に転がし、30×35cmの長方形にのばす。冷凍庫に1時間以上おく。

成形

つくり方

❶ 作業台に Ⓐ を1枚ずつをオーブンペーパーごと縦長に置き、表面全体に刷毛で水（分量外）をぬる。
❷ ①の中央に Ⓑ を横長に置き、手前と奥からオーブンペーパーごと ① を折って Ⓑ を包む。折った生地についているオーブンペーパーをはがす。①の長さが足りずに Ⓑ が露出してしまう場合（写真）は、露出した Ⓑ に刷毛で水をぬり、もう1枚の Ⓐ から隙間に合うサイズを切り出して隙間に貼りつける。
❸ 左右の端をパイローラーでカットする。ラップをして冷凍庫に約1時間おく。
❹ 作業台に ③ を横長に置き、包丁で縦に8等分（幅約4cm）に切り分ける。まず4等分にして2枚ずつ重ね、それを半分にカットすると効率がよい。
❺ ④をそれぞれ縦長に5等分（幅約0.8cm）に切り分ける。
❻ 作業台に打ち粉をし、⑤を横長に置く。手で手前と奥に転がしてねじる。
❼ 両端を手で持って、左端が上になるように重ねて輪をつくる。
❽ 右端だった部分を持ち上げて左斜め奥に向けて輪の中に入れ、左端だった部分も持ち上げてその上に交差させるように右斜め奥に向けて輪の中に入れてブレッツェルの形にととのえる。

焼成・仕上げ

材料《 約240個分 》
純粉糖……適量

つくり方

❶ オーブンペーパーを敷いた天板に並べ、160℃のコンベクションオーブンで約30分焼成する。焼き上がったらそのまま常温でしっかりと冷ます。
❷ オーブンペーパーを敷いたプラックに並べ、純粉糖をたっぷりとふる。2枚ずつ重ねて純粉糖をふり、上段をはずして下段に純粉糖をふると場所をとらない。

製法のポイント

{ ガルニチュール }

使用直前に純粉糖とともにヘーゼルナッツを挽く

ヘーゼルナッツのこうばしい風味を最大限に生かすため、使用する直前に、純粉糖と合わせてヘーゼルナッツを粗めに挽きます。分量が多い場合は2回以上に分けて仕込みます。

強力粉を入れたら中速で混ぜる

タン・プール・タンを混ぜ終えたら中速に切り替え、強力粉を加え混ぜます。適度に空気を含ませると、前の工程で加えた卵白がなじみやすくなります。

しっかりと冷やす

粉類と卵白の分量に対してバターや砂糖が多いので、やわらかく、だれやすい状態になります。すべての材料を混ぜ終え、ひとまとめにして分割したら、ラップをして冷蔵庫に1晩おき、中心までしっかりと冷やすこと。固く締めておかないと、成形の作業がしづらくなってしまいます。

{ 成形 }

作業性を考え、生地を適宜冷やす

パート・フィユテ・フィースに対してガルニチュールの分量が多く、だれやすい生地なので、やわらかくなってきたら適宜冷蔵庫に入れ、生地を冷やして締めると作業しやすいです。

{ 仕上げ }

仕上げの純粉糖も味の一部

最後にたっぷりとふる純粉糖で甘みが加わるため、ガルニチュールは甘さ控えめの配合にしています。

No.06 Fours Secs

フール・セック

Chaussons Napolitains

[ショソン・ナポリタン]

ショソン・ナポリタン
[Chaussons Napolitains]

　ショソンという名がついた菓子といえば「ショソン・オ・ポンム」(54頁)が代表的ですが、ナポリのスリッパを意味する「ショソン・ナポリタン」は、その変化球ともいえる菓子です。貝のような形が特徴で、パート・フイユテでクレーム・パティシエールを包んだ、ヴィエノワズリーの分野に入るものが多く、ショソン・オ・ポンムと同じくらいの大きさが一般的です。

　私は、この菓子を5〜6cm大のプチ・フールのサイズにアレンジ。クリームは、クレーム・ダマンドとクレーム・パティシエールを同割で合わせたクレーム・フランジパーヌに代え、こくのある味わいに仕上げました。シート状にのばしたパート・フイユテにクレーム・フランジパーヌを薄くぬってくるくると巻き、輪切りにして、薄い楕円形にふたたびのばしてから、クレーム・フランジパーヌを包みます。生地にたっぷりと純粉糖をまぶして焼成して表面をキャラメリゼすることで、ザクッとした食感を強調しつつ、甘みやこうばしさも前面に打ち出しました。

クレーム・フランジパーヌは生地で包むだけでなく、生地に薄くぬることで、全体の風味がさらに豊かに。小さくても印象的な味わいに仕上げました。生地にぬったクレーム・フランジパーヌは成形時に表面に露出するため、焼くとしっかりと焼き色がつき、美しい模様が浮かび上がります。

A　パート・フイユテ・フィーヌ
[Pâte Feuilletée Fine]

材料とつくり方
→ 56頁参照。つくりやすい分量。でき上がりより580g使用・約30個分。
56頁の工程⑮まで同様に行い、その後以下の作業を行う。
❶ 生地を580gとり分け、シーターに通して厚さ3mmにのばす。
❷ 40×30cmに切り分け、オーブンシートを敷いたブラックなどにのせて冷蔵庫に30分おく。

B　クレーム・パティシエール
[Crème Pâtissière]

材料《 つくりやすい分量 》
卵黄*1……80g
バニラビーンズ*2……1/2本
純粉糖……125g
薄力粉（日清製粉「スーパーバイオレット」）*3……25g
コーンスターチ*3……25g
牛乳……500g
バター……12g
*1 溶きほぐす。
*2 サヤから種を出す。サヤも使う。
*3 合わせてふるう。

つくり方
❶ ボウルに卵黄とバニラビーンズの種、半量の純粉糖を入れ、泡立て器で白っぽくなるまですり混ぜる。
❷ 薄力粉とコーンスターチを加え、粘りけが出ないようにゆっくりと混ぜる。
❸ 銅ボウルに牛乳、バニラビーンズのサヤ、残りの純粉糖を入れて強火にかける。泡立て器でときどき混ぜながら加熱し、沸騰直前にバニラビーンズのサヤを取り除く。
❹ 沸騰したら一部を②に加え混ぜる。これを銅ボウルに戻し入れ、強火にして泡立て器で混ぜながら炊く。とろりとした状態になったら火からおろし、余熱で火を入れるイメージで泡立て器で混ぜ、少しゆるめのなめらかな状態にする。
❺ ふたたび火にかけ、泡立て器を持つ手が重くなり、沸騰しはじめたら火からおろしてバターを混ぜ溶かす。
❻ ボウルに移して氷水にあてて冷まし、ラップを密着させて冷蔵庫におく。

C　クレーム・ダマンド
[Crème d'Amandes]

材料《 つくりやすい分量 》
バター*1……100g
純粉糖……100g
全卵*2……55g
生クリーム（乳脂肪分27%）……25g
アーモンドパウダー……100g
*1 ポマード状にする。
*2 溶きほぐし、湯煎にかけて人肌程度の温度に調整する。

つくり方
❶ ボウルにバターと純粉糖を入れ、泡立て器ですり混ぜる。
❷ 純粉糖が溶けてなじんだら、全卵を3回程度に分けて加え、そのつどしっかりと混ぜる。
❸ 生クリームを加え混ぜる。
❹ アーモンドパウダーを加え、ゴムベラで粉けがなくなるまで混ぜる。

D　クレーム・フランジパーヌ
[Crème Frangipane]

材料《 約30個分 》
クレーム・パティシエール（B）……100g
クレーム・ダマンド（C）……100g

つくり方
❶ ボウルにBを入れ、ゴムベラで混ぜてなめらかにする。
❷ 別のボウルにCを入れ、一部を①に加え混ぜる。これをCが入ったボウルに戻し、混ぜる。

組立て・焼成

材料《 約30個分 》
純粉糖……適量

つくり方
1. Aをオーブンペーパーを敷いた板に置き、D50gをL字パレットナイフで薄く全体にぬり広げる。
2. ①を縦長にして置き、手前から奥へ生地を巻く。冷蔵庫に約2時間おく。
3. 波刃包丁で幅約1cmに切り分ける。
4. オーブンペーパーを敷いた板に純粉糖をたっぷりとふり、切り口を上下にして③をのせ、底面に粉糖をつける。上面に茶漉しで粉糖をふる。
5. オーブンペーパーをかぶせ、麺棒で長径約10cmの楕円形にのばす。
6. 口径1cmの丸口金を付けた絞り袋にD150gを入れ、⑤の中央に5gずつ絞る。
7. 生地を2つに折り、生地の合わせ目を指で軽く押さえて生地どうしを密着させる。天板にのせ、茶漉しで純粉糖をたっぷりとふる。
8. 160℃のコンベクションオーブンで約45分焼成する。途中、上面がキツネ色になったら（オーブンに入れてから約30分後が目安）生地を裏返す。

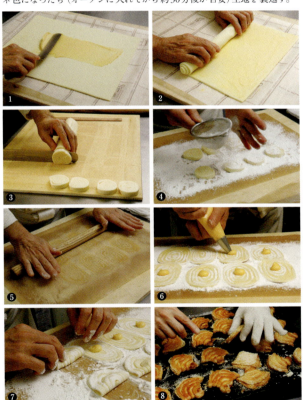

製法のポイント

{ クレーム・ダマンド }

生クリームで乳味とこくをプラス

乳脂肪分27％の生クリームを配合して、やさしい乳味とこくのある味わいに仕上げます。生クリームを入れるぶん、全卵の量を減らし、卵の風味を抑えることで、アーモンドの風味をしっかりアピールしています。

{ クレーム・フランジパーヌ }

口あたりよく仕上げる

クレーム・パティシエールの火入れは浅めに。全体的に火が入り、とろみがついたら火からおろして、少しゆるめのなめらかな状態に仕上げます。一方、クレーム・ダマンドは、材料の温度帯に注意すること。バターに対して液体が同量に近い配合のため、混ざりにくく、温度が違いすぎると分離してしまうことも。全卵は人肌程度に温め、生クリームは常温にもどすと、混ざりやすく、よくなじみます。こうして仕上げたクレーム・パティシエールとクレーム・ダマンドを合わせたクレーム・フランジパーヌは、火を入れても口あたりのよさを保てます。

{ 組立て・焼成 }

純粉糖をたっぷりとふる

麺棒で生地を楕円形にのばす際に、生地の表裏にたっぷりと純粉糖をつけ、さらに、クレーム・フランジパーヌを包んだあとにも純粉糖をたっぷりとふること。たっぷりの純粉糖が焼成中にキャラメリゼされることで、ザクッとした食感が強調され、こうばしさと甘みも加わります。

No.07 Fours Secs

フール・セック

ふらんす
せんべい

ふらんすせんべい

　ザラメ糖がまぶされた「ざらめせんべい」が好きで、醤油と砂糖から生まれる甘じょっぱい味わいと、ザラメ糖のカリカリとした食感をフランス菓子で表現したいと思って考案した、完全オリジナルのフール・セックです。ざらめせんべいが発想の源なので、「ふらんすせんべい」と名づけました。

　製法はいたってシンプル。オリジナルの生地を円盤状にしてザラメ糖をたっぷりとつけ、バターとスパイス類をトッピングして焼き上げます。生地は材料を手で混ぜ合わせるだけ。トッピングの風味を生かすため、生地にはバターを使わず、代わりに生クリームとオリーブオイルを配合しました。スパイスは、辛みのある黒コショウ、エキゾチックな香りのクミンとナツメグ、彩りもよいレッドパプリカとパセリをセレクト。ザラメ糖のカリッとした食感と甘みを感じたあと、バリッとした生地の歯ざわりとともに、醤油に似たニュアンスのある焦げたバターのこくと塩け、スパイシーな香りが口いっぱいに広がります。

バリッとした"せんべいらしい"食感を出すため、生地にはできるだけ空気を含ませず、固めに焼き上げました。生地のほんのりとした塩けがザラメ糖の甘みを引き立てます。また、バターとスパイス類が味に深みを生み、素朴な見た目ながら、複雑な味で驚きを演出します。

A ふらんすせんべい生地

材料《約48個分》
強力粉(日清製粉「レジャンデール」)……600g
グラニュー糖……120g
塩……10g
生クリーム(乳脂肪分35%)……20g
オリーブオイル……20g
全卵……360g

つくり方
❶ボウルにすべての材料を入れ、手で強力粉に水分を吸わせるようにしながら混ぜる。
❷まとまってきたら、手でボウルをまわしながらこねる。粉けがなくなって均一な状態になったらOK。

成形・焼成

材料《1個分》
ザラメ糖……適量　　クミン(パウダー)……適量
バター*……適量　　レッドパプリカ(パウダー)……適量
黒コショウ(パウダー)……適量　　ドライパセリ(パウダー)……適量
ナツメグ(パウダー)……適量
＊1cm角に切って冷蔵庫で冷やす。

つくり方
❶ Aを23gずつにちぎり、オーブンペーパーを敷いた板に並べる。
❷別の板に打ち粉(分量外)をし、①をのせて手で丸める。
❸オーブンペーパーを敷いた板にザラメ糖をたっぷりのせ、②にザラメ糖をまぶす。手のひらで平らにし、さらに表と裏にザラメ糖をまぶす。
❹をザラメ糖の上に置いたまま、麺棒で直径約8cmの円形にのばす。
❺④を天板に並べ、生地の中央に1cm角にしたバターを2個ずつのせる。
❻バターの上に、黒コショウ、ナツメグ、クミン、レッドパプリカ、ドライパセリを順に少量ずつふる。
❼160℃のコンベクションオーブンで約30分焼成する。

製法のポイント

{ ふらんすせんべい生地 }
生地自体の甘みは控えめに

成形時にザラメ糖をたっぷりまぶすので、生地自体の甘みは抑えています。バターを使わずに、オリーブオイルと生クリームを使用することで、生地自体の風味は強調させず、生地の上にのせるバターとスパイス類の風味を生かしています。

{ 成形 }
ザラメ糖をたっぷりつける

イメージは"ざらめせんべい"。カリカリとした食感と甘みを強調するため、生地の表と裏にたっぷりとザラメ糖をまぶし、さらに、ザラメ糖の上で生地をのばして、しっかりとザラメ糖を生地につけます。

{ 焼成 }
バターの上にスパイスをふる

生地の中央にバターをのせ、その上からスパイスをふります。焼成中、バターは中央から外側に向かって溶け出すので、バターの上にスパイスをふれば、バターとともに広がり、見た目も美しく仕上がります。色みも意識し、レッドパプリカやドライパセリは最後のほうにふりましょう。

No.08 Demi-Secs
ドゥミ・セック

Alcazar
[アルカザール]

アルカザール
[Alcazar]

　「アルカザール」は、スペイン語で城という意味のスペイン伝統菓子ですが、フランスの古典でも見たことがあります。私は、パリの「ジャン・ミエ」での修業時代に、当時のアントルメ部門のシェフだったスペイン人のフェルナンド・アレマーニ氏から教わったレシピをベースにしています。本来は、パート・シュクレにアプリコットのコンフィチュールとフィナンシェ生地を詰め、パート・ダマンドで飾る菓子のようですが、彼はフィナンシェ生地ではなく、メレンゲにアーモンドパウダーを混ぜた生地でつくっていました。サクッとしたパート・シュクレと、こくがあって香り高く、軽やかながらしっとりとした生地のバランスがすばらしく、その滋味に感銘を受けました。

　帰国後、焼成を工夫したり、パイナップル風味を考案するなど、アレンジを加えて20年以上つくっています。パート・シュクレに流したパータ・アルカザールを焼成時にしっかりと浮き上がらせることにこだわり、しっとりとした質感と軽さを両立させました。

パータ・アルカザールはオリジナルの生地。焼成中に垂直に浮き上がり、側面上部にピエ（生地が浮いてレース状になる部分）のような部分ができるように、生地の混ぜ方や、焼成の温度や時間を検証するなど試行錯誤しました。本書ではパイナップル風味を紹介します。

A パート・シュクレ
[Pâte Sucrée]

材料《 口径16.5×高さ4cmのマンケ型約10台分 》

バター*1……500g
純粉糖……350g
全卵*2……175g
アーモンドパウダー……150g
強力粉（日清製粉「レジャンデール」）*3……800g
塩*3……5g

＊1 ポマード状にする。
＊2 溶きほぐし、湯煎にかけて人肌程度の温度に調整する。
＊3 合わせる。

つくり方

❶ ミキサーボウルにバターを入れ、ビーターで低速で混ぜる。
❷ 純粉糖を一度に加え混ぜる。
❸ 中速に切り替え、全卵を3～4回に分けて加え混ぜる。
❹ アーモンドパウダーを一度に加え混ぜる。
❺ 低速に切り替え、合わせた強力粉と塩を一度に加え混ぜる。ここで低速に切り替えるのは、強力粉がとびちらないようにするため。粉けが少し残っている状態でミキサーを止める。
❻ 混ぜ残しがないように、カードで底からすくうようにして全体が均一な状態になるまで混ぜる。
❼ ビニール袋に入れて手で平らにし、冷蔵庫に1晩おく。
❽ 作業台に⑦を置き、折りたたむようにしながら手で軽くこねて均一な状態にする。棒状にして、麺棒でシーターに通しやすい厚さにのばす。
❾ シーターに通し、厚さ3mmにのばす。
❿ 型などを使って⑨を直径22cmの円形に切る。オーブンペーパーを敷いた板などにのせ、冷蔵庫に約1時間おく。
⓫ 内側にバター（分量外）をぬったマンケ型に⑩を敷き込む。型をまわしながら、余分な空気が入らないように生地を型にしっかりと密着させること。
⓬ 型からはみ出た余分な生地をペティナイフで切り落とす。切り口が、型の外側に向かって斜め下になるように切ること。冷蔵庫に約30分おく。

B パータ・アルカザール
[Pâte pour《Alcazar》]

材料《 口径16.5×高さ4cmのマンケ型6台分 》

アーモンドパウダー（皮付き）*1……375g
グラニュー糖A……325g
全卵*2・3……275g
卵黄*2・3……80g
バニラビーンズ*3……1/2本
卵白……90g
グラニュー糖B……75g
バター……190g
パイナップルのリキュール……75g

＊1 生のアーモンドを自家製粉する。
＊2 合わせて溶きほぐす。
＊3 バニラビーンズのサヤから種を出し、全卵と卵黄と合わせる。

つくり方

❶ ミキサーボウルにアーモンドパウダーとグラニュー糖Aを入れ、合わせた全卵と卵黄とバニラビーンズの種を加えて、白っぽくなるまでビーターで低速で撹拌する。
❷ ①の作業と同時進行で、別のミキサーボウルに卵白を入れ、中速で泡立てる。空気を含んで白っぽく、ふんわりとした状態になったら、グラニュー糖Bを一度に加え、ホイッパーですくうと、角ができてすぐにたれるくらいの状態になるまで泡立てる。
❸ 鍋にバターを入れ、火にかけて溶かす。パイナップルのリキュールを加え、約50℃に調整する。
❹ ①に③を加え、低速で撹拌する。
❺ ④に②を一度に加え、エキュモワールで気泡をつぶすようにしてしっかりと混ぜる。

組立て・焼成・仕上げ

材料《 口径16.5×高さ4cmのマンケ型6台分 》
パイナップルのコンフィ（市販品）……600g
純粉糖*……適量
デコレーション用粉糖*……適量
＊合わせる。

つくり方
❶ Aにパイナップルのコンフィを100gずつ入れる。
❷ ①を天板に並べ、Bを240〜250gずつ流し入れる。高さの目安は、型の縁から1cm程度低いくらい。天板に型を軽くたたきつけて空気を抜く。
❸ ダンパーを開けた上火190℃・下火190℃のデッキオーブンで約20分焼成する。Bが垂直にもち上がり、側面上部にピエ（生地が浮いてレース状になる部分）のような部分ができたら上火・下火ともに160℃に下げ、約30分焼成する。
❹ 焼き上がったらすぐに型をはずし、板に並べて冷ます。
❺ ④が完全に冷めたら、上面に合わせた2種類の粉糖を上面に茶漉しでたっぷりとふる。

製法のポイント

{ パート・シュクレ }

低速→中速→低速で撹拌する

バターと純粉糖は低速で撹拌し、極力空気を含ませないようにしましょう。全卵を加えたら、バターと全卵がしっかりとなじむように中速で撹拌し、さらに中速のままアーモンドパウダーを加え混ぜます。強力粉と塩を混ぜる際は低速に。これは粒子の細かい強力粉がとびちらないようにするため。焼成時に生地が浮くことを避けるため、基本的には空気をあまり含ませないようにします。

最後はカードを使って手で混ぜる

「パート・サブレ・シトロン」（84頁）などと同様、粉類を投入したあとは、粉けが少し残る程度までミキサーで撹拌し、カードで底からすくうように混ぜて状態をととのえます。

{ パータ・アルカザール }

低速〜中速で撹拌する

基本は低速で余分な空気を含ませすぎずに、白っぽくなるまで混ぜること。メレンゲを中速で撹拌するのは、作業性をよくするため。低速だと時間がかかりすぎてしまいます。ただし、角がピンと立つ1歩手前で止めること。生地全体に空気が入りすぎると、焼成時に生地が垂直に浮き上がらず、側面上部にピエ（生地が浮いてレース状になる部分）のような部分ができずに、だれてしまいます。泡立てるのではなく、撹拌はすべて材料を混ぜ込んでいくイメージで行います。

エキュモワールで気泡をつぶしながら混ぜる

最後は、エキュモワールで気泡をある程度つぶしながら混ぜます。気泡が多く残っていると、焼成時に中央が大きく盛り上がって上面が深く割れてしまい、美しい仕上がりになりません。

{ 焼成 }

高温で火を入れてから、じっくり焼成

最初の20分は高温で焼成することで、生地が垂直に浮き上がり、側面上部にピエのような部分ができます。そのピエのような部分ができてきたら温度を下げてじっくり焼成し、生地の中央まで火を通し、しっとり、ふっくらとした食感に仕上げます。

No.09 Demi-Secs

ドゥミ・セック

Fruits aux Amandes

[フリュイ・オ・ザマンド]

フリュイ・オ・ザマンド
[Fruits aux Amandes]

　異なる食感の生地を組み合わせた菓子をつくりたいと思って、10年ほど前に考案したドゥミ・セックです。ザクッとしたパート・シュクレに、フルーツのコンフィをたっぷり混ぜ込んだふっくらとしたクレーム・ダマンドと、ラム酒がふわりと香るパータ・ジェノワーズを重ねました。一般的なパータ・ジェノワーズは、ふんわりとした食感が特徴ですが、パート・シュクレの食感との対比が強すぎるとバランスが悪いため、アーモンドパウダーと粗くくだいたクルミをたっぷりと配合して、ふんわりとしながらも、しっとりとした食感に仕上げています。

　パータ・ジェノワーズをしっとりとしたきめ細かな質感に仕立てるには、混ぜ方もポイントとなります。卵と砂糖を高速のミキサーで撹拌して空気をたっぷりと含ませたら、中速に切り替えて気泡をととのえること。粉類やバターなどを加えたあとも、気泡をつぶさないようにしつつ、つやが出るまで混ぜて状態を安定させると、きめ細かな生地に仕上がります。

こうばしいパート・シュクレ、フルーツの旨みたっぷりのクレーム・ダマンド、ナッツのこうばしさとラム酒の香り高さが魅力のジェノワーズ。一体感を出すにはバランスが大切です。2度焼成するパート・シュクレは焦げないように焼成温度を調整し、クレーム・ダマンドの厚さは1cmにしています。

A　パート・シュクレ
[Pâte Sucrée]

材料とつくり方
→ 112頁参照。つくりやすい分量。34×8.3×高さ5cmのカードル約12台分。112頁の工程⑦まで同様に行い、その後に以下の作業を行う。
❶ 作業台に生地を置き、折りたたむようにしながら手で軽くこねて均一な状態にする。棒状にして、麺棒でシーターに通しやすい厚さにのばす。
❷ シーターに通し、厚さ3mmにのばす。
❸ ②にピケし、34×8.3×高さ5cmのカードルをのせ、カードルよりも約5mm外側で切る。
❹ ③を天板に並べ、カードルを置く。上火160℃・下火160℃のデッキオーブンで約15分焼成する。焼き上がったらそのまま常温において冷ます。

B　フリュイ・コンフィ入りクレーム・ダマンド
[Crème d'Amandes aux Fruits Confits]

材料《 34×8.3×高さ5cmのカードル3台分 》
◎クレーム・ダマンド……でき上がりより550g
　バター*1……200g
　純粉糖……200g
　全卵*2……110g
　生クリーム（乳脂肪分27％）……50g
　アーモンドパウダー……200g
フルーツのコンフィ（市販品）*3……500g
*1 ポマード状にする。　*2 溶きほぐし、湯煎にかけて人肌程度の温度に調整する。
*3 レーズン、オレンジ、レモン、チェリー、パイナップルを混ぜたもの。

つくり方
❶ クレーム・ダマンドをつくる。ボウルにバターと純粉糖を入れ、泡立て器ですり混ぜる。全卵を3回程度に分けて加え、そのつどしっかりと混ぜる。
❷ ①に生クリームを加え混ぜる。
❸ アーモンドパウダーを加え、ゴムベラで粉けがなくなるまで混ぜる。
❹ 別のボウルに③550gを入れ、フルーツのコンフィを加え混ぜる。
❺ 直径2cmの丸口金を付けた絞り袋に⑤を入れ、[A]に約350gずつ絞り入れる。ゴムベラで表面を平らにならす。

C　パータ・ジェノワーズ
[Pâte à Génoise]

材料《 34×8.3×高さ5cmのカードル3台分 》
全卵*1……245g
卵黄*1……40g
グラニュー糖……125g
アーモンドパウダー*2……65g
強力粉（日清製粉「レジャンデール」）*2……65g
コーンスターチ*2……30g
クルミ（粗くくだく）*2……40g
バター……95g
ラム酒（マイヤーズラム）*3……30g
バニラオイル*3……1.5g
*1・2・3 それぞれ合わせる。

つくり方
❶ ボウルに合わせた全卵と卵黄、グラニュー糖を入れて火にかける。泡立て器で混ぜながら約38℃になるまで加熱する。
❷ ①をミキサーボウルに移し、高速で撹拌する。空気を含んで白っぽく、ふんわりとした状態になったら中速にし、ホイッパーの跡がしっかりと残る状態になるまで撹拌する。ホイッパーですくうと、角ができてすぐにたれるくらいの状態になったらOK。後半で中速にすることで、生地に含まれた気泡のきめがととのい、生地が安定する。
❸ クルミを混ぜた粉類を加えながら、エキュモワールで底からすくい上げるようにして粉がなくなるまでさっくりと混ぜ合わせる。
❹ 鍋にバターを入れ、火にかけて溶かす。合わせたラム酒とバニラオイルを加え、約50℃に調整する。
❺ ③に④を加え、つやが出るまで混ぜる。バターなどがボウルの底にたまらないように底からすくい上げるようにして混ぜること。

Fruits aux Amandes

組立て・焼成・仕上げ

つくり方
❶ Bに Cを約230gずつ入れる。
❷ 上火190℃・下火160℃のデッキオーブンで約40分焼成する。
❸ 焼き上がったらすぐにカードルの内側側面にペティナイフをさし入れ、下のパート・シュクレも一緒に切る。冷めるとガルニチュールとパータ・ジェノワーズが型にくっついて切りづらくなるので、熱いうちに行うこと。
❹ カードルをはずし、余分なパート・シュクレをとり除く。板などに移して冷ます。
❺ ④を横長に置き、波刃包丁で縦に半分に切る。

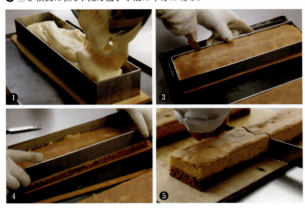

製法のポイント

{ パート・シュクレ }

浅めに空焼きする

パート・シュクレの空焼きは、表面にうっすらと焼き色がつく程度でOK。しっかりと焼いてしまうと、フリュイ・コンフィ入りパート・ダマンドとパータ・ジェノワーズを流してから再度焼成する際に焦げてしまいます。

{ パータ・ジェノワーズ }

最初に空気をたっぷりと含ませる

全卵、卵黄、グラニュー糖を合わせて泡立て器で混ぜながら約38℃に温め、そのあと、白っぽくふんわりとした状態になるまで高速で撹拌し、空気をたっぷり含ませます。そのあとに中速に切り替えて状態をととのえること。こうすると、粉類やバターを加え混ぜても気泡がつぶれすぎず、焼成時に均一に膨らんで、しっとりとした食感になります。空気を含ませたあとに状態をととのえずに粉類やバターを加え混ぜると、気泡がつぶれ、口あたりが悪くなってしまいます。

{ 焼成 }

パート・シュクレが焦げない火加減に

空焼きしたパート・シュクレにフリュイ・コンフィ入りパート・ダマンドとパータ・ジェノワーズを重ねて焼く際は、パート・シュクレにすでに火が入っているため、デッキオーブンの温度は下火を低めにすること。上火190℃・下火160℃で約40分焼成します。

No.10 Demi-Secs

ドゥミ・セック

The Chocolat

[ザ・ショコラ]

ドゥミ・セック

ザ・ショコラ
[The Chocolat]

　東京・立川の「エミリーフローゲ」でシェフを務めていたときに考案した1品です。原点は、古典に載っていたチョコレートの生地。卵は卵黄のみを使い、粘土状に合わせた水とアーモンドパウダーに、たっぷりのバターとダークチョコレートを合わせる手法に面白みを感じたのです。しっとり、口溶けがよく、濃厚な味わいは、それまでに知っていたチョコレート生地のどれとも違うものでした。そこで、これをベースにした生地をチョコレートでおおい、チョコレート尽くしの菓子にすることに。試行錯誤の末に完成させて以来、30年以上つくり続けている自信作です。

　生地にはダークチョコレートを配合していますが、軽さと奥行を出すためにコーティングにはカカオ分33.6%のミルクチョコレートをセレクト。テンパリングで温度を調整し、生地に厚めにかけることで、まろやかなチョコレートの風味も存分に感じられるようにしました。表面をけずることで厚みを均等にしつつ、素朴な印象に仕上げ、日常使いの菓子として提案しています。

商品名は「これぞチョコレート菓子」というイメージからつけました。生地には薄力粉と片栗粉を同割で配合し、ほろっとくずれる食感と口溶けのよさを表現しています。冷めると焼成時に膨んだ中央がくぼみやすいので、できるだけ平らに焼く工夫をして、形の美しさを追求しました。

A ザ・ショコラ生地
[Pâte pour《The Chocolat》]

材料《 12.2×6×高さ6.8cmのパウンドケーキ型13台分 》

バター*1……500g
卵黄*2……240g
グラニュー糖……500g
バニラビーンズ*3……1本
アーモンドパウダー……250g
水……80g
アーモンドエッセンス……約0.8g
ダークチョコレート
（カルマ「コイン アメール65％」／カカオ分65％）*4……500g
薄力粉（日清製粉「スーパーバイオレット」）*5……100g
片栗粉*5……100g

*1 ポマード状にする。
*2 溶きほぐす。
*3 サヤから種を出す。種のみ使う。
*4 湯煎で溶かし、32～33℃程度に調整する。
*5 合わせてふるう。

つくり方

❶ ミキサーボウルにバターを入れ、ビーターで低速で攪拌する。
❷ 別のミキサーボウルに卵黄とグラニュー糖、バニラビーンズの種を入れ、ホイッパーで中速で攪拌する。工程❽に進むまでに、空気を含んで白っぽく、ふんわりとした状態になり、ホイッパーですくうととろりと流れて跡が残るくらいの状態にすること。
❸ ❷の作業と同時進行で、別のミキサーボウルにアーモンドパウダーを入れ、ビーターで低速で攪拌する。水とアーモンドエッセンスをそそぎ、粘土状にまとまるまで混ぜる。
❹ ❸に❶を4～5回に分けて加え、そのつどしっかりと混ぜる。
❺ ダークチョコレートをボウルに入れる。❹の約4分の1量を加え、均一でなめらかな状態になるまで泡立て器でしっかりと混ぜる。
❻ ❹に❺を加え、低速で攪拌する。全体がざっと混ざればOK。
❼ ❻に合わせてふるった薄力粉と片栗粉を一度に加える。
❽ ❼に❷を一度に加え、混ぜ残しがないように木ベラで底からすくい上げるようにして、つやが出るまで混ぜる。

焼成

つくり方

❶ 12.2×6×高さ6.8cmのパウンドケーキ型の底にオーブンペーパーを敷く。バターが多く、型をはずしやすい生地なので、型の内側にバターをぬったりスプレーオイルを吹きつけたりする必要はない。
❷ 直径2.5cmの丸口金を付けた絞り袋に A を入れ、❶に約150gずつ絞り入れる。
❸ ❷を天板に並べ、上に天板を置いてふたをし、上火180℃・下火160℃のデッキオーブンで約20分焼成する。
❹ ふたにした天板をはずし、さらに約20分焼成する。
❺ いったんオーブンから出し、同じサイズの型の底で生地を軽く押して上面を平らにし、さらに10～15分焼成する。最初に全体を押し、その後に四隅の角をつぶすように押すとよい。焼成時間は計50～55分。
❻ 焼き上がったら、ふたたび同じサイズの型の底で生地を軽く押して上面を平らにし、そのまましばらくおいて粗熱をとる。
❼ 粗熱がとれたら型をはずし、水でぬらして固く絞った布巾などに焼き面を下にして置き、オーブンペーパーをはがす。
❽ オーブンペーパーを敷いた板などに❼を焼き面を上にして並べ、そのまま完全に冷ます。冷蔵庫に入れてもよいが、表面が冷たくなりすぎると仕上げの作業がしづらくなるので、冷蔵庫で冷やす際は注意すること。

仕上げ

材料《つくりやすい分量》
ミルクチョコレート
(カレボー「823カレット」／カカオ分33.6%)……適量

つくり方
❶ テンパリングする。ボウルにミルクチョコレートを入れて湯煎にかけるなどして溶かし、45〜50℃に調整する。
❷ ①の約4分の3量を大理石に広げ、L字パレットナイフとスケッパーで広げたりまとめたりして温度を下げ、27℃に調整する。
❸ ②を①のボウルに戻し入れ、全体がもったりとした状態になるまでゴムベラで混ぜる。目安は約29℃。29℃以上の場合は、少量のミルクチョコレートを大理石に広げ、②と同様の作業を行ってボウルに戻し、全体の温度を調整すること。
❹ 焼成したAの焼き面に③をパレットナイフで薄くぬる。冷蔵庫に数分入れて表面を冷やし固める。こうすることで次の工程で生地全体をコーティングする際に、生地がくずれるのを防ぐことができる。
❺ ④を、③をぬった面を下にして木ベラなどにのせ、レードルで③を上からたっぷりとかける。パレットナイフで厚みをもたせながら余分な③を落とし、表面を平らにする。
❻ プラックに網をのせ、⑤を並べる。冷蔵庫に入れ、ミルクチョコレートをしっかりと冷やし固める。
❼ スプーンで⑥の上面と側面を薄くけずって平らにする。

製法のポイント

{ ザ・ショコラ生地 }

ダークチョコレートは32〜33℃に調整

アーモンドパウダー、水、アーモンドエッセンス、バターを混ぜてから合わせるダークチョコレートは32〜33℃程度に調整すること。温度が低すぎるとバターが固まって分離してしまいます。また、アーモンドパウダーやバターなどを混ぜたものの4分の1量をダークチョコレートと混ぜ合わせてから、残りを混ぜると全体がなじみやすくなります。

混ぜるタイミングに注意

各工程で適切な温度や状態を保ったままスムーズに作業することが重要です。アーモンドパウダーやバター、ダークチョコレートなどを合わせたらすぐに、残りの粉類と、空気を含ませてふんわりとした状態に混ぜた卵黄とグラニュー糖、バニラビーンズの種を加えられるようにすること。卵黄類の混ぜ終わりが遅いと、ダークチョコレートなどを混ぜた生地は冷えて固くなり、卵黄類を加えてもなじみづらくなってしまいます。

{ 焼成 }

膨らみを抑えて焼き上げる

生地は古典から採用し、ミルクチョコレートでおおってアレンジ。焼くと膨らみ、冷めると中央が落ちてくぼんでしまう生地なので、できるだけ平らに仕上がる焼成方法を考えました。最初にふたをして下から火を入れて骨格をつくり、途中でふたをはずして上からも火を入れると膨らみを抑えられます。また、焼成途中と焼成後に同じサイズの型の底で生地を押さえて焼き面を平らに。こうすることでコーティングも美しく仕上がります。

{ 仕上げ }

ミルクチョコレートで厚くコーティング

コーティング用のミルクチョコレートは、ボンボン・ショコラなどに使用するコーティング用のものよりも低めに調温。約29℃と温度を低めにし、しっかりと粘度を出してドロッとした質感にすると、厚くコーティングできます。

No.11 Demi-Sec

ドゥミ・セック

Gâteau Basque

[ガトー・バスク]

ガトー・バスク
[Gâteau Basque]

　ピレネー山脈を挟んでフランスとスペインにまたがるバスク地方の代表的な郷土菓子。ケークとサブレの中間のような独特の食感とリッチな味わいが特徴です。今ではフランス全土で定番の菓子として定着し、日本で見かけることも増えましたが、私が修業先の「ジャン・ミエ」で出合った当時は、パリでも珍しい菓子でした。正統派はブラックチェリーのコンフィチュールを生地の間に挟み、バスク地方の十字架"ローブリュー"の模様を入れますが、クレーム・パティシエール入りのものも多く売られています。

　私は、ジャン・ミエのレシピにならい、アーモンドパウダーとラム酒を混ぜたクレーム・パティシエールを使用。アーモンドのこうばしさが加わって味わいに奥行が出るほか、焼成すると、ほくっとした食感になるのも魅力です。ガトー・バスク生地もさまざまな製法がありますが、私はのばして成形するタイプではなく、絞り出すやわらかいタイプの生地にしました。最後に混ぜるザラメ糖のカリッとした食感がアクセントになっています。

中まで火がとおるように、じっくりと低めの温度で焼成。クレーム・パティシエールは焼成中に生地と混ざったり、隙間から流れ出たりしないように固めに炊き、アーモンドパウダーを混ぜて保形性を高めながら、こくを出しました。栗のコンフィ入りも定番商品です。

A　ガトー・バスク生地
[Pâte à Gâteau Basque]

材料《 口径16.5×高さ4cmのマンケ型8台分 》

バター*1……1kg
純粉糖……500g
バニラビーンズ*2・3……2本
卵黄*3・4……410g
ラム酒（マイヤーラム）……40g
アーモンドパウダー……500g
強力粉（日清製粉「カメリヤ」）*5……500g
薄力粉（日清製粉「スーパーバイオレット」）*5……500g
ザラメ糖……500g

*1 ポマード状にする。
*2 サヤから種を出す。種のみ使う。
*3 合わせる。
*4 溶きほぐす。
*5 合わせてふるう。

つくり方

❶ ミキサーボウルにバターを入れ、ビーターで低速で撹拌する。
❷ 純粉糖を一度に加え混ぜる。
❸ 合わせたバニラビーンズの種と卵黄を一度に加え混ぜる。
❹ ラム酒を加え混ぜる。
❺ アーモンドパウダーを一度に加え混ぜる。
❻ 合わせてふるった強力粉と薄力粉を一度に加え混ぜる。
❼ 粉けが少し残っている状態でザラメ糖を加え、5回転くらい撹拌する。
❽ 混ぜ残しがないように、カードで底からすくうようにして混ぜる。全体が均一に混ざり、つやが出たらOK。

B　アーモンドのクレーム・パティシエール
[Crème Pâtissière aux Amandes]

材料《 口径16.5×高さ4cmのマンケ型8台分 》

◎クレーム・パティシエール
　卵黄*1……180g
　バニラビーンズ*2……1本
　グラニュー糖……250g
　薄力粉（日清製粉「スーパーバイオレット」）*3……62g
　強力粉（日清製粉「カメリヤ」）*3……62g
　牛乳……1kg
　バター……25g
ラム酒（マイヤーズラム）……40g
アーモンドパウダー……300g

*1 溶きほぐす。
*2 サヤから種を出す。サヤも使う。
*3 合わせてふるう。

つくり方

❶ クレーム・パティシエールをつくる。ボウルに卵黄とバニラビーンズの種、半量のグラニュー糖を入れ、泡立て器で白っぽくなるまですり混ぜる。
❷ 合わせてふるった薄力粉と強力粉を加え、粘りけがでないようにゆっくりと混ぜる。
❸ 銅ボウルに牛乳、バニラビーンズのサヤ、残りのグラニュー糖を入れて強火にかける。泡立て器でときどき混ぜながら加熱し、沸騰直前にバニラビーンズのサヤを取り除く。
❹ ③が沸騰したら一部を②に加え混ぜる。これを銅ボウルに戻し入れ、強火にして泡立て器で混ぜながら炊く。
❺ コシが切れてサラッとした状態になり、つやが出たら火からおろしてバターを混ぜ溶かす。
❻ ボウルに移して氷水にあてて冷まし、ラップを密着させて冷蔵庫におく。
❼ ミキサーボウルに⑥を入れ、ビーターで低速で撹拌する。ラム酒を加え混ぜる。
❽ アーモンドパウダーを一度に加え、なめらかな状態になるまで混ぜる。

Gâteau Basque

組立て1

つくり方
❶ 口径16.5×高さ4cmのマンケ型の内側にバター（分量外）を薄くぬる。
❷ [A]を口径1.5cmの丸口金を付けた絞り袋に入れ、①の中央から外側に向かって渦巻き状に絞る。口金を型に近づけて生地をつぶし気味にしながら均一の厚さに絞ること。余分な空気が入らないように注意。
❸ ①の内側側面に沿って、型の縁までらせん状に絞る。②と同様に口金を下の生地に近づけて生地をつぶし気味にしながら均一の厚さに絞ること。
❹ カードで、底と側面の生地を平らにならす。
❺ 型の縁の生地も平らにならし、器のような形にする。
❻ オーブンペーパーを敷いた板に、中央から外側に向かって②と同様に生地をつぶし気味にしながら均一の厚さに渦巻き状に絞り、直径14cmの円盤状にする。オーブンペーパーに直径14cmの円を書いておくと絞りやすい。
❼ 手のひらで軽く押さえ、絞った跡を消しながら平らにならす。
❽ ⑤と⑦を冷凍庫におく。生地をしっかりと凍らせること。そうしないと、中に組み込むクレーム・パティシエールと周りの生地が混ざり合ってしまう。

組立て2・焼成・仕上げ

つくり方
❶ [B]を口径1.5cmの丸口金を付けた絞り袋に入れ、型に絞り入れて凍らせたガトー・バスク生地の底に、型の縁から約1cm程度低い高さになるまで中央から外側に向かって渦巻き状に絞る。
❷ 直径14cmの円盤状にして凍らせたガトー・バスク生地を①にかぶせる。
❸ 型の縁の部分に[A]を少量ぬり、カードで平らにする。
❹ 上面に、ぬり卵（分量外、以下同）を刷毛でぬる。冷蔵庫に30分程度入れて上面を乾燥させる。
❺ ふたたび塗り卵を刷毛でぬる。
❻ 上面にフォークで横に筋を入れる。
❼ ⑥で入れた筋と交差するようにフォークで筋を入れ、格子模様にする。
❽ 160℃のコンベクションオーブンで約75分焼成する。
❾ 焼き上がったら、すぐに型をはずし、板などにのせて冷ます。

製法のポイント

{ ガトー・バスク生地 }

つねに低速で混ぜる

生地が型よりも1〜1.5cm程度の高さまで膨らむように焼くには、空気を含ませすぎないように、つねに低速で撹拌すること。空気を含みすぎると、焼成中に生地が浮きすぎて型の外にあふれてしまい、美しく仕上がりません。

ザラメ糖は最後に加える

ガリッとした食感を生かすため、ザラメ糖は最後に加え混ぜます。粉けが残った状態の生地に混ぜることもポイント。すべてがしっかりと混ざった生地は固めになっているため、ザラメ糖が均一に混ざりにくく、ザラメ糖どうしがこすれて壊れやすいのです。また、最初に加えたり、最後に加えても混ぜすぎると、溶けてしまいます。

{ アーモンドのクレーム・パティシエール }

固めに仕上げる

なめらかな口あたりに仕上げるため、基本のクレーム・パティシエールは小麦粉とコーンスターチを同割で配合しますが、ガトー・バスク用は小麦粉のみを加えて固めに炊き、最後にアーモンドパウダーを混ぜます。ゆるめに炊いて生地に組み込むと、生地と混ざって大きな空洞ができたり、焼成中に生地の隙間から流れ出てしまうこともあるのです。また、アーモンドパウダーを加えると保形性が高まり、豊かなこくも表現できます。

{ 焼成・仕上げ }

低めの温度でじっくり焼成

160℃のコンベクションオーブンで約75分じっくりと火を入れます。中のクレーム・パティシエールにもしっかりと火が入ると、生地がきれいにもち上がり、外はザクッと、中はほくっとした食感に仕上がります。温度が高すぎるとクレーム・パティシエールに火が通る前に表面に色がつき、中心が沈んだままの焼き上がりになってしまいますし、高温で中まで火を通そうとすると外側の生地が焦げてしまいます。

ぬり卵を2回する

焼成前に上面にぬり卵をぬり、フォークで模様をつけます。ぬり卵は1回ぬって乾燥させ、もう1回ぬって厚みをもたせると、フォークでつけた模様が美しく浮かび上がり、焼成しても消えにくくなります。

No.12 Gâteaux Individuels

ガトー・アンディヴィデュエル

Sachertorte
[ザッハトルテ]

ザッハトルテ
[Sachertorte]

　オーストリア・ウィーンを代表する銘菓。バターたっぷりのチョコレート生地と甘ずっぱいアプリコットのコンフィチュール、甘みの強いチョコレートのグラサージュを組み合わせた濃厚なケーキで、クレーム・フエッテを添えるのが定番です。ウィーンでは、「ホテル・ザッハー」と老舗菓子店「デメル」のザッハトルテが有名ですが、私はウィーン修業時代から好きだったホテル・ザッハーのものを参考にしました。その特徴は、アプリコットのコンフィチュールを表面にぬるだけでなく、生地の間にも挟むこと。私は、生地を3枚にスライスして、アプリコットのコンフィチュールの層を2つにして甘ずっぱい風味を強調させました。

　この菓子の最大の魅力は、シャリッとした舌ざわりのグラサージュにあると思います。煮詰めたグラサージュの一部をとり出し、結晶化させて全体と合わせる作業をくり返すことで独特の舌ざわりが生まれます。この作業がうまくいけば、たっぷりと厚めに美しくコーティングでき、マットなつやも表現できます。

しっとりとした生地を3枚にスライスして、アプリコットのコンフィチュールをサンド。同じコンフィチュールを表面にもたっぷりとぬって、グラサージュで厚くおおいます。カカオ感あふれる濃厚な風味のなかに、アプリコットの酸味が際立ち、クレーム・フエッテが軽やかさを演出します。

A ビスキュイ・ザッハ
[Biscuit Sacher]

材料《 直径15×高さ6cmの丸型6台分 》

バター*1……400g
純粉糖……340g
卵黄*2……270g
卵白……475g
グラニュー糖……340g
ダークチョコレート（カルマ「#1113 コイン アメール65%」／カカオ分65%）*3……400g
薄力粉（日清製粉「スーパーバイオレット」）……400g

*1 ポマード状にする。
*2 溶きほぐし、31〜32℃程度に調整する。
*3 湯煎などで溶かし、31〜32℃程度に調整する。

つくり方

❶ ミキサーボウルにバターを入れ、ビーターで低速で撹拌する。
❷ 純粉糖を一度に加えて中速に切り替え、空気を含んで白っぽくなり、ふんわりとした状態になるまで撹拌する。
❸ 卵黄を3〜4回に分けて加え、そのつどしっかりと撹拌する。ボウルに移す。
❹ 別のミキサーボウルに卵白を入れ、空気を含んでふわふわとした質感になるまでホイッパーで高速で撹拌する。
❺ ❹にグラニュー糖を一度に加え、ホイッパーですくうとピンと角が立つまで撹拌する。
❻ ❺の作業と同時進行で、別のボウルにダークチョコレートを入れ、❸を少量加えて、均一でなめらかな状態になるまで泡立て器で混ぜる。
❼ ❻を❸に加え、均一でなめらかな状態になるまで泡立て器で混ぜる。
❽ ❼に薄力粉の半量と❺の半量を加え、カードで❺を切るようにしながら底からすくうようにしてざっと混ぜる。
❾ ❽に残りの薄力粉と❺を加え、均一な状態になるまで、気泡をつぶさないように底からすくい上げるようにしてさっくりと混ぜる。

焼成

つくり方

❶ 直径15×高さ6cmの丸型の底にオーブンペーパーを敷き、内側側面には50×9cmの帯状にしたオーブンペーパーを沿わせる。
❷ Aを400gずつ入れる。
❸ 上火210℃・下火160℃のデッキオーブンで40〜45分焼成する。
❹ 焼き上がったらすぐに型をはずし、側面と底のオーブンペーパーをはがして板に並べて冷ます。

B グラサージュ
[Glaçage]

材料《 直径15×高さ6cmの丸型6台分 》

グラニュー糖……1kg
ダークチョコレート（カルマ「#1113 コイン アメール65%」／カカオ分65%）……1kg
生クリーム（乳脂肪分35%）……325g
水……275g

つくり方

❶ 「組立て・仕上げ」(129頁)で組み立てた生地を冷やし固めている間（工程❺）に、「グラサージュ」をつくるとよい。グラサージュができ上がったらすぐに、組立て・仕上げの工程❻を行う。銅鍋にすべての材料を入れて強火にかけ、沸騰させる。とろみが出るまでしばらく煮詰める。適宜水（分量外）を加えて状態を調整する。
❷ 水でぬらして固く絞った布巾にプラックを裏にして置き、❶をレードルですくって流す。L字パレットナイフで薄く広げ、L字パレットナイフとスケッパーを使ってひとまとめにし、❶に戻して混ぜる。マーブル台でこの作業をすると❶の温度が下がりすぎて固まってしまい、作業しづらいのでプラックを利用する。
❸ ❷の作業を計8回程度行う。粘度が増してザラザラとした質感になり、マットな見た目になる。

組立て・仕上げ

材料《直径15×高さ6cmの丸型6台分》
アプリコットのコンフィチュール（市販品）……約600g
クレーム・シャンティイ（乳脂肪分45％）*……適量
＊加糖8％。9〜10分立てにする。

つくり方
❶ 焼成したAの上面の固くなった部分を波刃包丁で水平に切りとる。
❷ ①を3等分に水平に切り分ける。厚さはそれぞれ約2cmが目安。
❸ 下の生地の上面にアプリコットのコンフィチュールをパレットナイフで薄くぬる。
❹ 真ん中の生地を重ね、上面にアプリコットのコンフィチュールをパレットナイフで薄くぬる。
❺ 上の生地を重ね、上面と側面全体にアプリコットのコンフィチュールをパレットナイフで薄くぬる。アプリコットのコンフィチュールは1台につき計約100g使用する。冷凍庫に入れ、表面のコンフィチュールを冷やし固める。
❻ ⑤を台紙にのせて回転台に置き、レードルでBを約350gずつかける。
❼ ⑥の上面にパレットナイフを2〜3回すべらせて平らにならしながら、Bを側面にかける。パレットナイフを何度もすべらせるとBが必要以上に結晶化し、固まって作業しづらくなり、口あたりもザラザラしすぎてしまうので、手ばやく作業すること。
❽ ⑦を網をのせたプラックに移し、側面全体がBでしっかりとおおわれるまでしばらくおく。
❾ 側面下部のBをパレットナイフで切り落とす。
❿ 底の台紙をはがす。
⓫ ⑩を板に置き、熱湯で温めた包丁で8等分に切り分ける。
⓬ クレーム・シャンティイをスプーンですくってクネル形にし、⑪にのせる。

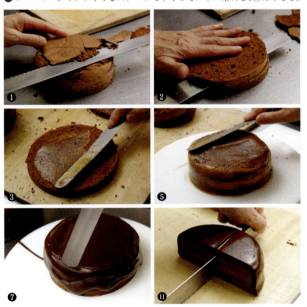

製法のポイント

{ ビスキュイ・ザッハ }

空気を含ませて火どおりをよくする

バター生地は、160〜170℃の低めの温度で約1時間焼成するレシピが一般的です。しかし、このビスキュイ・ザッハは、上火210℃・下火160℃のデッキオーブンで40〜45分焼成。比較的、高温短時間で焼いて生地の中の水分をとばしすぎないようにすることで、しっとりと仕上げます。水分を残しながらも中心まで火を入れるには、空気をたっぷりと含ませることが大切。最初にバターと純粉糖を混ぜる際も、しっかりと空気を含ませましょう。

卵黄などとチョコレートの温度差を少なくする

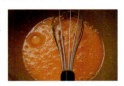

バターや卵黄が冷たいと、あとから加えるチョコレートが固まってチップ状になり、口あたりが悪くなってしまいます。そこで、バターや卵黄は、チョコレートとの温度差が大きくならないように温度を調整します。チョコレートは31〜32℃に調整。チョコレートの温度がこれよりも低いとバターが締まりすぎてしまい、これよりも高いとバターが溶けて分離しやすくなってしまいます。

{ グラサージュ }

一部を結晶化させる

シャリッとした食感を表現するため、とろみが出るまで煮詰めたグラサージュの一部を冷やして結晶化させます。マーブル台などの冷たい作業台だと冷えすぎてしまうので、作業台にプラックをひっくり返して置き、そこにグラサージュの一部を広げ、グラサージュの入ったボウルに戻す作業をくり返します。ボウルの中のグラサージュの表面に膜が張ったようになって、ところどころ砂糖の結晶が見えてきたらOK。結晶化した部分が少なすぎると全体がうまく固まらず、逆に多すぎるとすぐに固まって流動性がなくなり、美しくコーティングできません。

No.13 Gâteaux Individuels

ガトー・アンディヴィデュエル

Fujiu

[フジウ]

フジウ

[Fujiu]

　友人のフランス人パティシエ、ジャン＝マルク・スクリバント氏が考案した、チョコレートが主役のガトー・アンディヴィデュエル（プチガトー）です。10年ほど前に彼が約3ヵ月当店で働いた際、私のためにさまざまな菓子を考えてくれました。そのなかで、現在も定番として提供する商品の一つです。しっとりとしながらも軽やかなビスキュイ・サシェールに、果肉入りのグリオットチェリーのクーリを組み込んだクレーム・ショコラを重ね、グラサージュ・ショコラでコーティング。カリッとしたクロッカン・ピスターシュが食感のアクセントです。ピストレをしたドーム形のクレーム・ショコラを飾るなど、ショコラティエとしても活躍する彼らしさが表れたデザインも面白いと感じています。

　ビスキュイ・サシェールとクレーム・ショコラは、材料がしっかりとなじむ混ぜ方や温度調整を徹底することで、口溶けのよさを実現。グリオットチェリーの果肉やクロッカン・ピスターシュとの食感のコントラストも際立っています。

しっとりとしつつ、空気感のある軽さも合わせもつビスキュイ・サシェールは、厚さ1cmと底生地としては厚めにして存在感を出しました。グリオットチェリーのクーリは約12gと多めにして、チョコレートの甘みとベリーの酸味で全体の味のバランスをとっています。

A ビスキュイ・サシェール
[Biscuit Sacher]

材料《 53×38×高さ3.5cmの天板1枚分 》

ローマジパン（市販品）……165g
卵黄*1……135g
全卵*1……90g
純粉糖……130g
バター*2……65g
卵白……200g
グラニュー糖……80g
強力粉（日清製粉「レジャンデール」）*3……65g
カカオパウダー*3……65g

*1 合わせて溶きほぐす。
*2 溶かして約50℃に調整する。
*3 合わせる。

つくり方

❶ ミキサーボウルにローマジパンを入れ、ビーターで低速で撹拌する。合わせた卵黄と全卵の約4分の1量を少しずつ加え混ぜる。
❷ 全体がなめらかになったら中速に切り替え、残りの卵黄と全卵の約3分の1量を加え混ぜる。
❸ 全体がなじんだら低速に切り替え、純粉糖を一度に加え混ぜる。
❹ ざっくりと混ざったら中速に切り替え、残りの卵黄と全卵を加える。空気を含んで白っぽく、もったりとした状態になるまで撹拌を続ける。ボウルに移す。
❺ 別のボウルにバターを入れ、❹の約5分の1量を加えて泡立て器で混ぜる。
❻ 別のミキサーボウルに卵白を入れ、空気を含んでふんわりとした状態になるまで高速で撹拌する。
❼ ❻にグラニュー糖を一度に加え混ぜる。ホイッパーですくうと、角ができてすぐにほんの少したれるくらいの状態になったらOK。
❽ ❹に❼を3回に分けて加え、そのつどゴムベラでさっくりと混ぜる。
❾ ❽に合わせた強力粉とカカオパウダーを一度に加え、気泡をつぶさないように底からすくい上げるようにしてさっくりと混ぜる。粉けが残っていてもOK。
❿ ❾に❺を加え、全体が均一な状態になるまでさっくりと混ぜる。
⓫ オーブンペーパーを敷いた天板に❿を流し、カードで表面を平らにならす。
⓬ ⓫の下にもう1枚天板を敷き、上火190℃・下火190℃のデッキオーブンで20〜25分焼成する。焼き上がったらそのまま常温において粗熱をとる。
⓭ 型をはずし、板に焼き面を上にして置き、そのまま常温において冷ます。
⓮ オーブンペーパーをはがし、板に焼き面を上にして置き、長径7×短径4.8×高さ3cmの型でぬく。

B クレーム・ショコラ
[Crème au Chocolat]

材料《 約24個分 》

卵黄……65g
グラニュー糖……65g
生クリームA（乳脂肪分35%）……150g
粉ゼラチン*1……4g
冷水*1……24g
ダークチョコレート（カルマ「コイン アメール65%」/カカオ分65%）*2……300g
生クリームB（乳脂肪分36%）*3……675g

*1 合わせて粉ゼラチンをふやかす。　*2 溶かして約28℃に調整する。
*3 ボウルに入れ、氷水にあてながら泡立てて7分立てにする。冷蔵庫で冷やす。

つくり方

❶ Bをつくる作業の前にCとDをつくるとよい。ボウルに卵黄とグラニュー糖を入れ、泡立て器ですり混ぜる。
❷ 銅ボウルに生クリームAを入れて中火にかけ、沸騰直前まで加熱する。
❸ ❷に❶を加え、泡立て器で混ぜながら83〜84℃になるまで加熱する。
❹ 水でふやかした粉ゼラチンを加え混ぜる。
❺ 別のボウルにダークチョコレートを入れ、❹をシノワで漉しながら加え、つやが出るまで混ぜる。ときどき直火にかけ、約40〜42℃に調整する。
❻ ❺に7分立てにして冷やした生クリームBを加え、ゴムベラで混ぜる。

C グリオットチェリーのクーリ
[Coulis de Griottes]

材料《 約24個分 》

水……25g
グラニュー糖……80g
グリオットチェリー（冷凍）*1……160g
粉ゼラチン*2……3.5g
冷水*2……21g
フランボワーズのピュレ……適量

*1 半解凍する。　*2 合わせて粉ゼラチンをふやかす。

つくり方

❶ 鍋に水とグラニュー糖を入れて強火にかけ、116℃になるまで加熱する。
❷ ❶にグリオットチェリーを加え、木ベラで混ぜる。ひと煮立ちさせたら火を止める。グリオットチェリーの中心が凍ったままの状態でOK。
❸ ボウルに水でふやかした粉ゼラチンを入れ、ザルを重ねる。
❹ ❷を❸のザルにあけ、グリオットチェリーの果肉とシロップに分ける。
❺ ❹のボウルに残ったシロップと粉ゼラチンを泡立て器で混ぜる。分量を量り、175gになるようにフランボワーズのピュレを加え混ぜる。
❻ 口径3×高さ1.7cmのポンポネット型のフレキシパンに❹のグリオットチェリーの果肉を2〜3粒ずつ入れる。
❼ デポジッターに❺を入れ、❻に流す。ショックフリーザーで急冷する。

D クロッカン・ピスターシュ
[Croquant aux Pistaches]

材料《 約24個分 》

グラニュー糖……40g　　ピスタチオ……40g　　カカオバター*……4g
* 溶かして常温に調整する。

つくり方

❶ 銅ボウルにグラニュー糖を入れて強火にかけ、木ベラで混ぜながら薄い茶色に色づくまで煮詰める。
❷ ピスタチオを加え混ぜる。
❸ オーブンペーパーを敷いた板に②をのせ、オーブンペーパーをかぶせる。麺棒を転がして平らにし、かぶせたオーブンペーパーをはずして冷ます。
❹ 板に移し、包丁で粗くきざむ。
❺ ボウルにカカオバターと④を入れ、ゴムベラで混ぜる。

組立て・仕上げ

材料《 1個分 》

グラサージュ・ショコラ*1……適量
ピストレ・ショコラ*2……適量
ナパージュ・ヌートル（非加熱タイプ）……適量
金箔……適量

*1 銅ボウルに水400g（つくりやすい分量・以下同）、生クリーム600g、水アメ150gを入れて中火にかけ、沸騰したら合わせたグラニュー糖750gとカカオパウダー240gを加え、ふたたび沸騰させてとろみがつくまで約5分加熱する。火から下ろして水210gでふやかした粉ゼラチン35gを加え混ぜ、シノワで漉しながらボウルに移してラップを密着させて冷蔵庫に1晩おく。
*2 ダークチョコレート（カレボー「811カレット」／カカオ分54.5％）とカカオバターを同割で合わせて溶かし、35℃に調整する。

つくり方

❶ プラックにOPPシートを貼り、長径7×短径4.8×高さ3cmのセルクルを並べ、内側側面に高さ3.5cmのOPPシートを沿わせる。
❷ 絞り袋にBを入れ、①に約6分目の高さまで絞る。
❸ ②の中央にCを平らな面を上にして埋め込む。
❹ BでCが隠れる程度に絞る。
❺ Dをちらし、Bを型の縁から3mm程度下の位置まで絞る。Bは1個あたり計約40gを使用。
❻ ⑤にAを焼き面を下にしてのせ、手で軽く押さえる。急冷する。
❼ 残りのBを直径3×高さ1.7cmのポンポネット型のフレキシパンに絞る。パレットナイフで表面を平らにならし、急冷する。
❽ ⑥のセルクルをはずし、網をのせたプラックにAを下にして並べる。
❾ ボウルなどにグラサージュ・ショコラを入れて電子レンジなどで溶かし、ハンドミキサーでなめらかな状態になるまで撹拌する。温度の目安は約30℃。
❿ ⑧に⑨をかける。パレットナイフで上面を平らにならす。
⓫ ⑦の型をはずし、オーブンペーパーを敷いたプラックに平らな面を下にして並べる。ピストレ・ショコラをスプレーガンで吹きつける。
⓬ ⑩の上面中央に⑪をのせる。
⓭ コルネにナパージュ・ヌートルを入れ、⑩にのせた⑪の中央に少量絞って金箔を飾る。

❸

❺

製法のポイント

{ ビスキュイ・サシェール }

全体がなじみやすい混ぜ方にする

生地を仕込む際、ローマジパンと卵、純粉糖を混ぜたら、その一部を取り出して溶かしたバターを混ぜます。これを最後に生地に戻して混ぜ合わせることで、全体がなじみやすくなります。また、卵白とグラニュー糖は空気をたっぷり含んだ軽い質感にすると生地と混ざりにくく、混ぜる回数が増えて気泡がつぶれやすくなるので、ホイッパーですくうと、立った角が少したれるくらいの状態にしています。気泡がつぶれすぎると、目の詰まった口溶けの悪い食感になるので混ぜる際は気泡をつぶさないように注意しましょう。

{ クレーム・ショコラ }

混ざりやすい温度や状態に調整

ダークチョコレートを加えたベースを40～42℃に調整することで、次の工程で加える生クリームとなじみやすくします（132頁Bの工程⑤）。ベースの温度が高すぎると、仕上がりがゆるくなり、組み込むグリオットチェリーのクーリが沈んでしまい、温度が低すぎると全体が締まって固まり、均一に混ざりません。一方、生クリームを7分立てに泡立て、ベースの固さに近づけることも混ぜやすくするポイントです。

{ グリオットチェリーのクーリ }

果肉の形と食感を残す

鍋に水とグラニュー糖を入れて火にかけ、グラニュー糖が溶けはじめたら、冷凍のグリオットチェリーの解凍をスタート。水とグラニュー糖が116℃になったら、半解凍されたグリオットチェリーを加えてひと煮立ちさせます。
こうすると、グリオットチェリーの果肉のふっくらとした形や食感を残すことができます。解凍して時間が経ってから使ったり、水とグラニュー糖と一緒に最初から煮詰めると煮くずれてしまいます。

No.14 Entremets

アントルメ

Charlotte Poire

[シャルロット・ポワール]

シャルロット・ポワール
[Charlotte Poire]

　私にとって思い出深いフランス菓子の一つです。「ジャン・ミエ」での修業の初日に仕込みを手伝ったのが、この菓子でした。従来の重厚なフランス菓子のイメージを覆す"ヌーヴェル・パティスリー（新しい菓子）"の潮流をつくったジャン・ミエさんの店には、ムース中心の軽やかな生菓子が並んでおり、ビスキュイ・ア・ラ・キュイエールの器の中に、洋ナシの味わいを生かしたみずみずしいクレーム・ポワールを詰めた「シャルロット・ポワール」も、その一つ。アントルメのサイズでつくり、併設のサロン・ド・テでは、切り分けてからフランボワーズのソースを添えて提供していました。最先端のフランス菓子を見た時の衝撃を、40年以上経った今でも鮮明に憶えています。

　当店の定番中の定番で、ガトー・アンディヴィデュエルはビスキュイ・ア・ラ・キュイエールでふたをせず、ナパージュとフランボワーズで飾っていますが、アントルメは古典菓子らしい仕立てにしています。側面にかけたリボンも可愛らしさを演出します。

「ジャン・ミエ」のサロン・ド・テで添えていたフランボワーズのソースは、コンフィチュールに代えてクレーム・ポワールに絞り入れ、全体の味を締めました。切ると現れる深紅の色合いは見た目のアクセントにも。アンビバージュは少なめにして、生地の風味と軽い食感を強調しました。

A ビスキュイ・ア・ラ・キュイエール
[Biscuit à la Cuiller]

材料《 直径12×高さ5cmのセルクル13台分 》
卵白……525g
グラニュー糖……375g
卵黄*……300g
薄力粉（日清製粉「スーパーバイオレット」）……375g
純粉糖……適量
* 溶きほぐす。

つくり方
❶ ミキサーボウルに卵白を入れ、高速で撹拌する。ボリュームが出て白っぽくふんわりとし、ホイッパーの跡が残るようになってきたら、グラニュー糖を一度に加え、ホイッパーですくうとピンと角が立つまで泡立てる。
❷ 卵黄を加え、エキュモワールでさっくりと混ぜる。
❸ 薄力粉を一度に加え、粉けがなくなるまで底からすくい上げるようにしてさっくりと混ぜる。
❹ 天板にオーブンペーパーを敷き、ペンで直径12cmの円を間隔をあけて書く。口径13mmの丸口金を付けた絞り袋に③を入れ、書いた円の外側から中心に向かってしずく形に、花を描くように絞る。
❺ 円の中心には小さな球状に絞る。
❻ 53×38cmの天板にオーブンペーパーを敷く。口径13mmの丸口金を付けた絞り袋に入れた③を、天板いっぱいに横長に、隙間があまりあかないように天板いっぱいに棒状に絞る。
❼ オーブンペーパーを敷いた天板に、直径11cmの円形になるように中心から渦巻き状に絞る。
❽ ⑤と⑥に茶漉しで純粉糖をたっぷりとふる。
❾ ⑦と⑧それぞれの天板の下にもう1枚天板を敷き、上火・下火ともに190〜200℃のデッキオーブンで約15分焼成する。焼き上がったらすぐにオーブンペーパーごと板の上に移し、オーブンペーパーをはがして粗熱をとる。

B クレーム・ポワール
[Crème aux Poire]

材料《 直径12×高さ5cmのセルクル13台分 》
◎洋ナシ風味のクレーム・アングレーズ
　卵黄……220g
　グラニュー糖……90g
　バニラビーンズ*1……1本
　洋ナシのシロップ煮のシロップ
　（市販品）*2……400g
　牛乳……275g
　粉ゼラチン*3……27g
　冷水*3……160g
　洋ナシのリキュール
　（ポワール・ウィリアム）……190g

◎イタリアンメレンゲ
　グラニュー糖……240g
　水……80g
　卵白……120g
生クリームA
（乳脂肪分45%）*4……450g
生クリームB
（乳脂肪分35%）*4……225g

*1 サヤから種を出す。サヤも使う。
*2 シロップのみ使う。
*3 合わせて粉ゼラチンをふやかす。
*4 合わせてボウルに入れ、氷水をあてながら泡立てて7分立てにする。冷蔵庫で冷やす。

つくり方
❶ 洋ナシ風味のクレーム・アングレーズをつくる。ミキサーボウルに卵黄とグラニュー糖、バニラビーンズの種を入れ、白っぽくなるまで中速で撹拌する。
❷ 銅ボウルに洋ナシのシロップ煮のシロップと牛乳、バニラビーンズのサヤを入れて強火にかけ、沸騰させる。
❸ ①に②をレードル1杯分加え混ぜる。
❹ ②の銅ボウルに③を戻して中火にし、泡立て器で混ぜながら84℃になるまで煮詰める。底が焦げつかないように注意すること。
❺ 水でふやかした粉ゼラチンを加え混ぜる。
❻ シノワで漉しながらボウルに移し、バニラビーンズのサヤを取り除く。
❼ ボウルの底に氷水をあてて粗熱をとり、洋ナシのリキュールを加え混ぜる。ときどき混ぜながら20℃に調整する。プリッとしたとろみのある状態になる。
❽ ⑦の作業と同時進行で、イタリアンメレンゲをつくる。鍋にグラニュー糖と水を入れて強火にかけ、117℃になるまで加熱し、プチ・ブーレ（冷やして指にとると小さな球状になる状態）になるまで煮詰める。
❾ 別のミキサーボウルに卵白を入れ、高速で撹拌する。ボリュームが出て白っぽくふんわりとしてきたら、⑧をミキサーボウルの内側側面に沿わせるようにして少しずつそそぐ。
❿ ホイッパーですくうとピンと角が立つ状態になったら、中速に切り替え、約32℃になるまで撹拌を続ける。
⓫ 別のボウルに、合わせて7分立てにして冷やした生クリーム2種類を入れ、⑦を加えて泡立て器で混ぜる。
⓬ ⑪に⑩を3回に分けて加え、混ぜ残しがないように底からすくい上げるようにして混ぜる。

組立て・仕上げ

材料《 直径12×高さ5cmのセルクル13台分 》
◎アンビバージュ*1
　シロップ（ボーメ30度）……64g
　水……33g
　ポワール・ウィリアム……33g
洋ナシのシロップ煮*2……4.5個分
フランボワーズのコンフィチュール*3……適量

*1 材料をすべて混ぜ合わせる。
*2 シロップをきり、キッチンペーパーなどでふく。厚さ5mmに切る。
*3 材料・つくり方は96頁参照。

つくり方

❶ 天板いっぱいに横長に絞って焼成した A を板に横長に置いて端を切り落とし、幅5cmに縦に切る。
❷ オーブンペーパーを敷いたプラックに直径12×高さ5cmのセルクルを置き、①を焼き面を外側にしてセルクルの内側に沿わせるように入れる。
❸ ②の底に、渦巻き状に絞って焼いた A を焼き面を上にして入れる。
❹ ③の底と側面内側にアンビバージュを刷毛で打つ。
❺ 花のように絞って焼いた A を焼き面を下にして置き、アンビバージュを打つ。
❻ B をレードルで生地の高さ3分の1程度まで入れる。
❼ 洋ナシのシロップ煮を中心をあけて円になるように2～4枚入れる。
❽ ⑦に B をレードルで生地の高さ3分の2程度まで入れる。
❾ 洋ナシのシロップ煮を⑦と同様にして入れる。
❿ ⑨に B をレードルで縁まで入れる。中央が少し盛り上がるくらいたっぷりと入れること。B は1台あたり計170～190g使用する。
⓫ フランボワーズのコンフィチュールを絞り袋に入れ、⑩の上面に円を描くように絞る。
⓬ ⓫に⑤を焼き面を上にして重ね、冷凍庫で冷やし固める。セルクルをはずし、側面にリボンを飾る。

製法のポイント

{ ビスキュイ・ア・ラ・キュイエール }

空気を含ませすぎない

フール・セックの場合は、卵黄にも砂糖を入れ、空気を含んでふんわりとした状態になるまで泡立てることで、ボリューム感とふわっとした食感を表現します。一方、プチガトーに組み込む場合は、ほかのパーツと重ねたり、シャルロットのように器のように使ったりしたいので、卵黄は溶きほぐすだけにして空気を含ませすぎないことで、焼成時に生地が浮きすぎないようにし、膨らみを抑えます。

{ クレーム・ポワール }

中火でゆっくりと炊く

ベースとなる洋ナシ風味のクレーム・アングレーズは、卵黄の凝固する力を最大限に生かしてとろみをつけます。卵黄を加えたあとは中火にかけ、沸騰させずにゆっくりと炊くこと。強火で加熱すると卵黄が固まって分離し、口溶けが悪くなってしまいます。炊き上がりの適温は82～84℃で、今回は84℃にしています。火入れが足りないと卵のくさみが残り、殺菌も不充分になるので注意しましょう。

質感を調整する

洋ナシ風味のクレーム・アングレーズは、ポワール・ウィリアムを加えたら、プリッとしたとろみがつくまで冷やすこと。サラッとした液状だと、あとで生クリームとイタリアンメレンゲを合わせてもゆるい質感のままになってしまい、型に流して洋ナシを入れると、洋ナシが沈んでしまいます。

No.15 Gâteaux Individuels

ガトー・アンディヴィデュエル

Saint-Marc

[サンマルク]

サンマルク

[Saint-Marc]

　ビスキュイ・ジョコンドにバニラ風味とチョコレート風味の2種類のクリームを挟み、上面をキャラメリゼした伝統菓子の一つです。シンプルな構成ですが、アーモンドのこくを感じる生地と、なめらかなクリーム、パリッとした食感のほろ苦いキャラメリゼが奏でるハーモニーは、伝統菓子ならではの奥深さがあると思います。一般的には、バニラ風味のクリームはパータ・ボンブをベースとすることが多いようですが、私はクレーム・シャンティイにして軽やかな印象に。バニラの風味もつけずに、やさしい乳味感を表現しました。一方で、上面の生地にはパータ・ボンブを厚めにぬってキャラメリゼし、濃厚な味もプラスしました。

　長年つくり続けている菓子ですが、その間に大きく改良したのがビスキュイ・ジョコンドです。以前は材料を合わせる際にたっぷりと空気を含ませていましたが、今はロボクープを駆使してあえて空気を入れないように撹拌。かみごたえのある締まった生地に仕上げることで、生地の風味を前面に打ち出しています。

アーモンドパウダーたっぷりのビスキュイ・ジョコンドで、ダークチョコを混ぜたクレーム・シャンティイ・ショコラと、クレーム・シャンティイをサンド。上面の生地にパータ・ボンブをぬってグラニュー糖をふり、焼きごてをあてます。シンプルだからこそ際立つ美しい層も魅力です。

A　ビスキュイ・ジョコンド
[Biscuit Joconde]

材料《 60×40cmの天板1枚分 》

アーモンドパウダー……120g
グラニュー糖A……45g
強力粉（日清製粉「レジャンデール」）……35g
全卵……200g
転化糖（トリモリン）……10g
バター*……25g
卵白……115g
グラニュー糖B……80g
＊1cm角に切って常温にもどす。

つくり方

❶ ロボクープにアーモンドパウダー、グラニュー糖A、強力粉、全卵、転化糖、バターを入れ、全体が均一になってふんわりとするまで撹拌する。
❷ ミキサーボウルに卵白を入れ、高速で撹拌する。空気を含んでふんわりとしたら、グラニュー糖Bを一度に加え混ぜる。
❸ ②に①を加え、ゴムベラでさっくりと混ぜる。
❹ シルパットを敷いた天板に流し、縁から約1cmほどあけてL字パレットナイフで広げ、平らにならす。
❺ 上火210℃・下火190℃のデッキオーブンで約12分焼成する。焼き上がったらシルパットごと板にのせ、そのまましばらくおいて粗熱をとる。シルパットをはがす。

B　クレーム・シャンティイ
[Crème Chantilly]

材料《 34×8.3×高さ5cmのカードル2台分 》

生クリームA（乳脂肪分45%）……250g
生クリームB（無脂乳固形分増量タイプ）*……85g
グラニュー糖……27g
＊タカナシ乳業「レクレプラス」を使用。

つくり方

❶ ボウルに生クリーム2種類とグラニュー糖を入れ、氷水にあてながら、すくうと角がピンと立つ状態（9分立て）になるまで泡立て器で泡立てる。無脂乳固形分増量タイプの生クリームを配合するのは、保形性をより高くするため。

C　クレーム・シャンティイ・ショコラ
[Crème Chantilly au Chocolat]

材料《 34×8.3×高さ5cmのカードル2台分・20個分 》

生クリーム（乳脂肪分40%）……340g
ダークチョコレート（カレボー「811カレット」／カカオ分54.5%）*……170g
＊湯煎などで溶かして48℃に調整する。

つくり方

❶ ボウルに生クリームを入れ、すくうとリボン状になる程度（7分立て）になるまで泡立て器で泡立てる。
❷ 別のボウルにダークチョコレートを入れ、①を3分の1量加え、つやが出るまでゴムベラでしっかりと混ぜて約35℃に調整する。途中で温度が下がってきたら、ボウルの底を直火にあてるなどして温度を調整すること。
❸ ②に①の残りを一度に加え、つやが出てなめらかになるまでゴムベラでさっくりと混ぜる。

D　パータ・ボンブ
[Pâte à Bombe]

材料《 つくりやすい分量 》

牛乳……12.5g
水……12.5g
グラニュー糖……100g
全卵……100g
バター……25g

つくり方

❶ 鍋に牛乳、水、グラニュー糖を入れて強火にかけ、沸騰させる。
❷ 銅ボウルに全卵を入れて溶きほぐす。①を加えて中火にかけ、泡立て器で混ぜながら、混ぜた跡がしっかりと残るようになるまで煮詰める。
❸ ②にバターを加え混ぜる。ボウルに移してラップを密着させ、冷蔵庫に1晩おく。

組立て・仕上げ

材料《 34×8.3×高さ5cmのカードル2台分・20個分 》
グラニュー糖……適量

つくり方
❶ 板に A を焼き面を下にして置き、34×8.3×高さ5cmのカードルに合わせて包丁などで切る。
❷ オーブンペーパーを敷いたプラックに34×8.3×高さ5cmのカードルを2台のせ、①を1枚ずつ焼き面を下にして入れる。
❸ ②に B を約180gずつ入れ、ゴムベラで広げる。カードで平らにならす。
❹ ③に①を1枚ずつ焼き面を下にして入れ、カードで軽く押さえる。冷蔵庫で冷やす。
❺ ④に C を約250gずつ入れ、ゴムベラで広げる。カードで平らにならす。
❻ ⑤に①を1枚ずつ焼き面を下にして入れ、カードで軽く押さえる。冷凍庫で冷やす。
❼ ⑥を板にひっくり返して置き、カードルの周囲をバーナーで温めてカードルをはずす。
❽ ⑦に D を約65gずつのせ、L字パレットナイフで均一な厚さにぬり広げる。冷凍庫に1晩おく。
❾ ⑧の上面全体にグラニュー糖を均一にふり、焼きごてをあててキャラメリゼする。
❿ ⑨の作業をさらに2回行う。
⓫ 粗熱がとれたら、⓾を横長に置き、幅3.2cmに縦に切る。

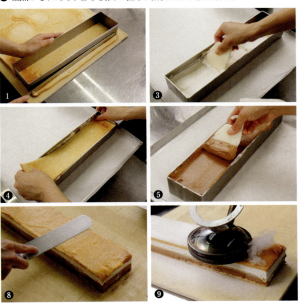

製法のポイント

{ ビスキュイ・ジョコンド }

ロボクープを活用する

ロボクープを使うと空気を含ませすぎずに撹拌でき、かみごたえのある目の詰まった生地に仕上がります。以前は、アーモンドパウダー、グラニュー糖、強力粉、全卵、転化糖をホイッパーを付けたミキサーで撹拌し、しっかりと空気を含ませてから、泡立てた卵白とグラニュー糖を加え、最後にバターを混ぜるという3工程を踏んでいました。しかし、今は、ロボクープを使ってバターも最初から一緒に混ぜ、2工程ですませることで、効率を上げました。

{ クレーム・シャンティイ・ショコラ }

生クリームとチョコレートの温度帯を合わせる

冷たい生クリームにチョコレートを合わせると、チョコレートが急激に冷えてチップ状になってしまいます。チョコレートは、7分立ての生クリームの状態を損ねない程度の温度（約48℃）に調整してから生クリームと混ぜ、全体の温度が下がらないようにします。また、チョコレートに2回に分けて生クリームを加えると全体の温度が下がりにくく、むらもできにくくなります。生クリームをあらかじめ7分立てにしておくことも、混ぜやすくするポイントです。

{ パータ・ボンブ }

バターを加えてリッチな味わいに

ムースなどのベースとなるパータ・ボンブは、卵黄と水、グラニュー糖でつくるルセットが一般的ですが、私はここにバターを加えています。これは、パリでの修業先「ジャン・ミエ」でアントルメ部門のシェフを務めていたフェルナンド・アレマーニ氏のレシピを参考にした手法。この菓子のパータ・ボンブは、ムースなどのベースではなく、それ自体一つのパーツとして使用するため、バターのこくを加えてリッチな風味に仕上げています。バターが入るとなめらかさが増し、ぬりやすくなることもメリットです。

{ 仕上げ }

キャラメリゼを美しく仕上げる

パータ・ボンブをぬったあと、すぐにグラニュー糖をふってキャラメリゼすると、パータ・ボンブまで溶けてしまい、美しく仕上がりません。冷凍庫に1晩おいてパータ・ボンブをしっかりと冷やし固めてから、グラニュー糖をふってキャラメリゼします。こうすることで、美しい茶色の色合いと、カリッとした食感を表現できます。

No.16 Gâteaux Individuels

ガトー・アンディヴィデュエル

Versailles
[ヴェルサイユ]

ヴェルサイユ
[Versailles]

　華やかなヴェルサイユ宮殿をイメージしたプチガトー。生地に存在感をもたせた生菓子をつくりたいと思って考案しました。自家製のタン・プール・タンを配合した、ビスキュイ・ジョコンドに近いオリジナルの生地と、甘ずっぱいフランボワーズ風味のクレーム・オ・ブールを層にしています。

　生地に配合するタン・プール・タンのアーモンドは、グラニュー糖と合わせる前に焼成して、こうばしさを強調。生地の焼成温度としては若干低めの180℃でじっくりと焼き上げて、しっとりとした食感に仕上げ、アンビバージュの量を減らし、小麦粉の甘みや旨み、アーモンドのこうばしさやこくを最大限に生かしました。一方、クリームは、生地に負けないこくをもたせたアングレーズベースのクレーム・オ・ブールに。ただし、甘ずっぱいフランボワーズ風味をつけたイタリアンメレンゲを加えることで、軽やかさもプラスしました。隠し味のバラのコンフィチュールが、華やかな印象を与えます。

しっとりとした生地は厚めにして小麦粉やアーモンドの風味を強調。フランボワーズのピュレ入りのアンビバージュを少量打って味に奥行を出しました。生地とクリームの間に薄く一層組み込んだバラのコンフィチュールが味のアクセントに。上面の赤いドット柄が、モダンな印象を醸します。

A ビスキュイ・ヴェルサイユ
[Biscuit Versailles]

材料《 53×38×高さ3.5cmの天板3枚分 》

◎タン・プール・タン
 アーモンド（皮なし）……750g
 グラニュー糖……750g
全卵*1……500g
卵黄*1……180g
卵白……420g
グラニュー糖……50g
強力粉（日清製粉「レジャンデール」）……90g
バター*2……450g
*1 合わせて溶きほぐす。
*2 溶かして約50℃に調整する。

つくり方

❶ タン・プール・タンをつくる。アーモンドを上火160℃・下火160℃のデッキオーブンで約20分焼成し、冷めたらグラニュー糖と合わせてローラーで挽く。
❷ ミキサーボウルに①を入れ、全卵と卵黄を少量加えてビーターで低速で撹拌する。
❸ ②に全卵と卵黄の残りを少量加え、中速に切り替えてペースト状になるまで混ぜる。
❹ ③に全卵と卵黄の残りを一度に加え、空気を含んでふんわりとした状態になるまで撹拌する。
❺ 別のミキサーボウルに卵白を入れ、高速で撹拌する。空気を含んでふんわりとしてきたらグラニュー糖を一度に加え、ホイッパーですくうと角がピンと立つ状態になるまで撹拌する。
❻ ④に⑤を3回に分けて加え、エキュモワールで気泡をつぶさないように底からすくい上げるようにしてさっくりと混ぜる。完全に混ざり切らなくてOK。
❼ ⑥に強力粉を加え、粉けがなくなるまでさっくりと混ぜる。
❽ ⑦にバターを加え、底からすくい上げるようにしてしっかりと混ぜる。
❾ オーブンペーパーを敷いた天板に⑧を1.02kgずつ流し、カードで均一な厚さに広げる。
❿ ⑨の下にもう1枚天板を敷き、上火180℃・下火180℃のデッキオーブンで約25分焼成する。焼き上がったら天板ごとそのまましばらくおいて粗熱をとる。天板をはずして冷ます。

B クレーム・ヴェルサイユ
[Crème Versailles]

材料《 49×34×高さ4cmのカードル1台分・66個分 》

◎フランボワーズ風味のクレーム・アングレーズ
 フランボワーズのピュレ……600g
 レモン果汁……40g
 卵黄……180g
 グラニュー糖……100g

◎イタリアンメレンゲ
 グラニュー糖……160g
 水……40g
 卵白……100g
 バター*……680g
 * ポマード状にする。

つくり方

❶ フランボワーズ風味のクレーム・アングレーズをつくる。銅ボウルにフランボワーズのピュレとレモン果汁を入れて強火にかけ、沸騰させる。
❷ 別のボウルに卵黄とグラニュー糖を入れ、泡立て器ですり混ぜる。
❸ ②に①の一部を加え混ぜる。これを①の銅ボウルに戻して中火にかけ、混ぜながら84℃になるまで煮詰める。とろりとした状態になる。
❹ ③をボウルに移し、ボウルの底に氷水をあてて混ぜながら34℃に調整する。
❺ イタリアンメレンゲをつくる。鍋にグラニュー糖と水を入れて強火にかけ、117℃になるまで加熱し、プチ・ブーレ（冷やして指にとると小さな球状になる状態）になるまで煮詰める。
❻ ミキサーボウルに卵白を入れ、高速で撹拌する。ボリュームが出て白っぽくふんわりとしてきたら、⑤をミキサーボウルの内側側面に沿わせるようにして少しずつそそぐ。
❼ ホイッパーですくうと角がピンと立つ状態になったら中速に切り替え、約32℃になるまで撹拌を続ける。
❽ 別のボウルにバターを入れ、④を4回に分けて加え、そのつど泡立て器でしっかりと混ぜる。
❾ ⑧に⑦を3回に分けて加え混ぜる。

C アンビバージュ
[Imbibage]

材料《 49×34×高さ4cmのカードル1台分・66個分 》

フランボワーズのピュレ……150g
シロップ（ボーメ30度）……100g
水……100g
キルシュ……50g

つくり方

❶ 材料をすべて混ぜ合わせる。

組立て・仕上げ

材料《49×34×高さ4cmのカードル1台分・66個分》
バラのコンフィチュール（花びら入り、市販品）*1……300g
カカオバター（赤）……適量
ナパージュ・ヌートル（非加熱タイプ）……360g
フランボワーズ……66個
チョコレート細工*2……66個

*1 漉す。
*2 ホワイトチョコレートに赤の色素を加えて着色し、直角三角形にしてカーブをつけたもの。

つくり方
❶ OPPシートを敷いたプラックに49×34×高さ4cmのカードルを置く。
❷ ①に B 550gを入れ、L字パレットナイフで均一な厚さに広げ、平らにならす。
❸ ②に A を焼き面を下にして入れる。カードで軽く押さえる。
❹ ③に C 約130gを刷毛で全体に打つ。刷毛を2本使うと効率がよい。
❺ ②～④と同様にして、④に B と A を重ね、C を打つ。
❻ ⑤にバラの花のコンフィチュールを入れ、L字パレットナイフで薄くぬり広げる。
❼ ②～④と同様にして、⑥に B と A を重ね、C を打つ。冷凍庫で中心までしっかりと冷やし固める。
❽ 板に⑦をひっくり返して置き、上面のOPPシートをはがして、カードルの周囲をバーナーで温めてカードルをはずす。直径2cmの円形に切りぬいたシリコン製シートをかぶせて、赤色に着色したカカオバターをピストレする。冷凍庫で冷やし固める。
❾ ⑧を板に横長に置き、包丁で縦に切って2等分にする（34×24.5cmになる）。上面にナパージュ・ヌートルを180gずつかけ、L字パレットナイフで薄くぬり広げる。
❿ 包丁で8×2.8cmに切り分ける。包丁を温めると切りやすい。
⓫ フランボワーズとチョコレート細工を飾る。

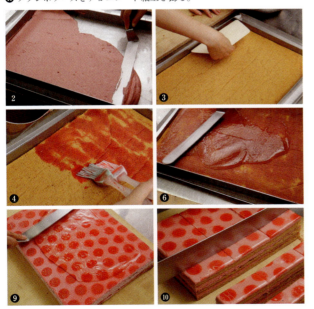

製法のポイント

{ ビスキュイ・ヴェルサイユ }

生地の風味を引き出す

一般的なビスキュイのルセットでは、たっぷりのアンビバージュをしっかりと吸収できるように、200℃程度の高温で水分をとばすように固めに焼成します。しかし、この菓子では、アーモンドのこうばしさと小麦粉の甘みを感じる生地に仕上げたいので、一般的なルセットよりも低めの温度の上火180℃・下火180℃のデッキオーブンで焼成。こうすると、生地の風味を生かせるだけでなく、アンビバージュの量が少なめで、しっとりとした食感が表現できます。

{ クレーム・ヴェルサイユ }

軽やかなバタークリームをつくる

このクリームは、フランボワーズ風味のクレーム・オ・ブールです。フランボワーズのピュレでつくるクレーム・アングレーズ、イタリアンメレンゲ、バターを合わせますが、クレーム・アングレーズをベースにするクレーム・オ・ブールは、深いこくを表現できるものの、重厚な風味になりがち。気泡も抱き込みにくいので、イタリアンメレンゲを合わせることで軽さを出しました。クリームを軽く仕立てることで、生地の存在感も強調しています。

混ぜやすい温度に調整する

フランボワーズ風味のクレーム・アングレーズは34℃に調整。イタリアンメレンゲは約32℃に調整します。いずれもバターがしっかりと混ぜやすい温度。温度が低すぎるとバターが固まって分離し、口あたりが悪くなってしまい、高すぎるとバターが溶けて仕上がりがゆるくなり、気泡がつぶれてボリュームもなくなってしまいます。また、混ぜ合わせるタイミングも重要です。温度を含め、いちばんよい状態で合わせられるタイミングを計算し、それぞれの仕込みをはじめます。一度に混ぜると分離しやすいので、3～4回に分けて混ぜることも、なめらかな口あたりに仕上げるコツです。

No.17 Entremets

アントルメ

Le Vent de Grasse

[グラースの風]

グラースの風
[Le Vent de Grasse]

　南フランスのコート・ダジュール地方にグラースという香水づくりで有名な町があります。20年ほど前に家族旅行で訪れ、花々が風にゆれる美しい風景に心を奪われました。その思い出から生まれたのが「グラースの風」です。さわやかな風景をイメージしてヨーグルトの風味を主役に据え、発想を広げていきました。

　ヨーグルトのクリームは、こくのあるパータ・ボンブをベースとしながら、レモン果汁を使ってキレと清涼感も強調。色とりどりの花が咲く風景を思い浮かべ、フルーツのムース3種類とジュレをキューブ状にしてちらし入れました。一方、ビスキュイ・オ・ザマンドは小麦粉の代わりにコーンスターチを配合し、ほろっとくずれる軽い食感を表現。レモンペーストを加え、ヨーグルトのクリームのさわやかな風味と統一感を出しています。仕上げも自由な発想で。うろこのようにぬったクレーム・シャンティイに、中のムースの色に合わせたナパージュを球状に絞ってポップに仕上げました。さわやかでやさしい印象の見た目も魅力です。

断面に見えるキューブ状のムースとジュレが楽しさを演出します。ムースは形がくずれやすいので、冷凍してからカットしてクリームに入れることが、美しく仕上げるためのポイント。花畑がどこまでも広がる風景を表現するため、小ぶりのアントルメで提供しています。

A ビスキュイ・オ・ザマンド
[Biscuit aux Amandes]

材料《 53×38×高さ3.5cmの天板1枚分 》

タン・プール・タン（市販品）……300g
純粉糖……100g
全卵*1……240g
卵黄*1……130g
レモンペースト（市販品）……30g
卵白……280g
グラニュー糖……135g
コーンスターチ……188g
バター*2……75g

*1 合わせて溶きほぐす。
*2 溶かして約50℃に調整する。

つくり方

❶ ミキサーボウルに、タン・プール・タン、純粉糖、合わせた全卵と卵黄の半量、レモンペーストを入れ、なめらかな状態になるまでビーターで低速で撹拌する。
❷ ①に合わせた全卵と卵黄の残りを少量ずつ加え混ぜる。中速に切り替え、しっかりと空気を含んでふんわりとした状態になるまで撹拌を続ける。
❸ 別のミキサーボウルに卵白を入れ、高速で撹拌する。ボリュームが出て、白っぽくふわふわとした質感になったらグラニュー糖を一度に加え、ホイッパーですくうと、角ができてすぐに少したれるくらいの状態になるまで撹拌する。
❹ ③に②を加えながら、エキュモワールで底からすくい上げるようにしてさっくりと混ぜる。完全に混ざり切らなくてOK。
❺ ④にコーンスターチを加え、粉けがなくなるまで混ぜる。
❻ ⑤にバターを加え、底からすくい上げるようにして混ぜる。
❼ オーブンペーパーを敷いた53×38×高さ3.5cmの天板に、⑥を流し、カードで均一な厚さに広げ、平らにならす。
❽ ⑦の下にもう1枚天板を敷き、上火190℃・下火190℃のデッキオーブンで24〜25分焼成する。焼き上がったらオーブンペーパーを敷いた板に天板ごとひっくり返して置き、すぐに天板をはずす。そのまま常温において粗熱をとる。

B ジュレ・フランボワーズ
[Gelée de Framboise]

材料《 35×11×高さ2cmのカードル3台分・54個分 》

フランボワーズのピュレ……1kg
グラニュー糖……300g
粉ゼラチン*……50g
冷水*……300g

* 合わせて粉ゼラチンをふやかす。

つくり方

❶ 鍋にフランボワーズのピュレとグラニュー糖を入れて中火にかけ、泡立て器で混ぜながら沸騰させる。
❷ ①にふやかした粉ゼラチンを加え混ぜる。粗熱をとる。
❸ ラップをかけたプラックに、35×11×高さ2cmのカードルを置き、内側と底にラップをかけて密着させる。②を流し、冷蔵庫で冷やし固める。

組立て1

材料《 53×38×高さ4cmのカードル1台分 》

アンビバージュ*……190g

* ボーメ30度のシロップ100gと水50g、レモン果汁40gを混ぜ合わせる。

つくり方

❶ Aを横長に置き、オーブンペーパーをはがす。包丁で縦に二等分に切る。
❷ ①をそれぞれ横長に置き、下から高さ1cmの部分に波刃包丁を入れてスライスする。手前と奥に高さ1cmのバールを生地に沿って置くと切りやすい。①で切り分ける前と同じ状態にし、53×38×高さ4cmのカードルにぴったりと入るように端を切り落とす。
❸ オーブンペーパーを敷いたプラックに53×38×高さ4cmのカードルを横長に置く。スライスした②の上部2枚を縦長にし、切り口を下にして1枚ずつ横に並べて入れる。
❹ ③にアンビバージュを刷毛で打つ。

Le Vent de Grasse

C パッションフルーツのムース
[Mousse aux Fruits de la Passion]

材料《 53×33×高さ4cmのカードル1台分・108個分 》

パッションフルーツのピュレ……500g
グラニュー糖……50g
粉ゼラチン*1……18g
冷水*1……108g
*1 合わせて粉ゼラチンをふやかす。
*2 ボウルに入れ、氷水にあてながら泡立てて7分立てにする。冷蔵庫で冷やす。

◎イタリアンメレンゲ
　グラニュー糖……300g
　水……100g
　卵白……150g
生クリーム
（乳脂肪分35%）*2……500g

つくり方

❶ 鍋にパッションフルーツのピュレの半量とグラニュー糖を入れて中火にかけ、泡立て器で混ぜながら沸騰させる。
❷ 火を止め、ふやかした粉ゼラチンを加え混ぜる。
❸ イタリアンメレンゲをつくる。別の鍋にグラニュー糖と水を入れて火にかけ、117℃になるまで煮詰める。
❹ ミキサーボウルに卵白を入れ、高速で撹拌する。空気を含んでふんわりとしてきたら③を少量ずつ加え混ぜる。中速に切り替えて撹拌しながら約32℃に調整する。
❺ ②に残りのパッションフルーツのピュレを加え混ぜる。
❻ ボウルに7分立てにして冷やした生クリームを入れ、⑤の半量を2～3回に分けて加え、そのつどしっかりと混ぜる。
❼ ④に⑤の残りを2～3回に分けて加え、そのつどしっかりと混ぜる。
❽ ⑥に⑦を加え、さっくりと混ぜる。大体混ざったらゴムベラに持ち替え、混ぜ残しがないように底からすくい上げるようにして混ぜる。
❾ OPPシートを敷いたプラックに53×33×高さ4cmのカードルを置き、⑧を流してL字パレットナイフで広げ、平らにならす。急冷する。
❿ ⑨を33×8.8cmずつに切り分け、6等分にする。

D フランボワーズのムース
[Mousse aux Framboises]

材料《 53×33×高さ4cmのカードル1台分・108個分 》

フランボワーズのピュレ……500g
粉ゼラチン*1……15g
冷水*1……90g
*1 合わせて粉ゼラチンをふやかす。
*2 ボウルに入れ、氷水にあてながら泡立てて7分立てにする。冷蔵庫で冷やす。

◎イタリアンメレンゲ
　グラニュー糖……300g
　水……100g
　卵白……150g
生クリーム
（乳脂肪分35%）*2……500g

つくり方

Cのつくり方を参照。ただし、①の工程でグラニュー糖は加えない。

E 青リンゴのムース
[Mousse aux Pomme Vertes]

材料《 53×33×高さ4cmのカードル1台分・108個分 》

青リンゴのピュレ……800g
粉ゼラチン*1……24g
冷水*1……140g
色素（緑）……適量
*1 合わせて粉ゼラチンをふやかす。
*2 ボウルに入れ、氷水にあてながら泡立てて7分立てにする。冷蔵庫で冷やす。

◎イタリアンメレンゲ
　グラニュー糖……160g
　水……50g
　卵白……80g
生クリーム
（乳脂肪分35%）*2……400g

つくり方

Cのつくり方を参照。ただし、①の工程でグラニュー糖は加えない。また、③の工程で色素（緑）も加える。

F ヨーグルトのクリーム
[Crème au Yaourt]

材料《 49×34×高さ4cmのカードル1台分・18個分 》

卵黄……120g
レモン果汁……80g
純粉糖……250g
粉ゼラチン*1……20g
冷水*1……120g
ヨーグルト（無糖）……500g
レモンの皮*2……2個分
生クリームA（乳脂肪分35%）*3……400g
生クリームB（乳脂肪分45%）*3……600g
*1 合わせて粉ゼラチンをふやかす。
*2 すりおろす。
*3 合わせてボウルに入れ、氷水にあてながら泡立てて6分立てにする。冷蔵庫で冷やす。

つくり方

❶ 銅ボウルに卵黄とレモン果汁、純粉糖を入れ、泡立て器ですり混ぜる。
❷ ①を弱火～中火にかけ、つやが出て、空気を含んでふんわりとした状態になるまで、絶えず泡立てるようにして混ぜながら加熱する。炊き上がりの温度の目安は81℃。
❸ 火を止め、ふやかした粉ゼラチンを加え混ぜる。
❹ ボウルにヨーグルトとレモンの皮を入れ、③をシノワで漉しながら加え、ゴムベラでしっかりと混ぜる。
❺ ボウルに、合わせて6分立てにして冷やした生クリーム2種類を入れ、④を加え混ぜたら、ゴムベラに持ち替え、混ぜ残しがないように底からすくい上げるようにして混ぜる。

組立て2

つくり方

❶ 組立て1の工程④に F の半量を流し、カードで広げて平らにならす。
❷ 冷やし固めた B 1台分を目が1×1cmの網に押しあて、1×1cmに切る。C D E はそれぞれ6等分にしたうちの1つを1×1cmに切る。
❸ ①に②をちらし、L字パレットナイフで軽く押さえる。
❹ ③にちらした②が隠れる程度に F を流し、L字パレットナイフで広げて平らにならす。
❺ スライスした組立て1の工程②の下部(高さ1cmの A)を焼き面を下にして2枚並べてのせる。
❻ アンビバージュをスプレーし、板をのせて軽く押さえる。急冷する。

仕上げ

材料《 約11×8cmの長方形18個分 》

クレーム・シャンティイ*1……適量
ナパージュ(黄/緑)*2……各適量
ナパージュ(赤)*3……適量

*1 加糖8%。8分立てにする。
*2 ナパージュヌートル(非加熱タイプ)に黄もしくは緑の色素を加え混ぜる。
*3 ナパージュ・ヌートル(非加熱タイプ)250g(つくりやすい分量、以下同)とイチゴのコンフィチュール250g、キルシュ適量を加え混ぜる。

つくり方

❶ 組立て2の工程⑥を板にプラックごとひっくり返して横長に置き、プラックをはずしてオーブンペーパーをはがす。カードルの周囲をバーナーで温めてカードルをはずし、縦に二等分に切る(約38×26.5cmが2台できる)。
❷ ①にクレーム・シャンティイをのせ、パレットナイフで薄くぬり広げる。冷凍庫におく。
❸ ②の端を切り落とし、上面に約12.5×8.5cmの長方形のマスが9個できるように包丁で筋をつける。
❹ ③にクレーム・シャンティイをパレットナイフでうろこ状の模様ができるようにぬる。うろこ状の模様は1マスにつき4×3個(1台につき12×9個)。
❺ 3種類のナパージュをそれぞれコルネに入れ、うろこ状の模様の中央に1色ずつ同じ色が隣合せにならないように球状に絞る。各色36個ずつになる。
❻ ③でつけた筋に沿って、約11×8cmの長方形に切り分ける。

製法のポイント

{ ビスキュイ・オ・ザマンド }

ほろっとくずれる口あたりを表現

小麦粉の代わりにコーンスターチを配合するのが特徴。コーンスターチにはグルテンが含まれていないので、ほろっとくずれるような軽い食感に仕上げることができ、アーモンドのこうばしい風味も打ち出せます。ただし、骨格が弱く、焼成後に生地が落ち込みやすいので、焼き面を下にして冷まします。

{ ヨーグルトのクリーム }

ゆっくりと火を入れる

ベースは、水の代わりにレモン果汁を使ったパータ・ボンブ。水分が少ないので、泡立て器で絶えず混ぜながら、ゆっくりと火を入れることで、ふっくらと仕上げます。火加減は弱火〜中火。炊き上がりの温度は81℃が目安です。

Le Vent de Grasse

愛用している製菓道具

長年使っている愛着のある道具類を紹介します。
コンフィズリー用は独自の使い方をしています。

エキュモワール

フランス版の穴杓子。ヨーロッパでは生地を混ぜる道具として一般的で、パリ修業時代に出合って以来、愛用しています。気泡をつぶさずにさっくりと混ぜられるのが特徴です。

型いろいろ

形状によって菓子の印象が変わるため、さまざまな型をそろえています。右上から時計まわりに、フラワーケーキ型、サラエボ型、パン・ド・ジェンヌ型、もっとも多用するマンケ型。

小ぶりの銅鍋

銅鍋は大小異なるサイズをもっていますが、もっともよく使用するのは直径14cmの小ぶりのもの。ボンボンやイタリアンメレンゲのシロップをつくる際によく使っています。

木製のばんじゅう

「フォンダン・キャンディ」などのコンフィズリーを成形する際に重宝している道具。サイズにこだわり、和菓子用の道具を手がける会社に特注しました。60×40cmの天板にぴったりのる、内寸57×47×高さ3cmです。

球断器

和菓子用の道具も活用。だんごの成形などに使われる球断器で「クーサン」やパート・ド・フリュイ入りの「ボンボン・フイユテ」などを切り分けます。切り口が美しく仕上がる上に、作業効率もアップしました。

コンフィズリー用の手づくりの型

木材に、必要な形に型取りした石膏を接着した手づくりです。木製のばんじゅうなどに詰めた砂糖類に押しつけてくぼみをつくり、ボンボンなどの液を流して成形します。

III

Confiseries

フジウの
コンフィズリー

Caramels
Pâte d'Amandes
Calissons
Bonbons
Nougats
Meringues
Marshmallows
Créations

Caramels ｜ キャラメル

Caramel
Salé / Thé Orange
［ キャラメル・サレ／テ・オランジュ ］

　「キャラメル」は10年ほど前に、「TRAITÉ DE PATISSERIE MODERNE」で紹介されていた、やわらかいキャラメルという意味の「キャラメル・ムー」を参考にしながら独自の味づくりを進めました。砂糖類と乳製品、バターを合わせて煮詰め、型に流して固めるだけのシンプルな製法ですが、配合や煮詰め方によって味や香りに大きな違いが出ます。古典では水分は牛乳のみですが、私はその半量を生クリームに代え、バターの量も増やして、深いこくと豊かな香りを前面に打ち出すとともに、とろけるような口溶けも表現。煮詰め具合やバターを加えるタイミングなどを研究し、しっかり乳化するまで混ぜることなど、独自の工夫で理想の味に近づけました。

現在、店では4種類のキャラメルをラインアップ。右は、ピスタチオやクルミなど5種類のナッツを混ぜ込んだ「マンディアン」、左は、ビターなチョコレートの濃厚な風味が魅力の「ショコラ」。

Caramels | キャラメル

Engadiner
[エンガディナー]

キャラメルの煮詰め具合によって口あたりに大きく差が出ます。温度計を使って固さをしっかりと調整することが重要です。サクッとくずれる生地が、とろりとしたキャラメルと好相性です。

良質なクルミの産地として有名なスイス・エンガディン地方の郷土菓子。こうばしい生地でクルミ入りのキャラメルを包んだ、濃厚な味わいが魅力です。日本でも円形や長方形に焼いて切り分け、ドゥミ・セックとして売られているのを見かけますが、私はひと口サイズにしてコンフィズリーとして提供しています。パート・シュクレには発酵バターを使用。砂糖と卵をたっぷり配合し、バニラを香らせて豊かな風味に仕上げました。また、ベーキングパウダーでサクッとした軽い食感も演出しています。キャラメルにはサワークリームとレモン果汁で濃厚な風味にキレをプラス。クルミのほかにアーモンドも混ぜ込んで、味わいに奥行も出しました。

キャラメル・サレ／テ・オランジュ
[Caramel Salé / Thé Orange]

A キャラメル・サレ
[Caramel Salé]

材料《 32×22.5×高さ4cmのカードル1台分・約176個分 》

生クリーム（乳脂肪分35%）……200g
牛乳……200g
グラニュー糖……300g
水アメ……150g
転化糖（トリモリン）……150g
バター*1……300g
塩*1……8g
アーモンド（皮なし）*2……50g
ヘーゼルナッツ（皮なし）*2……50g

＊1 バターは35℃程度に調整し、塩と混ぜ合わせる。
＊2 上火160℃・下火160℃のデッキオーブンで約20分焼成し、粗くきざむ。

つくり方

❶ 銅ボウルに生クリーム、牛乳、グラニュー糖、水アメ、転化糖を入れて中火にかける。
❷ 泡立て器で混ぜながら煮詰める。沸騰すると泡が一気にボウルの縁まで上がってくるので、吹きこぼれないように注意しながら絶えず泡立て器で混ぜること。110℃を超えると泡がひき、色づきはじめる。
❸ 120℃になったら火を止め、塩を合わせたバターを加えながら泡立て器で混ぜてしっかりと乳化させる。温度が120℃より低いとしっかりと乳化せず、やわらかすぎる質感になり、逆に温度が高すぎると乳化はしやすいが、固くなってしまう。
❹ つやが出てきたらアーモンドとヘーゼルナッツを加え、ヘラで混ぜる。

B キャラメル・テ・オランジュ
[Caramel Thé Orange]

材料《 32×22.5×高さ4cmのカードル1台分・約176個分 》

生クリームA（乳脂肪分35%）……200g
牛乳……200g
アールグレイの茶葉……25g
グラニュー糖……300g
水アメ……150g
転化糖（トリモリン）……150g
生クリームB（乳脂肪分35%）……適量
バター*……75g
カカオバター*……75g
オレンジペースト（市販品）*……50g

＊ バターとカカオバターは35℃程度に調整して合わせ、オレンジペーストを混ぜ合わせる。

つくり方

❶ 鍋に生クリームAと牛乳を入れて中火にかける。
❷ 沸騰したら火を止め、アールグレイの茶葉を加えてボウルでふたをし、そのまま約10分おく。
❸ 銅ボウルにグラニュー糖、水アメ、転化糖を入れ、②をシノワで漉しながら加える。シノワに残った茶葉をゴムベラで押さえて、しっかりと漉す。
❹ 重さを量り、1kgになるように生クリームBを加えて調整する（蒸発した水分を補う）。
❺ ④を中火にかける。Aの工程②と同様の作業を行う。
❻ 120℃になったら火を止め、オレンジペーストを混ぜ合わせたバターとカカオバターを加え、泡立て器で混ぜてしっかりと乳化させる。

仕上げ

つくり方

❶「キャラメル・サレ」をつくる。32×22.5×高さ4cmのカードルの内側側面にバター（分量外）をぬり、オーブンペーパーを敷いた板に置く。
❷ [A]を流し入れ、ヘラで表面を平らにする。厚さは約1.2cmになる。
❸ しっかりと固まるまで冷蔵庫で冷やす。
❹ ③のキャラメルを板からオーブンペーパーごとはずし、カードルをひっくり返してまな板に置く。オーブンペーパーをはがし、ペティナイフをカードルの内側側面にさし入れてカードルをはずす。
❺ 波刃包丁で2×2cmに切り分ける。
❻ OPPシートを敷いたプラックの上に並べ、すぐにセロファンで包む。
❼「キャラメル・テ・オランジュ」をつくる。[A]の代わりに[B]を使って工程①～⑥と同様の作業を行う。

製法のポイント

{ キャラメル・サレ／テ・オランジュ }

グラニュー糖、水アメ、転化糖を配合

古典「TRAITÉ DE PATISSERIE MODERNE」には、やわらかいキャラメルを意味する「キャラメル・ムー」のルセットが掲載されており、そこでは牛乳に角砂糖とグルコースを加えて煮詰めます。一方、私は角砂糖をグラニュー糖に置き換え、さらにその分量の一部を転化糖に変更。これは、キャラメルの保水性を高めることが目的で、この配合であれば、ある程度の期間をおいても糖分が再結晶して口溶けが悪くなるのを防げるからです。

大きめの銅ボウルを使って煮詰める

グラニュー糖や牛乳、生クリームなどを煮詰める際は、吹きこぼれるのを防ぐため、大きめの銅ボウルを使用します。絶えず泡立て器で混ぜることもポイントです。

煮詰める加減を見極め、しっかりと乳化させる

生クリームや砂糖などを煮詰める際は、約120℃（冷やして指にとると球状になる状態）にすること。約120℃になったら火を止め、バターを加えて美しいつやが出るまでしっかりと乳化させると、口あたりのなめらかなキャラメルに仕上がります。120℃より低い温度で火を止めてバターを加えると、しっかりと乳化しないうえ、十分に固まらず、やわらかすぎるキャラメルになってしまいます。逆に温度が高すぎると乳化はしやすいのですが、固くなってしまいます。なお、しっかりと乳化させないと固める段階で分離してしまうこともあるので注意が必要です。

{ キャラメル・テ・オランジュ }

「キャラメル・サレ」以外はカカオバターを配合

私は、キャラメル・テ・オランジュなど、キャラメル・サレ以外のフレーバーをつけたキャラメルは、バターの分量のうち半量をカカオバターに変更。カカオバターを使うと酸化しにくくなるのです。なお、キャラメル・サレはバターの風味を前面に打ち出すため、カカオバターは使っていません。

エンガディナー
[Engadiner]

A パート・シュクレ
[Pâte Sucrée]

材料《 32×22.5×高さ4cmのカードル2台分・約150個分 》

発酵バター*1……375g
純粉糖*2……225g
バニラシュガー*2……5g
全卵*3……125g
アーモンドパウダー……75g
強力粉（日清製粉「レジャンデール」）*4……500g
ベーキングパウダー*4……5g

*1 ポマード状にする。
*2・4 それぞれ合わせる。
*3 溶きほぐし、湯煎にかけて人肌程度の温度に調整する。

つくり方
❶ ミキサーボウルに発酵バターを入れ、ビーターで低速で混ぜる。
❷ ①に合わせた純粉糖とバニラシュガーを一度に加え混ぜる。
❸ 中速に切り替え、全卵を3～4回に分けて加え混ぜる。
❹ ③にアーモンドパウダーを一度に加え混ぜる。
❺ 低速に切り替え、合わせた強力粉とベーキングパウダーを一度に加え混ぜる。ここで低速に切り替えるのは、粉がとびちらないようにするため。粉けが少し残っている状態でミキサーを止める。
❻ 混ぜ残しがないように、カードで底からすくうようにして全体が均一な状態になるまで混ぜる。
❼ ビニール袋に入れて手で平らにならし、冷蔵庫に1晩おく。

B キャラメル
[Caramel]

材料《 32×22.5×高さ4cmのカードル2台分・約150個分 》

生クリーム（乳脂肪分35％）……400g
サワークリーム……200g
発酵バター……400g
塩……2g
バニラビーンズ*1……1本
バニラエクストラクト……2g
グラニュー糖……1kg
レモン果汁……20g
アーモンド（皮なし）*2・3……100g
クルミ（皮なし）*3……500g

*1 サヤから種を出す。種のみ使う。
*2 上火160℃・下火160℃のデッキオーブンで約20分焼成する。
*3 7～8mm角にきざむ。

つくり方
❶ Bをつくる作業の前に「組立て・焼成・仕上げ」（159頁）の工程①～⑦を行うとよい。鍋に生クリーム、サワークリーム、発酵バター、塩、バニラビーンズ、バニラエクストラクトを入れて中火にかけ、沸騰させる。
❷ 銅ボウルにグラニュー糖を入れて強火にかけ、泡立て器で混ぜながら溶かす。
❸ ②に①を数回に分けて加え混ぜる。ここで①の温度が低いと吹きこぼれてしまうので、かならず①は沸騰させること。
❹ 泡立て器で混ぜながら強火で加熱を続け、119～120℃になるまで煮詰める。
❺ 119～120℃になったら火を止め、レモン果汁を加え混ぜる。
❻ クルミとアーモンドを加え、粗熱がとれてもったりとした状態になるまでヘラで混ぜる。

組立て・焼成・仕上げ

つくり方

❶ 作業台に A を置き、折りたたむようにしながら手で軽くこねて均一な状態にする。棒状にし、麺棒で押しつぶすようにしてシーターに通しやすい厚さにする。
❷ シーターに通し、厚さ3mmにのばす。
❸ 表面にピケし、32×22.5×高さ4cmのカードルをのせ、カードルの外周から約5mmあけてペティナイフなどで余分な A を切り落とす。これを4台つくる。それぞれ冷蔵庫で冷やし固める。
❹ ❸を天板にのせ、カードルを重ねる。
❺ 160℃のコンベクションオーブンで約20分焼成する。そのまま常温において粗熱をとる。
❻ カードルの内側側面にペティナイフをさし入れ、カードルをはずして余分な生地を除く。
❼ オーブンペーパーを敷いた板に32×22.5×高さ4cmのカードルを2つ置き、❻を1枚ずつ焼き面を下にして入れる。
❽ ❼に B を半量（約1.3kg）ずつ入れ、ヘラで上面を平らにしながら広げ、厚さを均等にする。
❾ ❽に❻を1枚ずつ焼き面を上にしてのせる。
❿ オーブンペーパーをかぶせて板をのせ、下の板ごと上下をひっくり返し、さらに上下を返して、A と B をしっかりと密着させる。
⓫ 上にのせた板をはずしてオーブンペーパーをはがし、プラスチック製の板などで押さえて平らにしながら、生地とガルニチュールをしっかりと密着させる。常温において完全に冷ます。
⓬ ⓫をカードルをはずしてまな板に横長に置き、波刃包丁で幅6cmに縦に切り分ける。
⓭ ⓬をそれぞれ横長に置き、幅約1.5cmに縦に切り分ける。

製法のポイント

{ パート・シュクレ }

エンガディナー専用の配合に

一般的なパート・シュクレを、エンガディナー専用の生地にアレンジ。発酵バターを使うほか、粉に対してバターと砂糖、卵の分量を増やすことで、リッチな風味とやわらかな食感に仕上げました。また、ベーキングパウダーを加え、サクッとした歯ざわりも表現。間に挟むキャラメルのしっとりとした口あたりや、ナッツのカリッとした食感との統一感を図っています。

{ キャラメル }

サワークリームをプラス

さわやかな風味のサワークリームが隠し味です。しっかりとした甘みのなかにキレが加わり、豊かな風味を表現できます。

119〜120℃になるまで煮詰める

泡が大きくねっとりとした状態になる119〜120℃まで煮詰めると、やわらかく口あたりのよいテクスチャーに仕上がります。煮詰め加減があまいと、やわらかすぎて固まらず、逆に煮詰めすぎると固くなって歯ざわりが悪くなってしまいます。

{ 組立て }

キャラメルを冷ましてから組み立てる

キャラメルは熱いうちにパート・シュクレに流すと、キャラメル部分がやわらかすぎてクルミとアーモンドが下に沈んでしまい、バランスが悪くなってしまいます。ゴムベラで混ぜながら粗熱をとり、もったりとしてきたら組立て作業に移りましょう。ただし、冷めすぎると流動性がなくなり、作業性が悪くなるので注意が必要です。銅鍋からボウルに移す場合は、かならずボウルを温めておくこと。冷たいボウルに入れると、キャラメルがすぐに固まってしまいます。

Pâte d'Amandes | パート・ダマンド

Ravioli
[ラヴィオリ]

　アーモンドパウダーとシロップを合わせてつくるパート・ダマンドは、細工やボンボン・ショコラのセンター、アントルメの装飾などに使われるほか、コンフィズリーの定番でもあります。ナッツやフルーツと合わせやすく、色や風味、デザインなどで変化をつけやすいことから、さまざまな商品のバリエーションを考えられる点も魅力です。「ラヴィオリ」は、その名のとおり、肉などを四角いパスタで包むイタリア料理のラヴィオリをイメージ。コンフィズリーの研究をはじめたころに、フランスのレストランで洗練されたラヴィオリを食べ、遊び心で考案した菓子です。間のフイヤンティーヌのプラリネクリームには少量の塩を加え、味に奥行を出しました。

イタリア料理のラヴィオリをイメージし、パート・ダマンドには色づけせず、模様をつけました。サクサクとしたフイヤンティーヌの食感が楽しいプラリネクリームをサンドしてから糖衣がけをします。

Ravioli, Pâte d'Amandes Fruits / Fruit Deguisé

Pâte d'Amandes ｜ パート・ダマンド

Pâte d'Amandes Fruits
［パート・ダマンド・フリュイ］

Fruit Déguisé
［フリュイ・デギゼ］

パート・ダマンド・フリュイの バリエーション
店頭では、紹介した「アプリコット」のほか、「カシス」「フレーズ」「ポム・ヴェール」も用意。パート・ダマンドは、それぞれの風味をイメージして着色しています。

　本書で紹介するパート・ダマンドは、基本的に、「TRAITÉ DE PATISSERIE MODERNE」に載っている「パート・ダマンド・フォンダン」のルセットをアレンジしたもの。古典では、砂糖はアーモンドパウダーの2〜4倍量が適量ですが、私は砂糖類をアーモンドパウダーの1.6倍量にし、アーモンドの比率を上げてリッチな風味を強調しました。「パート・ダマンド・フリュイ」はオリジナルの1品で、パート・ダマンドのこくがパート・ド・フリュイのみずみずしい果実感を引き立てます。「フリュイ・デギゼ」は古典菓子で、パリ修業時代にはケータリング用に製造した思い出があります。フランスではプチ・フールと同じ感覚で楽しまれている菓子です。

ラヴィオリ
[Ravioli]

A パート・ダマンド・フォンダン
[Pâte d'Amandes Fondante]

材料《つくりやすい分量》
水……175g
グラニュー糖……500g
水アメ……50g
転化糖（トリモリン）……50g
アーモンドパウダー*……375g
純粉糖……適量
* 生のマルコナ種のアーモンドを自家製粉し、冷やす。

つくり方
❶ 鍋に水、グラニュー糖、水アメ、転化糖を入れ、中火〜強火にかけて118℃になるまで加熱し、プチ・ブーレ（冷やして指にとると小さな球状になる状態）になるまで煮詰める。
❷ ①の作業と同時進行で、アーモンドパウダーをミキサーボウルに入れ、ビーターで低速で撹拌する。
❸ ②に①をミキサーボウルの内側側面に沿わせるようにしてそそぐ。
❹ 中速に切り替え、糖分が結晶化して白っぽくなるまで撹拌する。ポロポロとしはじめたらOK。混ぜすぎるとまとまらなくなるので注意すること。
❺ 板に純粉糖をふり、④を置く。
❻ 手でこねてひとまとめにする。ラップで包み、冷蔵庫で冷やす。

B ブランデー風味のパート・ダマンド
[Pâte d'Amandes au cognac Remy Martin]

材料《32×22.5×高さ4cmのカードル1台分・約70個分》
純粉糖……適量
パート・ダマンド・フォンダン（A）……500g
コニャック（レミーマルタンVSOP）……適量

つくり方
❶ 板に純粉糖をふってAを置き、Aの中央にブランデーをたらす。
❷ カードで切って重ね、手で押さえる。この作業を数回行う。コニャックを加えて固さを調整しながら、手で折りたたむようにしてこね、ひとまとめにする。

C プラリネ
[Plariné]

材料《つくりやすい分量》
ミルクチョコレート
（カレボー「823カレット」／カカオ分33.6％）……100g
プラリネ・ノワゼット（市販品）……500g
プラリネ・アマンド（市販品）……500g

つくり方
❶ ボウルにミルクチョコレートを入れ、湯煎にかけて溶かす。
❷ ①を湯煎からおろし、そこにプラリネ・ノワゼットとプラリネ・アマンドを加えてゴムベラで混ぜる。

D フイヤンティーヌ入りプラリネクリーム
[Crème Plariné Feuillentine]

材料《つくりやすい分量》
プラリネ（C）……333g
ミルクチョコレート
（カレボー「823カレット」／カカオ分33.6％）……50g
カカオバター……33g
塩……0.65g
フイヤンティーヌ（市販品）……88g

つくり方
❶ ボウルにCとミルクチョコレート、カカオバター、塩を入れて湯煎にかけ、ゴムベラで混ぜて溶かす。
❷ ①を湯煎からおろし、フイヤンティーヌを加え混ぜる。

E シロップ（漬け込み用）
[Sirop]

材料《つくりやすい分量》
水……750g
グラニュー糖……1.875kg

つくり方
❶ 鍋に水とグラニュー糖を入れ、中火〜強火にかける。
❷ ブリックス72％になるまで煮詰める。
❸ 火からおろして粗熱をとり、ラップをしてそのまま常温に1晩おく。糖度が高いので、ゆっくりと冷ますこと。急激に冷やすと結晶化してしまう。

組立て・仕上げ

材料《32×22.5×高さ4cmのカードル1台分・約70個分》
純粉糖……適量

つくり方
❶ Bを純粉糖をふった板に置き、2等分に切り分ける。純粉糖をふりながら、それぞれ麺棒で32×22.5×高さ4cmのカードルにぴったりとはまる大きさにのばす。厚さは約2mm。
❷ ①の1枚をオーブンペーパーを敷いた板に置き、上からカードルをはめる。
❸ ②にDを入れ、カードで上面を平らにならしながら厚さを均等にする。
❹ ①のもう1枚に、デコレーション用の麺棒を転がして筋をつける。
❺ ③に④を筋をつけた面を上にしてのせ、手で軽く押さえて密着させる。
❻ プラスチックの板などで押さえて平らにし、冷蔵庫で冷やし固める。
❼ 板に⑥を置き、カードルの内側側面にペティナイフをさし入れてカードルをはずす。
❽ 包丁で3.2×3.2cmに切り分ける。
❾ ④でつけた筋と直角になるように、⑧の中央にペティナイフの背で筋を入れる。
❿ オーブンペーパーを敷いたプラックに、⑨を立てて並べる。常温に1晩おいて乾燥させる。
⓫ ⓾を1つずつひっくり返し、常温でさらに1晩おいて乾燥させる。
⓬ ボウルなどに⓫を入れ、⓫が完全にかぶるくらいEをたっぷりとそそぎで、上面にラップを密着させて常温に1晩おく。
⓭ エキュモワールで⓬をすくい、網をのせたプラックに立てて並べて常温に1晩おいて乾燥させる。
⓮ ⓭を1つずつ倒して並べ、表面全体が乾いて結晶化するまで常温に1～2晩おく。

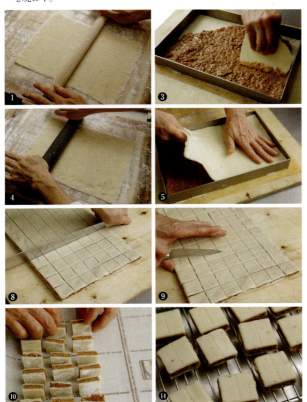

製法のポイント

{ パート・ダマンド・フォンダン }

アーモンドの1.6倍量の砂糖類を配合

古典「TRAITÉ DE PATISSERIE MODERNE」には、「パート・ダマンド・フォンダン」のルセットが掲載されており、そこではアーモンドに対して、2～4倍量の砂糖を合わせています。しかし、私は1.6倍量の水アメなどを含む砂糖類を配合。アーモンドの比率を高めることで、アーモンドのリッチな風味を強調しました。また、砂糖の一部を水アメと転化糖に置き換えて、しっとりとしてなめらかな質感を表現しています。

118℃に煮詰めたシロップを使う

シロップはプチ・ブーレ（冷やして指にとると小さな球状になる状態）になるまで煮詰めます。配合や理想の質感によって煮詰める際の適温は変わりますが、温度が低すぎるとアーモンドパウダーと混ぜた際に結晶化せず、ベタベタとしたやわらかすぎる質感になり、温度が高すぎるとすぐに結晶化して固くザラザラとした質感になってしまいます。私の配合の場合は、適度な粘度があり、扱いやすい固さになる118℃が適温です。

{ フイヤンティーヌ入りプラリネクリーム }

少量の塩をプラス

デザインはイタリア料理のラヴィオリをイメージ。風味でもそのイメージを表現するため、少量の塩を加えました。ほのかな塩けによって奥行のある味わいに仕上がります。

{ 仕上げ }

しっかりと冷やしてから切り分ける

パート・ダマンド・フォンダンで、フイヤンティーヌのプラリネクリームをサンドしたら、しっかりと冷蔵庫で冷やします。冷えていないと切り分ける際にクリームが切り口から流れてしまい、美しく仕上がりません。

パート・ダマンド・フリュイ
[Pâte d'Amandes Fruit]

フリュイ・デギゼ
[Fruit Déguisé]

A パート・ダマンド・フォンダン
[Pâte d'Amandes Fondante]

材料とつくり方
→ 162頁参照。つくりやすい分量。
「パート・ダマンド・フリュイ」に使用する場合は、162頁の工程⑥まで同様に行い、その後に以下の作業を行う。

❶ 板に純粉糖(分量外)をふり、パート・ダマンド・フォンダン500gを置く。2等分にし、一方に赤と黄の色素(分量外)を適量加え、手でこねて色合いを均一にする。もう一方を合わせてこね、赤と黄の色素を適宜加えて色味を調整しながら、色合いを均一にする。

❷ ①を2つに分け、それぞれ麺棒で32×22.5×高さ4cmのカードルにはまる大きさにのばす。厚さは約2mm。

❸ ②の1枚をオーブンペーパーを敷いた板に置き、上からカードルをはめる。

B パート・ド・フリュイ・アブリコ
[Pâte de Fruit aux Abricots]

材料《 32×22.5×高さ4cmのカードル1台分 》

アプリコットのピュレ……400g	グラニュー糖B*²……600g
パッションフルーツのピュレ……200g	トレハロース*²……120g
グラニュー糖A*¹……60g	水アメ*²……120g
ペクチン(粉末)*¹……20g	クエン酸(液体)……12g

*1・2 それぞれ合わせる。

つくり方

❶ 銅ボウルに、アプリコットのピュレ、パッションフルーツのピュレ、合わせたグラニュー糖Aとペクチンを入れ、中火〜強火にかけて泡立て器で混ぜながら煮詰める。粉末のペクチンは、直接液体に加えるとダマになりやすいため、かならずあらかじめグラニュー糖と合わせておく。

❷ ①に合わせたグラニュー糖B、トレハロース、水アメを数回に分けて加え、絶えず混ぜながら加熱を続ける。温度が下がることなく、右肩上がりで上昇するようにして、煮詰めの状態を安定させること。

❸ 混ぜる手が重くなり、粘度の高い泡状になってきたら糖度を測る。ブリックス74〜75%になるまで煮詰める。

❹ 火を止め、クエン酸を加え混ぜる。クエン酸を加えると、すぐに固まり出すので、手ばやく作業すること。

C シロップ(漬け込み用)
[Sirop]

材料とつくり方
→ 162頁参照。つくりやすい分量。

組立て・仕上げ
(パート・ダマンド・フリュイ)

つくり方

❶ Bを熱々のうちにAのカードルに流し、ヘラなどで上面を平らにしながら厚さを均等にする。

❷ ①に、カードルをはめていないA1枚を重ね、Bがしっかりと固まるまで冷蔵庫で冷やす。

❸ オーブンペーパーを敷いた板に、②を上下を返して置き、上面のオーブンペーパーをはがす。カードルの内側側面にペティナイフをさし入れてカードルをはずす。

❹ 包丁で2.5×2.5cmに切り分ける。

❺ オーブンペーパーを敷いたプラックに、パート・ダマンド・フォンダンの面が手前と奥にくるように並べる。常温に1晩おき、表面を乾燥させる。しっかりと乾燥させないと、糖衣がけしたあと、中の水分が出て表面の糖衣が溶け、ベタベタになってしまう。

❻ Cを入れたボウルに⑤を加え、上面にラップを密着させて常温に1晩おく。

❼ ザルにあけ、網をのせたプラックにパート・ダマンド・フォンダンの面が手前と奥にくるように並べて常温に1晩おいて乾燥させる。

❽ ⑦を1つずつひっくり返し、表面全体が乾いて結晶化するまで常温にさらに1〜2晩おく。

組立て・仕上げ
（フリュイ・デギゼ）

材料《 つくりやすい分量 》
ドレンチェリー（半分に切る）……適量
◎シロップ……でき上がりより適量
　水……125g
　グラニュー糖……500g

つくり方
❶ ドレンチェリーの「フリュイ・デギゼ」をつくる。Ⓐ7gを丸める。
❷ ①を半分に切ったドレンチェリー2個で挟む。
❸ ②をオーブンペーパーを敷いたプラックに並べ、常温に3日おいてしっかりと乾燥させる。
❹ ③に長さ10cm程度の針金をさし、もう一方の端をフック状に曲げる。
❺ シロップをつくる。鍋に水とグラニュー糖を入れて中火～強火にかけ、145℃になるまで煮詰める。色づきはじめる手前で火からおろし、鍋の底を冷水にあてて温度の上昇を抑える。
❻ ⑤が熱いうちに、針金を持って④を浸す。
❼ プラックに高さ12～13cmの台などを置き、その上に網をのせて固定する。網の端に針金のフック部分を使って⑥をひっかけ、余分なシロップを落として表面を乾燥させる。
❽ 表面が乾燥したら針金をはずす。

製法のポイント

{ パート・ド・フリュイ・アブリコ }

糖度はブリックス74～75％に

糖度が高すぎると仕上がりが固くなり、低すぎると口あたりはよいものの、すぐにダレて保形性が低くなってしまいます。糖度はブリックス74～75％が目安。煮詰める途中で糖度を何回か測り、ブリックス72％くらいになったときの手の感覚を憶えておくと、煮詰め加減を見極められるようになります。

{ フリュイ・デギゼ }

フルーツのコンフィやナッツを使用

古典「TRAITÉ DE PATISSERIE MODERNE」では、生のアプリコットをオー・ド・ヴィに漬け、白かピンクに着色したパート・ダマンド・フォンダンを種があった部分に詰め、フォンダンをかけて仕上げる「フリュイ・デギゼ」のルセットも紹介されています。私は、現代の日本人の嗜好も考慮し、オー・ド・ヴィに漬けたフルーツではなく、フルーツのコンフィやナッツを使用することにしました。表面はフォンダンの代わりにシロップでコーティング。甘さを控えめにしながら、つややかな見た目とカリッとした食感も表現しています。

Pâte d'Amandes | パート・ダマンド

Coussin
Blanc / Café / Vert
［クーサン・ブラン／カフェ／ヴェール］

　フランス語でクッションを意味するリヨンの郷土菓子です。美食の街として知られるリヨンは、絹織物産業でも有名です。「クーサン」は、宗教儀式の際に使われるリヨン製の絹織物のクッションを模したコンフィズリーだそう。緑色のパート・ダマンドでガナッシュを包んで切り分けたものが正統派ですが、現在では、ピンクや黄色などカラフルなパート・ダマンドを使用し、プラリネやフルーツのピュレを包むなどバラエティ豊かに展開されています。私は3種類のクーサンを製造。中は、濃厚かつまろやかなプラリネクリームにして、カカオ風味、コーヒー風味、フイヤンティーヌ入りと風味や食感を変えたバリエーションを提供しています。

左からカカオ風味の「ブラン」、コーヒー風味の「カフェ」、フイヤンティーヌ入りの「ヴェール」。和菓子で使われる球断器で切り分け、現地のクーサンよりも小ぶりに仕上げました。

Pâte d'Amandes ｜ パート・ダマンド

Bouchon
Pistache / Nature
[ブッション・ピスターシュ／ナチュール]

左はピスタチオのペーストを混ぜたパート・ダマンドでジャンドゥーヤクリームを包んだ「ピスターシュ」。右はチョコレートスプレー入りのパート・ダマンドでプラリネクリームを包んだ「ナチュール」。

フランス語でワインのコルク栓を意味する「ブッション」。構成は「クーサン」（166頁）とほとんど変わりません。私がつくるブッションは、リヨン郊外でショコラトリーを営んでいた友人のジャン＝マルク・スクリバント氏のルセットがもとになっています。シート状にのばしたパート・ダマンドで、棒状にしたナッツのクリームを巻く手法はクーサンと同じですが、ブッションはそのあと円筒形に切り分けます。私は、2種類のブッションを提供。パート・ダマンドは、「ピスターシュ」では、ピスタチオのペーストを混ぜて濃厚な味わいを表現し、「ナチュール」ではチョコレートスプレーを埋め込んで食感に変化を出しました。

クーサン・ブラン／カフェ／ヴェール
[Coussin Blanc / Café / Vert]

A パート・ダマンド・フォンダン
[Pâte d'Amandes Fondante]

材料とつくり方
→162頁参照。つくりやすい分量。
でき上がりより330gを「クーサン・ブラン」に使用・約128個分。

B パート・ダマンド・カフェ
[Pâte d'Amandes Café]

材料《約128個分》
純粉糖……適量
パート・ダマンド・フォンダン（A）……330g
濃縮コーヒーエキス……適量

つくり方
❶ 板に純粉糖をふってAを置き、Aの中央に濃縮コーヒーエキスをたらす。
❷ カードで切って重ね、手で押さえる。この作業を数回行う。濃縮コーヒーエキスを加えて色味を調整しながら、均一な色合いになるまで手で折りたたむようにしてこねる。途中で適宜純粉糖をふる。
❸ ②を2等分に切り分け、純粉糖をふりながらそれぞれ麺棒で厚さ2mmにのばし、26×25cmにととのえる。

C パート・ダマンド・ヴェール
[Pâte d'Amandes Vert]

材料《約128個分》
パート・ダマンド・フォンダン（A）……330g
純粉糖……適量
色素（緑）……適量

つくり方
❶ 板に純粉糖をふってAを置き、Aの中央に色素をたらす。
❷ Bの工程②〜③と同様にしてつくる。

D プラリネ
[Praliné]

材料とつくり方
→162頁参照。つくりやすい分量。

E カカオ風味のプラリネクリーム
[Crème Praliné Cacao]

材料《約128個分》
プラリネ（D）……250g
カカオバター……25g
カカオパウダー……50g
トリプルセック（コルビエ「ソミュール コンサントレ60°」）……適量

つくり方
❶ ボウルにDとカカオバターを入れ、湯煎にかけてゴムベラで混ぜ溶かす。
❷ ①を常温になるまで冷まし、カカオパウダーを加え混ぜる。
❸ トリプルセックを加え混ぜ、棒状に成形しやすい固さに調整する（チョコレートが水分に反応して固くなる）。

F コーヒー風味のプラリネクリーム
[Crème Praliné Café]

材料《約128個分》
プラリネ（D）……250g
ミルクチョコレート（カレボー「823カレット」／カカオ分33.6%）……50g
濃縮コーヒーエキス……12g
トリプルセック（コルビエ「ソミュール コンサントレ60°」）……適量

つくり方
❶ ボウルにDとミルクチョコレートを入れ、湯煎にかけてゴムベラで混ぜ溶かす。
❷ ①を常温になるまで冷まし、濃縮コーヒーエキスを加え混ぜる。
❸ トリプルセックを加え混ぜ、棒状に成形しやすい固さに調整する。

G フイヤンティーヌ入りプラリネクリーム
[Crème Praliné Feuillentine]

材料《約128個分》
プラリネ（D）……250g
ミルクチョコレート（カレボー「823カレット」／カカオ分33.6%）……50g
フイヤンティーヌ（市販品）……35g
トリプルセック（コルビエ「ソミュール コンサントレ60°」）……適量

つくり方
❶ ボウルにDとミルクチョコレートを入れ、湯煎にかけてゴムベラで混ぜ溶かす。
❷ ①を常温になるまで冷まし、フイヤンティーヌを加え混ぜる。
❸ トリプルセックを加え混ぜ、棒状に成形しやすい固さに調整する。

H シロップ（漬け込み用）
[Sirop]

材料とつくり方
→ 162頁参照。つくりやすい分量。

組立て・仕上げ

材料《 約128個分 》
純粉糖……適量
トリプルセック（コルピエ「ソミュール コンサントレ60°」）……適量

つくり方
❶「クーサン・ブラン」をつくる。A330gを2等分に切り分け、純粉糖をふりながらそれぞれ麺棒で厚さ2mmにのばし、26×25cmにととのえる。
❷Eを40gずつ8個に分割し、純粉糖をふった板に置く。それぞれ手で転がし、長さ25cmの棒状にする。
❸板に①1枚を縦長に置き、手前の端から約2mm内側に②を横長に置く。①の手前の端から②を包むようにしてひと巻きする。
❹巻き終わりの部分に定規をあてて押さえ、①と②を密着させる。
❺巻き終わりの部分から約1.5cm奥に刷毛でトリプルセックをぬり、そこまで巻き進めて接着する。
❻上から手のつけ根で全体を軽くたたいて平らにする。
❼接着させた部分までをパイカッターで切る。
❽②～⑥の作業をあと7回くり返す。①1枚につき4本になる。
❾和菓子用の球断器に純粉糖をたっぷりとふって⑧をのせ、さらに純粉糖をふって1.5×1.5cm程度になるように切り分ける。
❿オーブンペーパーを敷いて純粉糖をふったプラックに⑨をのせ、ペティナイフを使ってバラバラにして広げる。常温に1晩おいて乾燥させる。
⓫⑩を1つずつひっくり返し、常温でさらに1晩おいて乾燥させる。
⓬余分な純粉糖をはらい落として ボウルなどに入れ、⑨が完全にかぶるくらいHをたっぷりとそそいで、上面にラップを密着させて常温に1晩おく。
⓭エキュモワールで⑫をすくい、網をのせたプラックに並べて常温に1晩おいて乾燥させる。
⓮⑬を1つずつひっくり返し、表面全体が乾いて結晶化するまで常温でさらに1～2晩おく。
⓯「クーサン・カフェ」をつくる。Aの代わりにBを、Eの代わりにFを使って工程①～⑭と同様の作業を行う。
⓰「クーサン・ヴェール」をつくる。Aの代わりにCを、Eの代わりにGを使って工程①～⑭と同様の作業を行う。

❸

❽

⓫

⓭

製法のポイント

{ プラリネクリーム }

トリプルセックで固さを調整

チョコレートはアルコールが入ると固くなります。2種類のナッツとミルクチョコレートが主体のプラリネクリームは、パート・ダマンド・フォンダンで包むために棒状にするので、適度な固さが必要。そこで、アルコールを合わせ、チョコレートと水分の反応により、固さを出します。ただし、入れすぎると固くなりすぎてボロボロになってしまうので注意すること。

{ 組立て・仕上げ }

隙間のないように巻く

シート状のパート・ダマンド・フォンダンで棒状のプラリネクリームを包む際は、ひと巻きしたあとに定規などをあてて押さえると、しっかりと密着し、隙間がなくなります。パート・ダマンド・フォンダンが冷えて固くなると、巻きづらくなるので、手ばやく行ないましょう。

しっかりと乾燥させる

和菓子用の球断器で切り分けたあとは、バラバラに切り離して常温に計2晩おいてしっかりと乾燥させます。しっかりと乾燥できていないと、糖衣がけして乾燥させる際に中から水分が出て糖衣が溶けてしまい、ベタベタになってきれいに結晶化しません。

ブッション・ピスターシュ／ナチュール
[Bouchon Pistache / Nature]

A パート・ダマンド・フォンダン
[Pâte d'Amandes Fondante]

材料とつくり方
→ 162頁参照。つくりやすい分量。

B パート・ダマンド・ピスターシュ
[Pâte d'Amandes à la Pistache]

材料《 約60個分 》
純粉糖……適量
パート・ダマンド・フォンダン（A）……250g
ピスタチオのペースト……22.5g

つくり方
❶ 板に純粉糖をふってAを置き、麺棒を転がして平らにし、Aの中央にピスタチオのペーストをのせる。
❷ カードを使ってAを外側から中央に向かって折りたたみ、ピスタチオのペーストを包む。均一な色合いになるまで手で折りたたむようにしてこねる。途中で適宜純粉糖をふる。
❸ ②に茶漉しで純粉糖をふり、麺棒で40×25cmにのばす。

C パート・ダマンド"ナチュール"
[Pâte d'Amandes《Nature》]

材料《 約60個分 》
純粉糖……適量
パート・ダマンド・フォンダン（A）……250g
チョコレートスプレー……15g

つくり方
❶ 板に純粉糖をふってAを置き、麺棒で40×25cmにのばす。
❷ チョコレートスプレーを全体にちらし、麺棒を転がしてAに埋める。
❸ ②を縦長に置き、奥と手前からAを3分の1ずつ折って3つ折りにする。
❹ 麺棒でふたたび40×25cmにのばす。

D ジャンドゥーヤクリーム
[Crème Gianduja]

材料《 約60個分 》
◎ジャンドゥーヤ……でき上がりより250g
　アーモンド（皮なし）*1……500g
　グラニュー糖……500g
　カカオバター*2……100g
ミルクチョコレート
（カレボー「823カレット」／カカオ分33.6%）……87g
トリプルセック（コルビエ「ソミュール コンサントレ60°」）……適量
*1 マルコナ種を使用。
*2 溶かして約30℃に調整する。

つくり方
❶ ジャンドゥーヤをつくる。天板にアーモンドを広げ、上火160℃・下火160℃のデッキオーブンで約20分焼成する。焼き上がったら完全に冷ます。
❷ ①とグラニュー糖を合わせてローラーで挽く。
❸ ボウルに②とカカオバターを入れ、カードで底からすくい上げ、上からギュッとつぶすようにして混ぜる。
❹ 別のボウルに③とミルクチョコレートを入れ、湯煎にかけて溶かす。
❺ ④を常温になるまで冷まし、トリプルセックを加え混ぜて、棒状に成形しやすい固さに調整する。

E プラリネクリーム
[Crème Plariné]

材料《 約60個分 》
◎プラリネ……でき上がりより250g
　ミルクチョコレート
　（カレボー「823カレット」／カカオ分33.6%）……100g
　プラリネ・ノワゼット（市販品）……500g
　プラリネ・アマンド（市販品）……500g
ミルクチョコレート（カレボー「823カレット」／カカオ分33.6%）……87g
グラン・マルニエ……適量

つくり方
❶ プラリネをつくる。ボウルにミルクチョコレートを入れて湯煎にかけて溶かし、プラリネ・ノワゼットとプラリネ・アマンドを加えてゴムベラで混ぜる。
❷ 別のボウルに①とミルクチョコレートを入れて湯煎にかけ、ゴムベラで混ぜ溶かす。
❸ ②を常温になるまで冷まし、グラン・マルニエを加え混ぜて、棒状に成形しやすい固さに調整する。

F シロップ（漬け込み用）
[Sirop]

材料とつくり方
→ 162頁参照。つくりやすい分量。

成形・仕上げ

材料《約60個分》
純粉糖……適量
トリプルセック（コルビエ「ソミュール コンサントレ60°」）……適量

つくり方

❶「ブッシュ・ピスターシュ」をつくる。Dを50gずつ6等分にし、純粉糖をふった板に置く。それぞれ手で転がし、長さ25cmの棒状にする。
❷純粉糖をふった板にBを縦長に置き、手前の端から約2mm内側に①を横長に置く。Bの手前の端から①を包むようにしてひと巻きする。
❸巻き終わりの部分に定規をあてて押さえ、①とBを密着させる。
❹巻終わりの部分から約1.5cm奥に刷毛でトリプルセックをぬり、そこまで巻き進めて接着する。
❺接着させた部分までをパイカッターで切る。B1枚で6等分したDをすべて巻くので、適宜麺棒でBをのばすなど、大きさを調整すること。
❻⑤を手で転がし、きれいな円柱状に形をととのえる。冷蔵庫で冷やす。
❼②〜⑤の作業をあと5回くり返す。B1枚につき6本になる。
❽板に⑦を横長に置き、包丁で幅2.5cmに縦に切り分ける。
❾⑧を立てて置き、両手で挟んで①とBを密着させる。
❿指で切り口の形をととのえる。
⓫オーブンペーパーを敷いたプラックに、⓾を間隔をあけながら立てて並べ、常温に1晩おいて乾燥させる。
⓬⓫を1つずつひっくり返し、常温でさらに1晩おいて乾燥させる。
⓭ボウルなどに入れ、⓬が完全にかぶるくらいFをたっぷりとそそいで、上面にラップを密着させて常温に1晩おく。
⓮エキュモワールで⓭をすくい、網をのせたプラックに立てて並べて常温に1晩おいて乾燥させる。
⓯⓮を1つずつひっくり返し、表面全体が乾いて結晶化するまで常温にさらに1〜2晩おく。
⓰「ブッシュ・ナチュール」をつくる。Bの代わりにCを、Dの代わりにEを、トリプルセックの代わりにグラン・マルニエを使って工程①〜⑮と同様の作業を行う。Cに練り込んだチョコレートスプレーが溶けないように、手ばやく作業すること。

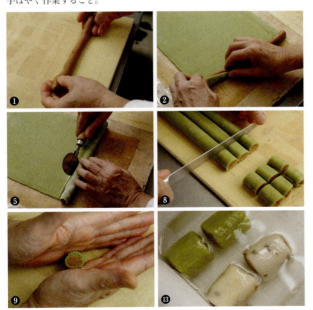

製法のポイント

{ パート・ダマンド・ピスターシュ }

均一な色合いにする

パート・ダマンド・フォンダンを軽く平らにして中央にピスタチオのペーストをのせ、ペーストが流れ出ないように包みます。その後、折りたたむようにして手でこねると、効率よく均一な色合いに仕上がります。

{ パート・ダマンド・ナチュール }

チョコレートスプレーを埋め込む

パート・ダマンド・フォンダンを麺棒でのばしてチョコレートスプレーをちらし、3つ折りにしてからのばすことで、割れたり、溶けたりすることなく、チョコレートスプレーをパート・ダマンド・フォンダンに閉じ込めることができます。

{ 成形・仕上げ }

形をととのえる

幅2.5cmに切り分けたら、切り口を上下にして置き、側面を両手で挟んでパート・ダマンド・フォンダンと中のクリームをしっかりと密着させながら、形をととのえます。切り口は指で押さえて平らにします。

Calissons | キャリソン

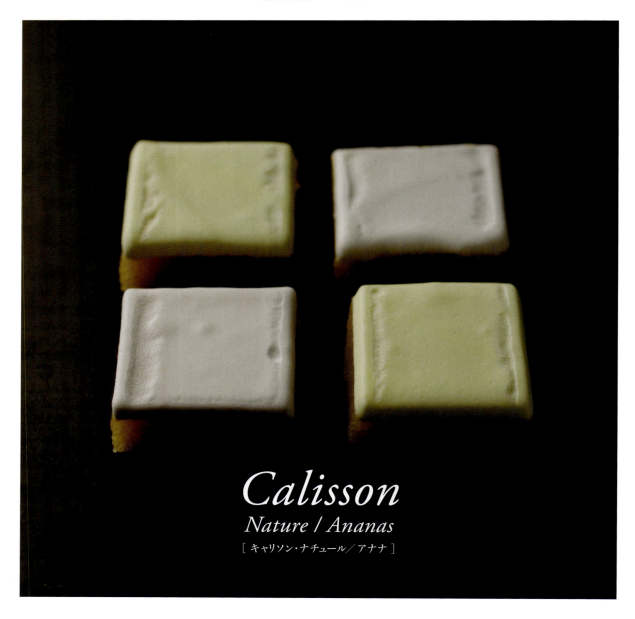

Calisson
Nature / Ananas
[キャリソン・ナチュール／アナナ]

　南フランスに位置するエクス・アン・プロヴァンスの郷土菓子で、南フランス特産のアーモンドと、同じく特産のメロンやオレンジピールのコンフィを練り混ぜてつくります。舟形が伝統的な形ですが、私は作業効率も考慮して正方形に仕上げました。また、メロンのコンフィの代わりに、砂糖とメロンのピュレを加えて煮込んだカボチャを使用。これは、友人のジャン＝マルク・スクリバント氏が3ヵ月ほど当店で働いていた際、「日本でつくるなら、その土地でかんたんに手に入る農産物を使うのが自然」と言って一緒に考えたアレンジです。アーモンドのこくや、ハチミツのやさしい甘みも感じるパータ・キャリソンをベースに4種類を展開しています。

紹介した「ナチュール」と「アナナ」のほか、甘ずっぱい「カシス」（手前左）と「アプリコット」（同右）の計4種類をラインアップ。グラサージュも風味に合わせて色と香りをつけています。

Calisson Nature / Ananas, Bonbon Feuilleté Passion / Amande

Bonbons ｜ ボンボン

Bonbon Feuilleté
Passion / Amande

［ ボンボン・フイユテ・パッション／アーモンド ］

上は、折りたたんで層をつくったアメでパッションフルーツ風味のパート・ド・フリュイを包んだ「パッション」。下は、アーモンドのジャンドゥーヤとアメを一緒に引いて層をつくった「アーモンド」。

フランス語でアメのことをボンボンと呼びます。「ボンボン・フイユテ」は、ジャンドゥーヤやパート・ド・フリュイを合わせ、サクサクとした個性的な食感に仕立てたボンボン。この独特な食感は、アメを折りたたんで層をつくることで生まれます。「アーモンド」はジャンドゥーヤをアメで包み、棒状に引いて3つ折りにすることをくり返し、"ベルラゴン形"と呼ばれる変形した三角錐のような形にハサミで切り分けます。一方、「パッション」は、3つ折りにして引いたアメでパッションフルーツ風味のパート・ド・フリュイを包み、和菓子用の球断器で切り分けます。なめるよりも、噛んで食べるのがおすすめ。サクサクとした食感がより楽しめます。

キャリソン・ナチュール／アナナ
[Calisson Nature / Ananas]

A パータ・キャリソン
[Pâte à Calisson]

材料《 33×25×高さ1cmのカードル2台分・約160個分 》
◎カボチャとメロンのコンフィ……でき上がりより300g
　カボチャ*1……350g
　メロンのピュレ……100g
　グラニュー糖A……350g
アーモンドパウダー*2……1.1kg
ビターアーモンドエッセンス……6g
オレンジの皮のコンフィ……200g
グラニュー糖B……600g
水……175g
ハチミツ（ラベンダー）*3……180g

＊1 皮とワタ、種を除いたもの。4〜5cm角に切る。
＊2 生のマルコナ種アーモンドを自家製粉する。
＊3 湯煎にかけて温める。

つくり方
❶ カボチャとメロンのコンフィをつくる。鍋にカボチャを入れ、カボチャが完全にかぶるくらい水（分量外）をたっぷりとそそいで中火にかけ、カボチャがやわらかくなるまで煮る。
❷ ①をザルにあけ、しっかりと水けをきって、鍋に戻す。
❸ ②にメロンのピュレとグラニュー糖Aを加えて中火にかけ、グラニュー糖が溶けて沸騰するまでエキュモワールで混ぜる。
❹ 火を止め、そのままおいて粗熱をとる。バットなどに移し、冷蔵庫に1晩おく。
❺ ④を300gとり分けてアーモンドパウダー、ビターアーモンドエッセンス、オレンジの皮のコンフィを加え混ぜ、ローラーで挽く。
❻ 銅ボウルにグラニュー糖Bと水を入れて強火にかけ、泡立て器で混ぜながら110℃になるまで煮詰める。
❼ ⑥にハチミツを加え、泡立て器で混ぜながら123℃になるまで煮詰める。
❽ ミキサーボウルに⑤を入れ、ビーターで低速で撹拌する。
❾ ⑧に⑦を少しずつ加え混ぜる。

B グラサージュ
[Glaçage]

材料《 33×25×高さ1cmのカードル2台分・約160個分 》
純粉糖……195g
卵白……45g
フォンダン（市販品）……135g
レモン果汁……3.5g

つくり方
❶ ミキサーボウルに純粉糖と卵白を入れ、なめらかになるまでビーターで低速で撹拌する。
❷ フォンダンを手で丸めて①と同じくらいの固さに調整し、①に3〜4回に分けて加え混ぜる。
❸ レモン果汁を加え混ぜる。
❹ 中速に切り替えて空気を少し含ませ、ビーターですくうと立った角がゆっくりとたれるくらいの状態になるまで撹拌する。

C キャリソン・ナチュール
[Calisson Nature]

材料《 33×25×高さ1cmのカードル1台分・約80個分 》
パータ・キャリソン（A）……1kg
メロンのリキュール……適量

つくり方
❶ ミキサーボウルにAを入れ、ビーターで低速で撹拌する。
❷ メロンのリキュールを加え混ぜる。

D キャリソン・アナナ
[Calisson Ananas]

材料《 33×25×高さ1cmのカードル1台分・約80個分 》
パータ・キャリソン（A）……1kg
パイナップルの香料（液体）……50g
パイナップルのリキュール……適量

つくり方
❶ ミキサーボウルにAを入れ、ビーターで低速で撹拌する。
❷ パイナップルの香料とパイナップルのリキュールを順に加え混ぜる。

組立て・仕上げ

材料《 33×25×高さ1cmのカードル1台分・80個分 》
◎キャリソン・ナチュール
　メロンのリキュール……適量
◎キャリソン・アナナ
　パイナップルの香料（液体）……5g
　色素（黄）……適量

つくり方
❶「キャリソン・ナチュール」をつくる。オーブンペーパーを敷いた板に、33×25×高さ1cmのカードルを置き、Cを入れて手で広げる。
❷オーブンペーパーをかぶせ、上から麺棒を転がしてCをカードルの隅まで広げながら表面を平らにならす。冷凍庫で冷やし固める。
❸ボウルにB180gを入れ、メロンのリキュールを加えてゴムベラで混ぜる。
❹②に③をのせてL字パレットナイフで薄くぬり広げる。
❺カードルの内側側面にペティナイフをさし込み、カードルをはずす。
❻⑤を縦長に置き、包丁で幅約6.25cmに縦に切り分ける。このとき包丁を湯（分量外）につけて温めると切りやすい。ショックフリーザーで急冷して表面を冷やし固める。
❼⑥をまな板に縦長に置き、包丁で幅約3.1cmに縦に切り分ける。
❽⑦を横長に置き、幅約3.2cmに縦に切り分ける。
❾オーブンペーパーを敷いた天板に、⑧を間隔をあけてパレットナイフで手ばやく並べる。
❿上火150℃・下火150℃のデッキオーブンに約5分入れ、上面に焼き色をつけずに中心まで火を入れる。常温に1晩おいて乾燥させる。
⓫オーブンペーパーを敷いた別の天板に、⑩を1つずつひっくり返して並べ、さらに常温で1晩おいて乾燥させる。
⓬「キャリソン・アナナ」をつくる。Cの代わりにDを、メロンのリキュールの代わりにパイナップルの香料と色素を使って工程①～⑪と同様の作業を行う。

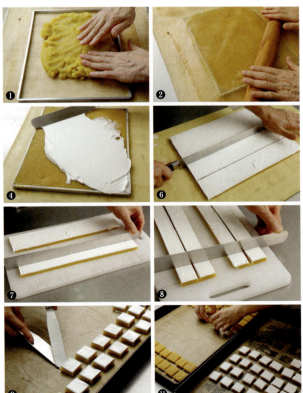

製法のポイント

{ パータ・キャリソン }

ハチミツの風味を生かす

ハチミツ入りのシロップを加えて甘みをプラス。ハチミツは、水とグラニュー糖を煮詰めてから加え混ぜます。最初からハチミツを入れて煮詰めると風味がとんでしまい、色も濃くなってしまうのです。使用するのはラベンダーのハチミツ。琥珀色の淡い色合い、フローラルな香り、強い甘みがありながら後味がさっぱりとしているため、菓子への汎用性が高く、気に入っています。

{ グラサージュ }

フォンダンを配合

フォンダンを加えると結晶化しづらくなるため、仕上げてから多少時間が経ってもほとんど変化がありません。急いで作業する必要がなく、ていねいにキャリソンにぬることができるため、美しい仕上がりを追求できます。また、混ぜ合わせた純粉糖と卵白にフォンダンを加える際は、フォンダンを小さく丸めてやわらかくし、3～4回に分けて加えると、フォンダンがなじみやすくなります。

{ 仕上げ }

殺菌のために火を入れる

保存性を高めるため、仕上げに火を入れて殺菌します。上火150℃・下火150℃のデッキオーブンに約5分入れ、上面のグラサージュに焼き色をつけずに中心まで火をとおしています。その後、常温に計2晩置いてしっかりと乾燥させることで、賞味期限は2週間になります。すぐに食べるのであれば、高温にしたオーブンに入れてグラサージュを乾かすだけでもよいでしょう。

ボンボン・フイユテ・
パッション／アーモンド
[Bonbon Feuilleté Passion / Amande]

A ボンボン・フイユテ・パッションの引きアメ
[Sucre Tiré pour le Bonbon Feuilleté au fruit de la Passion]

材料《 つくりやすい分量 》

グラニュー糖……250g　　水アメ……65g
トレハロース……75g　　色素（黄）……適量
酒石酸水素カリウム……1g　色素（赤）……適量
水……115g

つくり方

❶ 銅鍋に色素以外の材料を入れて強火にかけ、157℃になるまで煮詰める。
❷ ①をシルパットを敷いた板に流す。このとき、アメランプの光（熱）があまり強くあたらない場所に流す。布製の手袋をはめ、さらにその上からゴム製の手袋をはめる。
❸ 黄と赤の色素を中央にたらす。
❹ ③をシルパットごと左右や手前と奥から折りたたんで均一な色にする。
❺ 手でひとまとめにし、転がして棒状にする。
❻ 左右に引っ張ってのばし、3つ折りにして両手で押さえてひとまとめにする。
❼ 麺棒で20×10cm程度にのばす。

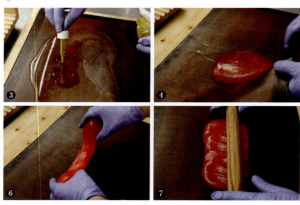

B パート・ド・フリュイ・パッション
[Pâte de Fruit au fruit de la Passion]

材料《 つくりやすい分量 》

パッションフルーツのピュレ……500g　　グラニュー糖B*2……500g
グラニュー糖A*1……60g　　水アメ*2……140g
ペクチン*1……20g　　クエン酸（粉末）……15g
*1・2 それぞれ合わせる。

つくり方

→ 164頁の「パート・ド・フリュイ・アブリコ」を参照。ただし、アプリコットのピュレとパッションフルーツのピュレの代わりに、パッションフルーツのピュレを使用し、クエン酸は粉末を用いる。また、ここではトレハロースは加えず、糖度はブリックス78%になるまで煮詰める。でき上がりより約300gを使用する。

C ボンボン・フイユテ・アーモンドの引きアメ
[Sucre Tiré pour le Bonbon Feuilleté à l'Amande]

材料《 つくりやすい分量 》

グラニュー糖……250g　　水アメ……65g
トレハロース……75g　　色素（黄）……適量
酒石酸水素カリウム……1g　色素（赤）……適量
水……115g

つくり方

❶ 銅鍋に色素以外の材料を入れて強火にかけ、157℃になるまで煮詰める。
❷ アメランプの下にシルパットを敷いた板を置き、①を2等分にして流す。このとき、アメランプの光（熱）があまり強くあたらない場所に流す。布製の手袋をはめ、さらにその上からゴム製の手袋をはめる。
❸ 一方に黄の色素を、もう一方に赤の色素をそれぞれの中央にたらす。
❹ ③をシルパットごと左右や手前と奥から折りたたんでマーブル状にする。
❺ それぞれ手でひとまとめにし、転がして棒状にする。
❻ 2本を重ね、手で押さえて接着する。
❼ 徐々に固まってくるので、アメランプの光（熱）が強くあたる場所に移動させ、手で転がして1本の棒状にまとめる。

D ジャンドゥーヤ
[Gianduja]

材料《 32×22.5×高さ4cmのカードル1台分 》

アーモンド（皮なし）*1……1kg
グラニュー糖……200g
カカオバター*2……120g
*1 マルコナ種を使用。
*2 溶かして約30℃に調整する。

つくり方

❶ 天板にアーモンドを広げ、上火160℃・下火160℃のデッキオーブンで約20分焙成する。焼き上がったら完全に冷ます。
❷ ①とグラニュー糖を合わせてローラーで挽く。
❸ ボウルに②とカカオバターを入れ、カードで底からすくい上げ、上からギュッと押さえるようにして混ぜる。
❹ オーブンペーパーを敷いた板に32×22.5×高さ4cmのカードルを1台置き、③を入れる。カードと手で全体に広げ、上からギュッと押さえるようにして平らにならす。ショックフリーザーで急冷する。
❺ ④をひっくり返してオーブンペーパーをはがし、カードルをはずして、切り分けやすい固さになるまで冷蔵庫におく。
❻ ⑤を10等分（各11×6.4cm）に切り分け、そのうちの1個をアメランプの下に置いて温める。

成形・仕上げ1

つくり方

❶「ボンボン・フイユテ・パッション」をつくる。ボウルなどに[B]を入れ、電子レンジなどで溶かして、ゴムベラでなめらかになるまで混ぜる。
❷ 布製の手袋をはめ、さらにその上からゴム製の手袋をはめる。アメランプの熱が強くあたる場所に[A]を置き、❶を中央にのせる。
❸[A]を手前と奥から引っ張って❶を包む。
❹ 手で転がして棒状にする。
❺ ❹を手で引っ張ったり、転がしたりして直径約1.5cmの紐状にする。途中、ハサミで作業しやすい長さに切り分け、転がして太さをととのえる。
❻ 和菓子用の球断器で1.5×1.5cm程度になるように切り分ける。固まったら球断器からはずし、プラックなどに置く。
❼ 完全に固まったら、手でバラバラにする。

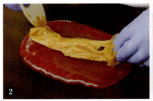 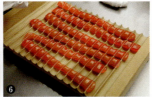

成形・仕上げ2

つくり方

❶「ボンボン・フイユテ・アーモンド」をつくる。布製の手袋をはめ、さらにその上からゴム製の手袋をはめて、アメランプの熱が強くあたる場所に[C]を置き、4分の3量分をスケッパーで切り分ける。残りの4分の1量分の[C]はひとまとめにする。
❷ 4分の3量分の[C]を手でたたき、11×6.4cmよりもひとまわり大きいサイズに広げる。
❸ ❷の中央に11×6.4cmずつに切り分けた[D]を1個のせ、❷を四方から引っ張ってのばしながら[D]を包む。
❹ ❸を横長に置き、左右から引っ張って20〜25cmにのばす。左右から折りたたんで3つ折りにし、両手で押さえてひとまとめにする。
❺ ❹を横長に置き、左右から引っ張って25〜30cmにのばす。左右から折りたたんで3つ折りにし、両手で押さえてひとまとめにする。この作業をもう1回くり返す。
❻ ❺を20×10cm程度にする。
❼ ❶で切り分けた4分の1量分の[C]を手でたたき、20×10cmよりもひとまわり大きいサイズに広げる。
❽ ❼の中央に❻をのせ、❼を四方から引っ張ってのばしながら❻を包む。
❾ 手で押さえて継ぎ目をしっかりと接着し、転がして棒状にする。
❿ ❾を手で引っ張ったり、転がしたりして直径約1.5cmの紐状にする。途中、ハサミで作業しやすい長さに切り分け、転がして太さをととのえる。
⓫ ハサミで長さ1〜1.5cm程度に切り分ける。このとき、切るたびに切り口を90℃回転させて切り分けると変形した三角錐のような形になる。

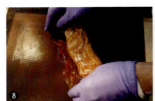 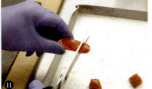

製法のポイント

{ パート・ド・フリュイ・パッション }

固めに仕上げる

引きアメの固さとのバランスをとるため、糖度をブリックス78%にして、固めの食感に仕上げます。煮詰める際は絶えず泡立て器で混ぜ、焦がさないように注意します。

{ ボンボン・フイユテ・パッション }

和菓子用の球断器を活用

ハサミで切り分けると、センターに入れたパート・ド・フリュイが出てきてしまいますが、和菓子用の球断器を使用すると美しく切り分けることができます。また、一度に切り分けられるため、効率的です。

{ ジャンドゥーヤ }

カカオバターの温度に注意

ジャンドゥーヤをつくる際、カカオバターは約30℃に調整すること。ローラーで挽いたアーモンドとグラニュー糖と混ぜる際、カカオバターの温度が低すぎると混ざりにくく、高すぎると混ぜて固めたあとにカカオバターの油脂分が表面に浮いてきてしまいます。

引きアメで包む前に温める

ジャンドゥーヤが冷たいと、引きアメで包む際に引きアメが冷えて固まってしまいます。カカオバターを使用しており、温めても形が保てるので、アメに包む前にアメランプの下に置いて温めます。

Bonbons ボンボン

Fondant Candy
Melon / Fraise
［フォンダン・キャンディ・メロン／フレーズ］

　すりガラスのような質感とパステルカラーの色合いが特徴の「フォンダン・キャンディ」は、シロップとフォンダンを合わせてつくるシンプルなボンボン。サクッと歯切れのよい独特な食感も魅力です。シロップを結晶化させてつくりますが、そのためにはシロップを冷まして乾燥させるなど手間がかかります。しかし、シロップにフォンダンを加えると、混ぜるだけで全体がすばやく結晶化し、マットな風合いも表現できるのです。ただし、結晶化が進むスピードがはやく、固まりやすいので、手ばやく作業することが大切です。私は濃縮果汁や香料、色素で風味や色をつけ、それぞれの風味をイメージした形に仕立ててバリエーションを展開しました。

店では5種類のフォンダン・キャンディを袋に1種類ずつ詰めてセットで販売。左から「バナナ」「オレンジ」「ブルーベリー」「メロン」「フレーズ」。いずれも手づくりの押し型を使っています。

Fondant Candy Melon / Fraise, Bonbon Pectine Fraise / Pomme Verte

Bonbons ｜ ボンボン

Bonbon Pectine
Fraise/Pomme Verte
［ボンボン・ペクチン・フレーズ／ポンム・ヴェール］

左が「フレーズ」、右が「ポンム・ヴェール」。表面にグラニュー糖をまぶし、甘みを補強しながら食感にアクセントも加えました。このほか、「オレンジ」「レモン」「カシス」もそろえています。

グミキャンディの原形ともいえる弾力のあるボンボン。フルーツのピュレや果汁をたっぷりと使って豊かな果実味を表現しました。現在のグミキャンディは機械製造が当り前ですが、だからこそ手づくりしたいと思い、友人のフランス人パティシエにルセットを聞いて商品化しました。一般的には、フルーツのピュレや果汁、砂糖、色素などに加え、ペクチンを配合しますが、私はペクチンの代わりにゼラチンを使用。ゼラチンを使うと、やわらかく、つるんとした口あたりのよいものに仕上がり、日本人の嗜好に合うと考えたのです。また、常温で固まりやすいペクチンよりも、固まりにくく扱いやすいので作業性もアップしました。

フォンダン・キャンディ・メロン／フレーズ
[Fondant Candy Melon / Fraise]

A　フォンダン・キャンディ・メロン
[Fondant Candy Melon]

材料《 約260個分 》

グラニュー糖……500g
水……150g
水アメ……90g
フォンダン（市販品）……200g
メロンの香料（液体）……10g
ミントの香料（液体）……4g
色素（緑）……適量

つくり方

❶ Aをつくる作業の前に型の準備（181頁の工程①〜②）を行うとよい。鍋にグラニュー糖、水、水アメを入れて強火にかけ、117℃になるまで煮詰める。
❷ ①のグラニュー糖などを煮詰める作業と同時進行で、ボウルにフォンダンを入れ、湯煎にかけてゴムベラで混ぜながら温める。
❸ ②に香料2種類、色素を順に加え、そのつどしっかりと混ぜる。
❹ ①が117℃になったら火からおろし、③を加えて泡立て器で混ぜる。次第に鍋肌に接している部分から砂糖が結晶化して白っぽくなり、ザラザラとしてくる。全体がザラザラとしてきたら混ぜ終わり。

B　フォンダン・キャンディ・フレーズ
[Fondant Candy Fraise]

材料《 約260個分 》

グラニュー糖……500g
水……150g
水アメ……90g
フォンダン（市販品）……200g
イチゴの濃縮果汁（ヴォルフベルジュール
「グルマンディーズ フレーズ」）……10g
色素（赤）……適量

つくり方

❶ Aと同様につくる。ただし、香料2種類の代わりにイチゴの濃縮果汁を使い、色素は赤を用いる。

型の準備・仕上げ

材料《 約260個分 》
コーンスターチ＊……適量
純粉糖＊……適量
＊ 合わせてふるう。

つくり方
❶ 型の準備をする。天板に内寸57×47×高さ3cmの木製のばんじゅうを置き、合わせてふるったコーンスターチと純粉糖を縁いっぱいまで入れる。定規などで上面を平らにならす。
❷ 直径約1.5cmの半球状の型の凸面を押しつけ、木製のばんじゅう1台につき約130個のくぼみをつくる。
❸ 「フォンダン・キャンディ・メロン」をつくる。デポジッターにAを入れ、②のくぼみに、半分くらいの高さまで流す。途中でデポジッターの中のAが固まってきたら、デポジッターの側面にバーナーをあてて溶かす。
❹ ③に、合わせてふるったコーンスターチと純粉糖をふるいにかけながらたっぷりとふって上面をおおい、カードで表面を平らにする。そのまま少しおいて固める。
❺ ④をカードですくい、ふるいにかけて余分なコーンスターチと純粉糖を落とす。
❻ 「フォンダン・キャンディ・フレーズ」をつくる。Aの代わりにBを使って工程③〜⑤と同様の作業を行う。

製法のポイント

{ フォンダン・キャンディ }

すりガラスのような色合いに仕上げる

フォンダンを配合してキャンディをつくると、はやく結晶化するとともに、すりガラスのような半透明に仕上げることができます。ただし、固まりやすいので、手ばやく作業すること。デポジッターで型に流し込む際もどんどん固まっていくので、固まってきたらデポジッターの側面にバーナーをあてて溶かしましょう。

ミントの香りでさわやかさを表現

ミントの香料を加えると、さわやかさを演出できます。今回、フォンダン・キャンディ・フレーズは、イチゴの風味を前面に打ち出すため、ミントの香料を配合しませんでしたが、入れるとイチゴの甘みにさわやかな香りが加わり、また違ったおいしさを表現できます。

ボンボン・ペクチン・フレーズ／ポンム・ヴェール
[Bonbon Pectine Fraise / Pomme Vert]

A ボンボン・ペクチン・フレーズ
[Bonbon Pectine Fraise]

材料《 約280個分 》
- イチゴのピュレ……100g
- リンゴ果汁……50g
- 水……25g
- イチゴの濃縮果汁(ヴォルフベルジュール「グルマンディーズ フレーズ」)……25g
- 顆粒ゼラチン(新田ゼラチン「ゼラチン21」)*……38g
- グラニュー糖A*……38g
- 水アメ……200g
- グラニュー糖B……170g
- クエン酸(液体)……7.5g

*合わせる。

つくり方
❶ Aをつくる作業の前に型の準備(183頁の工程①〜②)を行うとよい。銅ボウルにイチゴのピュレ、リンゴ果汁、水、イチゴの濃縮果汁を入れ、弱火にかける。
❷ ①のイチゴのピュレなどに、合わせた顆粒ゼラチンとグラニュー糖Aを加え、顆粒ゼラチンが溶けるまで泡立て器で混ぜる。
❸ 水アメを加え混ぜる。
❹ グラニュー糖Bを3回に分けて加え混ぜる。
❺ ヘラに持ち替え、焦げないようにヘラで銅ボウルの底から返すようにして混ぜながら、ブリックス71〜72％になるまで煮詰める。
❻ 火からおろし、クエン酸を加え混ぜる。

B ボンボン・ペクチン・ポンム・ヴェール
[Bonbon Pectine Pomme Verte]

材料《 約280個分 》
- 青リンゴのピュレ……125g
- リンゴ果汁……50g
- レモン果汁……25g
- 顆粒ゼラチン(新田ゼラチン「ゼラチン21」)*……38g
- グラニュー糖A*……38g
- 水アメ……200g
- グラニュー糖B……170g
- 色素(緑)……適量
- クエン酸(液体)……7.5g

*合わせる。

つくり方
❶ Bをつくる作業の前に型の準備(183頁の工程①〜②)を行うとよい。銅ボウルに青リンゴのピュレ、リンゴ果汁、レモン果汁を入れ、弱火にかける。
❷ ①に合わせた顆粒ゼラチンとグラニュー糖Aを加え、顆粒ゼラチンが溶けるまで泡立て器で混ぜる。
❸ 水アメを加え混ぜる。
❹ グラニュー糖Bを3回に分けて加え混ぜる。
❺ 色素を加え混ぜる。
❻ ヘラに持ち替え、焦げないようにヘラで銅ボウルの底から返すようにして混ぜながら、ブリックス71〜72％になるまで煮詰める。
❼ 火からおろし、クエン酸を加え混ぜる。

型の準備・仕上げ

材料《約280個分》
コーンスターチ*……適量
純粉糖*……適量
グラニュー糖……適量
* 合わせてふるう。

つくり方

❶ 型の準備をする。60×40cmのプラックに、合わせてふるったコーンスターチと純粉糖を縁いっぱいまで入れる。定規などで上面を平らにならす。
❷ 直径約1.5cmの半球状の型の凸面を押しつけ、プラック1枚につき約280個のくぼみをつくる。
❸ 「ボンボン・ペクチン・フレーズ」をつくる。デポジッターにAを入れ、❷のくぼみの高さいっぱいまで流す。
❹ ❸に、合わせてふるったコーンスターチと純粉糖をふるいにかけながらたっぷりとふって上面をおおう。冷蔵庫で冷やし固める。
❺ ❹をカードですくい、ふるいにかけて余分なコーンスターチと純粉糖を落とす。
❻ 作業台に水でぬらして固く絞った布巾を広げ、❺をのせて上から水でぬらして固く絞った布巾をかぶせて手で押さえ、余分なコーンスターチと粉糖をとる。
❼ ボウルにグラニュー糖を入れ、❻を加えてグラニュー糖を全体にまぶす。
❽ 作業台にオーブンペーパーを敷き、その上で❼をふるいにかけて余分なグラニュー糖を落とす。
❾ 「ボンボン・ペクチン・ポンム・ヴェール」をつくる。Aの代わりにBを使って工程❸〜❽と同様の作業を行う。

製法のポイント

{ ボンボン・ペクチン・フレーズ／ポンム・ヴェール }

ふやかす必要のない顆粒ゼラチンを使用

フランスではペクチンを配合するのが一般的ですが、私は、40℃以上の液体であれば、ふやかさずに直接加えて溶かすことのできる特殊な顆粒ゼラチンを使います。事前に水でふやかす必要がなく、作業中も固まりにくいので、作業性がアップしました。また、ペクチンを使うと弾力のある食感になりますが、ゼラチンを加えるとやわらかい食感に仕上がります。口溶けのよさも魅力です。

糖度はブリックス71〜72%

糖度がブリックス71〜72%以上になるまで煮詰めてしまうと、固い食感になってしまいます。また、火からおろす直前は、できるだけ空気を入れないように混ぜること。余分な空気が入ると口あたりが悪くなってしまいます。

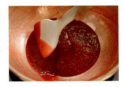

全体を湿らせてからグラニュー糖をまぶす

仕上げにグラニュー糖をまぶす際は、まぶす前に水でぬらして固く絞った布巾で包んで全体を湿らせます。こうすると、グラニュー糖をまんべんなくまぶすことができます。

Bonbons | ボンボン

Bijoux
［ビジュ］

　グミキャンディに糖衣がけをしたら面白い食感になるのでは、と思って考案しました。「ボンボン・ペクチン」(179頁)にグラニュー糖をまぶす代わりに、グラサージュでコーティング。しっかりと乾燥させて、カリッとした歯ごたえを表現しました。ボンボン・ペクチンのやわらかな食感とのコントラストも魅力です。コーティングには、均一な厚さの糖衣になるように糖衣がけ専用の回転するボウルを使い、トレハロースを配合したグラサージュとともに粉末のトレハロースも入れます。トレハロースは吸湿性が低く、砂糖よりもすっきりとした甘みのため、カリッとした食感を長時間保つことができ、糖衣が厚くても適度な甘みに仕上がります。

コーティングは、グラサージュと微粉タイプのトレハロースをかけて乾かす作業を10回くり返し、薄い層を重ねて厚みを出します。宝石をイメージし、フランス語で宝石を意味する商品名をつけました。

Bijoux, Bonbon Crystal Saumur / Menthe / Fraise / Abricot

Bonbons ｜ ボンボン

Bonbon Crystal
Saumur / Fraise / Menthe / Abricot
[ボンボン・クリスタル・ソミュール／フレーズ／ミント／アプリコット]

店では4種類を用意。左から、トリプルセックを加えた「ソミュール」、アプリコットとパッションフルーツのリキュール入りの「アプリコット」、さわやかな風味の「ミント」、イチゴ風味の「フレーズ」。

透明感が美しい和菓子の琥珀糖が発想の原点。表面のシャリッとした歯ざわりと寒天のプルンとした食感の対比が楽しく、私の大好きな和菓子の一つです。煮て溶かした寒天に砂糖や水アメなどを加えて固め、乾燥させる和菓子の製法をもとに、フルーツの果汁やリキュールなどを加え、色鮮やかなフランス風のコンフィズリーに仕立てました。表面をしっかりと乾燥させると膜が張ったような独特な質感になりますが、それをつくり出すにはアルコールを加えるタイミングがポイントになります。寒天や糖類を煮詰めて糖度を上げてから、リキュールなどのアルコールを加えて糖度を下げると、乾燥させたときに表面が均等に結晶化しやすくなるのです。

ビジュ
[Bijoux]

A ボンボン・ペクチン・カシス
[Bonbon Pectine Cassis]

材料《 約280個分 》
カシスのピュレ……150g
リンゴ果汁……50g
顆粒ゼラチン（新田ゼラチン「ゼラチン21」）*……38g
グラニュー糖A*……38g
水アメ……200g
グラニュー糖B……170g
クエン酸（液体）……7.5g
＊合わせる。

つくり方
❶ Aをつくる作業の前に型の準備（183頁の「ボンボン・ペクチン・フレーズ／ポンム・ヴェール」の「型の準備・仕上げ」の工程①～②）を行うとよい。銅ボウルにカシスのピュレとリンゴ果汁を入れ、弱火にかける。
❷ ①のカシスのピュレなどに、合わせた顆粒ゼラチンとグラニュー糖Aを加え、顆粒ゼラチンが溶けるまで泡立て器で混ぜる。
❸ 水アメを加え混ぜる。
❹ グラニュー糖Bを3回に分けて加え混ぜる。
❺ ヘラに持ち替え、焦げないようにヘラで鍋ボウルの底から返すようにして混ぜながら、ブリックス71～72%になるまで煮詰める。
❻ 火からおろし、クエン酸を加え混ぜる。

B グラサージュ
[Glaçage]

材料《 つくりやすい分量 》
トレハロース（林原「トレハ」）……269g
水……156g
増粘安定剤（アラビアガム）……15g
水アメ……60g

つくり方
❶ 鍋にトレハロース、水、増粘安定剤、水アメを入れて中火にかけ、泡立て器で混ぜながら沸騰させる。
❷ 沸騰して少しおいたら火からおろし、氷水に鍋底をあてて混ぜながら冷ます。

型の準備・仕上げ

材料《 280個分 》
コーンスターチ*……適量
純粉糖*……適量
グラニュー糖……適量
トレハロース（林原「トレハ微粉」）……約100g
＊合わせてふるう。

つくり方
❶ 183頁の「ボンボン・ペクチン・フレーズ／ポンム・ヴェール」の「型の準備・仕上げ」の工程①～⑥と同様の作業を行う。
❷ 糖衣がけ専用のボウルに、半球状にした Aを入れ、低速で撹拌する。
❸ ②に B 15～20g（レードルの約3分の1量）とトレハロース約10gを順に入れ、木ベラで軽く混ぜる。ドライヤーで冷風をあてて乾かす。この作業を約4分で行う。これを計10回くり返す。
❹ ③を木ベラですくい、オーブンペーパーを敷いたプラックに広げる。

製法のポイント

{ ビジュー }

ボンボン・ペクチンをアレンジ

ペクチンの代わりに、40℃以上の液体であれば、ふやかさずに直接加えて溶かすことのできる特殊な顆粒ゼラチンを使用した、口溶けのよいボンボン・ペクチンをグラニュー糖の代わりにグラサージュで糖衣がけしてアレンジしました。外はカリッと、中はやわらかい、食感のコントラストが魅力です。

{ グラサージュ }

トレハロースを使用

砂糖をまぶすのではなく、すっきりとした上品な甘みを表現できるトレハロースを使ったグラサージュでボンボン・ペクチンをコーティング。トレハロースは湿気にくいので、カリッとした食感を長時間保つことができます。また、砂糖よりも甘さが控えめなので、厚めにコーティングしても甘すぎることなく仕上がります。

ボンボン・クリスタル・
ソミュール／フレーズ／ミント／アプリコット
[Bonbon Crystal Saumur / Fraise / Menthe / Abricot]

A ボンボン・クリスタル・ソミュール
[Bonbon Crystal Saumur]

材料 《 約25×18×高さ4cmのバット1台分・約108個分 》
水……375g
粉寒天（伊那食品工業「大和」）……6.5g
ザラメ糖……700g
トリプルセック
（コルビエ「ソミュール コンサントレ60°」）……150g

つくり方
❶ 銅ボウルに水と粉寒天を入れて中火～強火にかけ、粉寒天が溶けるまで泡立て器で混ぜる。
❷ ザラメ糖を3回に分けて加え混ぜる。
❸ ゴムベラに持ち替え、焦げないようにゴムベラで鍋ボウルの底から返すようにして混ぜながら、ブリックス73％になるまで煮詰める。
❹ トリプルセックを加え、ゴムベラで混ぜながらブリックス71％になるまで煮詰める。

B ボンボン・クリスタル・フレーズ
[Bonbon Crystal Fraise]

材料 《 約25×18×高さ4cmのバット1台分・約108個分 》
水……375g
粉寒天（伊那食品工業「大和」）……6.5g
ザラメ糖……700g
イチゴのリキュール（ヴォルフベルジュール「アルザス フレーズ」）……125g
イチゴの濃縮果汁（ヴォルフベルジュール
「グルマンディーズ フレーズ」）……25g

つくり方
Aと同様につくる。ただし、トリプルセックの代わりに、イチゴのリキュールとイチゴの濃縮果汁を使用する。

C ボンボン・クリスタル・ミント
[Bonbon Crystal Menthe]

材料 《 約25×18×高さ4cmのバット1台分・約108個分 》
水……375g
粉寒天（伊那食品工業「大和」）……6.5g
ザラメ糖……700g
色素（緑）……適量
ミントのリキュール（ヴォルフベルジュール「アルザス ミント」）……150g

つくり方
❶ 銅ボウルに水と粉寒天を入れて中火～強火にかけ、粉寒天が溶けるまで泡立て器で混ぜる。
❷ ザラメ糖を3回に分けて加え混ぜる。
❸ 色素を加え混ぜる。
❹ ゴムベラに持ち替え、焦げないようにゴムベラで鍋ボウルの底から返すようにして混ぜながら、ブリックス73％になるまで煮詰める。
❺ ミントのリキュールを加え、ゴムベラで混ぜながらブリックス71％になるまで煮詰める。

D ボンボン・クリスタル・アプリコット
[Bonbon Crystal Abricot]

材料 《 約25×18×高さ4cmのバット1台分・約108個分 》
水……375g
粉寒天（伊那食品工業「大和」）……6.5g
ザラメ糖……700g
色素（赤）……適量
色素（黄）……適量
アプリコットのリキュール
（ヴォルフベルジュール「アルザス アプリコット」）……75g
パッションフルーツのリキュール
（ディヴィザ「キングストン パッション」）……75g

つくり方
Cと同様につくる。ただし、色素は緑の代わりに、赤と黄を使用し、リキュールはミントの代わりにアプリコットとパッションフルーツを使用する。

仕上げ

つくり方

❶「ボンボン・クリスタル・ソミュール」をつくる。内側にラップを密着させた約25×18×高さ4cmのバットに、高さ2cm程度になるまでAを流す。
❷キッチンペーパーを表面にのせ、すぐに引き上げて表面に浮いている泡をとり除く。そのまましばらくおいて粗熱をとり、冷蔵庫に1晩おく。
❸板の上に②をひっくり返して置き、バットをはずし、ラップをはがす。
❹包丁で2×2cmに切り分ける。
❺オーブンペーパーを敷いたプラックに間隔をあけて並べる。表面が結晶化するまで、このまま常温に2〜3日おく。
❻空気にふれている表面が結晶化したら、ひっくり返し、さらに表面が結晶化するまで、このまま常温に2〜3日おく。
❼「ボンボン・クリスタル・フレーズ」「ボンボン・クリスタル・ミント」「ボンボン・クリスタル・アプリコット」をつくる。それぞれ、Aの代わりにBまたはCまたはDを使って、工程①〜⑥と同様の作業を行う。

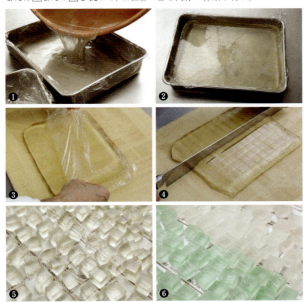

製法のポイント

{ ボンボン・クリスタル }

粉寒天をしっかりと溶かす

水と粉寒天を合わせて加熱する際は、泡立て器で混ぜながら、粘けが出るまでしっかりと粉寒天を混ぜ溶かします。この段階で粉寒天をしっかりと溶かしておかないと、あとで固まりづらくなってしまいます。

シャリッとした歯ざわりに仕上げる

煮詰める際は、糖度をブリックス73％にしてから、アルコールなどを加えてブリックス71％に下げます。糖度を一度上げてから下げると、乾燥させたときに表面が均等に結晶化しやすく、シャリッとした独特の食感が生まれます。

Bonbons ｜ ボンボン

Bonbon Vichy
[ボンボン・ヴィシー]

　温泉保養地として有名なフランス中部の町、ヴィシーは、良質なミネラルウォーターの産地としても有名です。そのミネラルウォーターと温泉水からとれる塩を使ったミントタブレット「パスティーユ」は、フランスでは定番の駄菓子。私がパリで修業していた時代にも街角のたばこ屋で売られていて、さわやかなミントの風味と手軽にポリポリと食べられる点が気に入り、よく購入していました。そんな思い出の味を再現したのが「ボンボン・ヴィシー」。パリで食べたものは円形だったと記憶していますが、私は作業性を考慮して正方形にアレンジしました。スーッと鼻腔にぬける清涼感あふれる味わいと、ポリッ、ほろっとくずれる食感が魅力です。

フランスでは円形や六角形が一般的ですが、私は四角形にアレンジして筋をつけました。厚みも約5mmと現地のものより薄くし、食感に繊細さをプラス。純粉糖をまぶして甘みを補強しました。

Bonbon Vichy, Pastille Rocher

Bonbons ｜ ボンボン

Pastille Rocher
［パスティーユ・ロッシェ］

ミントの清涼感を演出するため、ミントを連想させる緑色に着色。空気を含ませると白っぽくなるので、濃いめに色をつけます。ゴツゴツとした見た目とガリッとした歯ざわりが個性的な1品です。

　子どものころに食べたハッカ飴をイメージしたオリジナルのコンフィズリーです。「パスティーユ」はフランス語でトローチを意味し、「ロッシェ」は岩という意味。ミントがさわやかな「ボンボン・ヴィシー」（190頁）もフランスではパスティーユと呼ばれ、円形や六角形の錠剤のようなデザインが特徴です。「パスティーユ・ロッシェ」は、ボンボン・ヴィシーと同様にミントが香る清涼感あふれる味わいを表現する一方で、ゴツゴツとした見た目に仕上げました。水と砂糖、色素を117℃になるまで加熱し、ミントの香料を加えたら、泡立て器で手ばやく混ぜて空気を含ませながら結晶化させます。ボンボン・ヴィシーとは異なるガリッとした食感を楽しめます。

ボンボン・ヴィシー
[Bonbon Vichy]

A ボンボン・ヴィシー
[Bonbon Vichy]

材料《つくりやすい分量》
純粉糖A……125g
コーンスターチ……15g
粉ゼラチン＊……2.5g
水＊……15g
塩化ナトリウム入り炭酸水……25g
クエン酸（粉末）……0.5g
ミントの香料（液体）……12.5滴
純粉糖B……240g
＊ 合わせて電子レンジで温め、液状にする。

つくり方
❶ ミキサーボウルに純粉糖B以外の材料を入れ、なめらかな状態になるまでビーターで低速で撹拌する。
❷ 純粉糖Bを加え、粉けがなくなり、まとまるまで撹拌する。

成形・仕上げ

材料《つくりやすい分量》
純粉糖……適量

つくり方
❶ 板に純粉糖を茶漉しでまんべんなく、たっぷりとふる。
❷ ①にAを置き、まわりの純粉糖をまぶしながら、手で折りたたんではギュッと押さえるようにして、なめらかで均一な状態になるまでこねる。
❸ ときどき純粉糖を茶漉しで適宜ふりながら、麺棒で厚さ7〜8mmにのばす。
❹ ③を麺棒に巻きつけ、ふたたび板に純粉糖を茶漉しでたっぷりとふる。③を広げ、上からも純粉糖を同様にたっぷりとふる。
❺ 高さ5mmのバールを左右に縦に置き、麺棒を転がして厚さ5mmにのばす。
❻ ⑤を麺棒に巻きつけ、ふたたび板に純粉糖を同様にたっぷりとふる。⑤を広げる。
❼ 筋の入ったデコレーション用の麺棒を上から転がす。
❽ 両端を包丁で切り、さらに2.5×2.5cmに切り分ける。
❾ オーブンペーパーを敷いたプラックに茶漉しで純粉糖をたっぷりとふり、⑧を並べる。そのまま1晩おいて乾燥させる。

パスティーユ・ロッシェ
[Pastille Rocher]

A パスティーユ・ロッシェ
[Pastille Rocher]

材料《 つくりやすい分量 》
水……125g
色素（緑）……適量
グラニュー糖……250g
ミントの香料（液体）……適量

つくり方
❶ ボウルに水と色素を入れ、ゴムベラで混ぜる。
❷ 鍋に①を移し、グラニュー糖を加えて強火にかけ、117℃になるまで煮詰める。
❸ 117℃になったら火からおろし、香料を加えて泡立て器で混ぜる。
❹ 溶けた砂糖がふたたび結晶化するまで、空気を含ませるようにして混ぜる。次第に鍋肌に接している部分から結晶化して白っぽくなり、泡立て器で混ぜた跡が残って、鍋肌からボロボロと離れるようになる。
❺ ④をシルパットを敷いた板に移し、常温にしばらくおいて粗熱をとる。
❻ ⑤を板に移し、包丁で粗めに切り分ける。

製法のポイント

{ ボンボン・ヴィシー }

純粉糖を2回に分けて加え混ぜる

大量の純粉糖をほかの材料と合わせると、ダマができやすくなってしまいます。そこで純粉糖は、まず約3分の1量をほかの材料と合わせて溶かし、その後、残りを加え混ぜます。こうするとダマができにくく、まとまりやすくなります。

純粉糖の打ち粉をたっぷりとまぶす

純粉糖の配合が多い、べたつきやすい生地のため、手でこねる際、また、麺棒でのばす際は、板にも生地にもたっぷりと純粉糖をまぶします。

{ パスティーユ・ロッシェ }

濃いめに着色する

空気をたっぷりと含ませるようにして混ぜると白っぽくなることを考慮し、色素は多めに入れます。

再結晶化しやすい温度まで煮詰める

水とグラニュー糖、色素でつくるシロップは、117℃になるまで煮詰めると、糖分が再結晶化しやすくなります。ステンレス製の鍋よりもアルミ製の鍋のほうが結晶化しやすいので、アルミ製の鍋を使うことをおすすめします。

シルパットの上で粗熱をとる

泡立て器で空気を含ませるようにして混ぜたあとは、シルパットを敷いた板に移して粗熱をとります。シルパットを敷かないと、板にくっついてしまい、美しく仕上がりませんし、ロスも出てしまいます。

Nougats ｜ ヌガー

Nougat Blanc
[ヌガー・ブラン]

　ヌガーには、大別して卵白を使う白いものと、キャラメル色に煮詰めた糖液を使う茶色いものの2種類があります。白いヌガーで有名なのは、フランス南東部のモンテリマール地域の郷土菓子である「ヌガー・モンテリマール」。しかし、この名前をつけるには、ナッツやハチミツの量などが定められた厳しい基準を満たさなければなりません。私は、その基準とは関係なく、自分自身がおいしいと思う配合にしているので、商品名はシンプルに白いヌガーを意味する「ヌガー・ブラン」としました。カリッとした3種類のこうばしいナッツを、ラベンダーのハチミツが豊かに香るしっとりとしたヌガー生地が包み込み、かみしめるほどに味わいが深まります。

真っ赤なドレンチェリーとオレンジの皮のコンフィが、味と見た目のアクセント。店ではコーヒー風味の「ヌガー・カフェ」とチョコレート風味の「ヌガー・ショコラ」もラインアップしています。

Nougats ｜ ヌガー

Nougat Coriander

[ヌガー・コリアンダー]

アメだけの部分ができると固くて食べにくくなるため、ナッツにアメをからめる際は、アメの中にナッツがまんべんなくちらばるように気をつけています。つややかな見た目も魅力的です。

　シロップをキャラメル色になるまで煮詰めたアメをアーモンドなどのナッツにからめて固めた茶色いヌガーは、「ヌガー・ブリュン」と呼ばれています。「ヌガー・コリアンダー」はその一つで、アメに対してナッツの量が多く、コリアンダーの香りをつけるのが特徴です。これは古典で見つけたコンフィズリー。古典では、ナッツはアーモンドとヘーゼルナッツを使っていたと記憶していますが、私はヘーゼルナッツをピスタチオに代えて彩りを添えるとともに、ローストしたアーモンドとはまた異なるやわらかい歯ざわりを加えて食感に変化を出しました。エキゾチックな香りをしっかりと感じられるように、コリアンダーシードは軽くつぶして使います。

ヌガー・ブラン
[Nougat Blanc]

A ヌガー・ブラン
[Nougat Blanc]

材料《 32×22.5×高さ4cmのカードル2台分・約150個分 》

ドレンチェリー*1……150g
オレンジの皮のコンフィ(市販品)*2……150g
水……200g
グラニュー糖A……625g
水アメ……200g
ハチミツ(ラベンダー)……500g
バニラビーンズ*3……1/4本
卵白……120g
グラニュー糖B……24g
アーモンド(皮なし)*4……500g
ヘーゼルナッツ(皮なし)*4……250g
ピスタチオ*5……100g

*1 8等分にする。　*2 5mm角に切る。　*3 サヤから種を出す。種のみ使う。
*4 上火160℃・下火160℃のデッキオーブンで約20分焼成する。　*5 半割りにする。

つくり方

❶ ザルにドレンチェリーとオレンジの皮のコンフィを入れ、表面に付いたシロップを水で洗い流す。水けをきってラップを敷いたプラックに広げて常温に1晩おいて乾かす。
❷ Aをつくる作業の前に型の準備(右の工程①〜②)を行うとよい。鍋に水、グラニュー糖A、水アメを入れて強火にかけ、140℃になるまで煮詰める。
❸ ボウルにハチミツを入れ、バニラビーンズを加えて湯煎にかけ、さらっとした液体状になるまで温める。
❹ ②が140℃になったら③を加え、142℃になるまで煮詰める。
❺ ④の作業と同時進行で、ミキサーボウルに卵白とグラニュー糖Bを入れ、高速で泡立てはじめる。
❻ ⑤が白っぽくふんわりとしてきたら、中速に切り替える。
❼ ⑥に④をミキサーボウルの内側側面に沿わせるようにしてそそぎながら中速で撹拌を続ける。
❽ アーモンドとヘーゼルナッツをオーブンペーパーを敷いた天板に広げ、上火160℃・下火160℃のデッキオーブンに4〜5分入れて温める。
❾ ⑧にピスタチオと、①のドレンチェリーとオレンジの皮のコンフィを加え、手でざっと混ぜる。
❿ ⑦がホイッパーの跡がしっかりと残る状態になったら、以下の要領で固さを確認する。フォークなどで少量をすくい、氷水に数秒入れて粗熱をとり、指で球状にまとめることができればOK。
⓫ ⑩が熱いうちに⑨を加え、木ベラで均一に混ぜる。

型の準備・組立て・仕上げ

材料《 32×22.5×高さ4cmのカードル2台分・約150個分 》

ウエハース(32×22.5×厚さ2〜3mm)……4枚
純粉糖……適量

つくり方

❶ 型の準備をする。32×22.5×高さ4cmのカードル2台の内側側面に、バター(分量外)を刷毛でぬり、コーンスターチ(分量外)をふる。板に並べる。
❷ ①にウエハースを1枚ずつはめ込む。
❸ ②にAを半量(約1.4kg)ずつ流す。
❹ 純粉糖を茶漉しでたっぷりとふる。Aを手でカードルの隅まで広げながら平らにならす。
❺ ④にウエハースを1枚ずつのせて板などで軽く押さえて密着させる。ショックフリーザーで急冷する。
❻ ⑤が冷え固まったらカードルをはずし、そのまま常温に1晩おく。
❼ ⑥をまな板に横長に置き、波刃包丁で幅6cmに縦に切り分ける。
❽ ⑦を横長に置き、幅約1.5cmに縦に切り分ける。

ヌガー・コリアンダー
[Nougat Coriander]

A ヌガー・コリアンダー
[Nougat Coriander]

材料《 33×25×高さ1cmのカードル1台分・約72個分 》

コリアンダーシード（ホール）……5g
ピスタチオ……100g
アーモンド（皮付き）*……550g
グラニュー糖……300g
水アメ……230g

＊上火160℃・下火160℃のデッキオーブンで約20分焼成する。

つくり方

❶ ビニール袋にコリアンダーシードを入れ、麺棒でたたいたり、麺棒を転がしたりして軽くつぶし、ボウルに入れる。
❷ ①にピスタチオを加える。
❸ 天板にアーモンドを広げ、上火160℃・下火160℃のデッキオーブンに4～5分入れて温める。
❹ ③に②を加え、手で混ぜる。
❺ 銅ボウルにグラニュー糖と水アメを入れて強火にかけ、ときどき木ベラで混ぜながら、茶色く色づくまで煮詰める。
❻ 火を止め、④を加えて木ベラで均一に混ぜる。

成形・仕上げ

つくり方

❶ オーブンペーパーを敷いた板に33×25×高さ1cmのカードルを置き、Aを流し入れる。
❷ ①にオーブンペーパーをかぶせ、手で押さえて軽く平らにし、上から麺棒を転がしてAをカードルの隅まで広げながら表面を平らにならす。
❸ ②に板をのせ、上下をひっくり返す。上になった板をはずし、麺棒を転がして平らにならす。
❹ ③に板をのせ、上下をひっくり返す。上になった板をはずし、ふたたび麺棒を転がして平らにならす。表裏ともに平らになったら、オーブンシートをはがし、カードルをはずす。
❺ ④が熱いうちに波刃包丁で約5.5×2cmに切り分ける。

製法のポイント

{ ヌガー・ブラン }

シロップを142℃にする

泡立てた卵白とグラニュー糖に、水アメやハチミツなどを入れたシロップを加えますが、この際、私はシロップを142℃に調整しています。ヌガーは、泡立てた卵白とグラニュー糖に132～133℃にしたシロップを加え、ボウルの周囲をバーナーであぶって温度を上げる方法が一般的。しかし、この方法は熱の入り方にバラつきが出やすいのです。シロップの温度を上げてから作業するほうが安定性が増します。また、メレンゲが熱いうちにナッツなどを混ぜること。シロップを加えたメレンゲの温度が低いと、粘りけが出ず、まとまりにくくなってしまいます。

アーモンドとヘーゼルナッツを温める

ローストしておいたアーモンドとヘーゼルナッツは、メレンゲに混ぜる前にオーブンで温め、オレンジピールやドレンチェリーなどと合わせます。混ぜ合わせるナッツ類が冷たいと、メレンゲが固まってしまい、作業性も悪くなり、仕上がりも美しくなりません。

{ ヌガー・コリアンダー }

ピスタチオで彩りをプラス

見た目のアクセントに、鮮やかな緑色のピスタチオをプラス。ローストすると色がとんでしまうので、生のまま加えます。

グラニュー糖と水アメを一緒に加熱

グラニュー糖が茶色く色づくまで煮詰めてから水アメを加えるよりも、最初からグラニュー糖と水アメを合わせて熱するほうが、はやく温度が上昇します。作業効率がよいだけでなく、高温を保ちながら煮詰めることで、仕上がりがカリッとこうばしくなります。

まんべんなく混ぜ合わせる

アメとナッツ類をからめる際は、アメだけの部分がないように注意しましょう。アメだけの部分が多いと固くて食べにくく、風味の統一感も損なわれてしまいます。

Meringues | ムラング

Meringue
Noir Chocolat / Surprise au Café
Boule de Neige / Rocher

[ムラング・ノワール・ショコラ／シュープリーズ・オ・カフェ
ブール・ド・ネージュ／ロッシェ]

　「ムラング」はフランス語でメレンゲのこと。基本的には卵白と砂糖を泡立てて焼くシンプルな菓子ですが、配合や製法で、味や食感、質感が大きく変わります。私は3つのメレンゲの製法で、それぞれの特徴が際立つ4種類のムラングをつくり、詰合せにして提供しています。イタリアンメレンゲでは、チョコレート風味の「ノワール・ショコラ」と"シュープリーズ（驚き）"があるくらいにコーヒーが香る「シュープリーズ・オ・カフェ」を、フレンチメレンゲでは、ザクッとした食感の「ブール・ド・ネージュ」を、スイスメレンゲでは、きめ細かくカリッとした口あたりの「ロッシェ」を製造。同じムラングでも異なる印象に仕上がるのが面白いところです。

左から「シュープリーズ・オ・カフェ」「ロッシェ」「ノワール・ショコラ」「ブール・ド・ネージュ」。製法は違っても、気泡をつぶさないように混ぜる点は、軽やかに仕上げるための共通のポイントです。

フジウのコンフィズリー

Meringues ムラング

C'est Bon!
[セ・ボン！]

味と食感のバランスを考えながら、たっぷりのフレンチメレンゲで、約10gとボリューム満点のジャンドゥーヤをドーム状になるようにコーティング。低温でじっくり焼成して、つやも出しました。

サクッとくずれるメレンゲから、濃厚でこうばしいジャンドゥーヤが現れる驚きのある1品で、友人のフランス人パティシエのルセットを参考に開発しました。友人は、スイスメレンゲで四角形のジャンドゥーヤの片面をおおって常温で乾かしたあと、もう一方の面もおおって焼く手法を採用していましたが、私はやわらかめに泡立てたフレンチメレンゲで、ボンボン・ショコラをつくるようにしてジャンドゥーヤをトランペ。こうすると、ジャンドゥーヤにメレンゲを一度にまとわせることができ、作業効率が上がるのです。また、メレンゲのボリュームを出せるため、軽やかな食感を強調でき、ジャンドゥーヤとの食感の対比も前面に打ち出せました。

ムラング・ノワール・ショコラ／シュープリーズ・オ・カフェ／ブール・ド・ネージュ／ロッシェ
[Meringue Noir Chocolat / Surprise au Café / Boule de Neige / Rocher]

A ムラング・ノワール・ショコラ
[Meringue Noir Chocolat]

材料《 60×40cmの天板3枚分・約273個分 》

グラニュー糖……250g
水……65g
卵白……140g
ダークチョコレート（カレボー「811カレット」／カカオ分54.5%）*……125g
純粉糖……160g
* 湯煎にかけて溶かし、人肌程度の温度に調整する。

つくり方

❶ 鍋にグラニュー糖と水を入れ、強火にかけて117℃まで加熱し、プチ・ブーレ（冷やして指にとると小さな球状になる状態）になるまで煮詰める。
❷ ①が沸騰しはじめたら、ミキサーボウルに卵白を入れ、高速で泡立てはじめる。ボリュームが出て白っぽくふんわりとしてきたら、①をミキサーボウルの内側側面に沿わせるようにして少しずつそそぐ。
❸ ホイッパーですくうとピンと角が立つ状態になるまで高速で撹拌する。
❹ ③にダークチョコレートを加え、ゴムベラで気泡をつぶさないようにさっくりと混ぜる。ミキサーではなく、ゴムベラで手ばやく混ぜること。ミキサーで撹拌するとチョコレートに含まれる油脂分の作用で気泡がつぶれてしまう。
❺ ④が半分程度混ざったら純粉糖を加え、底からすくうようにして均一な状態になるまで、手ばやくさっくりと混ぜる。
❻ 口径1cmの丸口金を付けた絞り袋に⑤を入れ、オーブンペーパーを敷いた60×40cmの天板に長さ約3cmに絞る。
❼ ⑥の天板の下にもう1枚天板を敷き、上火150℃・下火150℃のデッキオーブンで約40分焼成する。コンベクションオーブンを使用する場合は、天板を追加せずに140℃で約40分焼成する。

B ムラング・シュープリーズ・オ・カフェ
[Meringue Surprise au Café]

材料《 60×40cmの天板3枚分・約324個分 》

グラニュー糖……400g
水……100g
卵白……140g
濃縮コーヒーエキス*……10g
インスタントコーヒーの粉*……10g
純粉糖……40g
* 混ぜ合わせてペースト状にする。

つくり方

❶ Aの工程①～③と同様の作業を行う。
❷ 中速に切り替え、合わせてペースト状にした濃縮コーヒーエキスとインスタントコーヒーの粉を加えて均一な状態になるまで撹拌する。
❸ ②に純粉糖を加え、ゴムベラでさっくりと混ぜる。
❹ 口径1cmの丸口金を付けた絞り袋に③を入れ、オーブンペーパーを敷いた60×40cmの天板に直径2.5cmほどの球状に絞る。
❺ ④の天板の下にもう1枚天板を敷き、上火150℃・下火150℃のデッキオーブンで約40分焼成する。コンベクションオーブンを使用する場合は、天板を追加せずに140℃で約40分焼成する。

C ムラング・ブール・ド・ネージュ
[Meringue Boule de Neige]

材料《 60×40cmの天板3枚分・約240個分 》

卵白……140g
グラニュー糖A……40g
グラニュー糖B*……400g
* 粒子の大きいもの。

つくり方

❶ ミキサーボウルに卵白を入れ、高速で泡立てる。
❷ ボリュームが出て白っぽくふんわりとなり、ホイッパーの跡が残るようになったら、グラニュー糖Aを一度に加え、ホイッパーですくうとピンと角が立つ状態になるまで泡立てる。
❸ ②にグラニュー糖Bを加え、エキュモワールでさっくりと混ぜる。
❹ 口径1cmの丸口金を付けた絞り袋に③を入れ、オーブンペーパーを敷いた60×40cmの天板に直径約3.5cmの球状に絞る。
❺ ④の天板の下にもう1枚天板を敷き、上火150℃・下火150℃のデッキオーブンで約40分焼成する。コンベクションオーブンを使用する場合は、天板を追加せずに140℃で約40分焼成する。

D ムラング・ロッシェ
[Meringue Rocher]

材料《 60×40cmの天板3枚分・約264個分 》
純粉糖……250g
卵白……140g
アーモンドスライス*……250g
* 上火160℃・下火160℃のデッキオーブンで約15分焼成する。

つくり方
❶ ミキサーボウルに純粉糖と卵白を入れ、純粉糖が溶けてなめらかになるまで泡立て器で混ぜる。
❷ ①を中火にかけ、絶えず泡立て器で混ぜながら、50℃になるまで加熱する。ときどき火からおろすなどして、焦がさないように注意すること。
❸ ②をミキサーにセットし、高速で泡立てる。全体につやが出て、ホイッパーですくうと角ができてすぐにほんの少したれるくらいの状態になったらOK。
❹ ③にアーモンドスライスを加え、ゴムベラで手ばやくさっくりと混ぜる。
❺ 直径3cmほどの大きさになるように④をスプーンですくい、オーブンペーパーを敷いた60×40cmの天板に並べる。
❻ ⑤の天板の下にもう1枚天板を敷き、上火150℃・下火150℃のデッキオーブンで約40分焼成する。コンベクションオーブンを使用する場合は、天板を追加せずに140℃で約40分焼成する。

製法のポイント

{ ムラング・ノワール・ショコラ／シュープリーズ・オ・カフェ }

イタリアンメレンゲでつくる

サクッとした食感をめざし、卵白に熱いシロップを加えながら泡立てるイタリアンメレンゲを採用しました。シロップは卵白をある程度しっかりと泡立ててから少しずつ加え混ぜて、つやのある固めのメレンゲに仕上げます。こうしないと保形性が低くなり、食感もサクッとしません。

仕上げに純粉糖を混ぜる

メレンゲにチョコレートもしくはコーヒーで風味づけしたあと、純粉糖を加え混ぜると、より美しいつやが出ます。

{ ムラング・ブール・ド・ネージュ }

フレンチメレンゲでつくる

卵白に砂糖を加えて泡立てるフレンチメレンゲを採用。ホロッとくずれるような口あたりをめざしました。固く泡立てたメレンゲに、粒子が大きめのグラニュー糖をさらに加えてさっくりと混ぜ合わせることで、ザクザクとした食感も表現しています。

{ ムラング・ロッシェ }

スイスメレンゲでつくる

卵白と砂糖を加熱して泡立てるスイスメレンゲを採用し、カリッとした歯ざわりを前面に打ち出しました。きめ細かく、つやのある質感が特徴的で、また、コシと粘りが強くて保形性が高いため、アーモンドなどの素材を混ぜやすいのも魅力です。卵白と砂糖は、50℃になるまで火を入れてからミキサーで泡立てます。温度が低いと保形性も低くなり、アーモンドを加えたあとにダレてしまいます。

セ・ボン！
[C'est Bon!]

A ジャンドゥーヤ
[Gianduja]

材料《 32×22.5×高さ4cmのカードル1台分・約112個分 》
アーモンド（皮なし）*1……500g
グラニュー糖……500g
カカオバター*2……100g
*1 マルコナ種を使用。
*2 溶かして約30℃に調整する。

つくり方
❶ 天板にアーモンドを広げ、上火160℃・下火160℃のデッキオーブンで約20分焼成する。焼き上がったら常温にしばらくおいて完全に冷ます。
❷ ①とグラニュー糖を合わせてローラーで挽く。
❸ ボウルに②とカカオバターを入れ、カードで底からすくい上げ、上からギュッと押さえるようにして混ぜる。
❹ オーブンペーパーを敷いた板に32×22.5×高さ4cmのカードルを1台置き、③を入れる。カードと手で全体に広げ、上からギュッと押さえるようにして平らにする。ショックフリーザーで急冷する。
❺ カードルをはずし、切りやすい固さになるまで冷蔵庫におく。
❻ ⑤のオーブンペーパーをはがし、3×2cmに切り分ける。

B フレンチメレンゲ
[Meringue Française]

材料《 約112個分 》
卵白……400g
グラニュー糖……800g
ラム酒（ネグリタラム）……適量

つくり方
❶ ミキサーボウルに卵白を入れ、高速で泡立てる。
❷ ボリュームが出て白っぽくふんわりとなり、ホイッパーの跡が残るようになったら、グラニュー糖を少しずつ加え、ホイッパーですくうと、角ができてすぐにたれるくらいの状態になるまで泡立てる。
❸ ②をボウルに移し、ラム酒を加えてゴムベラでさっくりと混ぜる。

成形・焼成

つくり方
❶ Aをメレンゲに1個落とし、ゴムベラを使ってAをメレンゲでおおう。
❷ トランペ用フォークで①のAをすくい上げ、余分なメレンゲをゴムベラで落とす。
❸ オーブンペーパーを敷いた60×40cmの天板に、②を逆さにして並べる。
❹ ③の下に天板をもう1枚重ね、上火150℃・下火150℃のデッキオーブンで約1時間焼成する。コンベクションオーブンを使用する場合は、天板を重ねずに140℃で約1時間焼成する。

製法のポイント

{ ジャンドゥーヤ }

カカオバターの温度に注意

カカオバターは約30℃に調整すること。合わせてローラーで挽いたアーモンドとグラニュー糖に混ぜ合わせる際、カカオバターの温度が低すぎると混ざりにくく、高すぎると混ぜて固めたあとにカカオバターの油脂分が表面に浮いてきてしまいます。

{ フレンチメレンゲ }

メレンゲはやわらかめに

ジャンドゥーヤをすっぽりと丸く包むために、メレンゲは少しやわらかめに仕上げます。ホイッパーですくうと角ができてすぐにたれるくらいの状態になったら撹拌を止めます。ピンと角が立つまで撹拌した固めのメレンゲでは、ジャンドゥーヤをきれいに包み込めません。

Marshmallows | マシュマロ

Tagada
[タガダ]

「タガダ」は、フランス人になじみ深い駄菓子。一般的に大手菓子メーカーが大量生産するギモーヴをさし、イチゴ風味がもっとも有名です。ビビッドな色と香料の甘い香り、"むにっ"とした食感は、フルーツのピュレなどを使うフレッシュなギモーヴよりも、人工的な風味が魅力になっているマシュマロに近いと思います。今ではフランスでも自家製している店はほとんどありませんが、日本人にとってもどこかなつかしい味と鮮やかな色に面白みを感じ、ルセットを調べて自家製することにしました。私は卵白を使わず、ゼラチンを配合したシロップをしっかりと泡立てて弾力のある食感を表現。香料と色素で、あくまでも駄菓子風にこだわりました。

タガダの
バリエーション

フランスで定番のイチゴ風味「フレーズ」も提供。石膏で型を手づくりし、風味ごとに形を変えています。表面にまぶした鮮やかなグラニュー糖が甘みを補強します。

Original オリジナル

Chinois Noix
[シノワ・ノワ]

シロップがしみ込んだクルミは焦げやすいので、揚げすぎてまっ黒にならないように注意。揚げたあとも余熱で火が入ることを考え、揚げ時間を調節します。白ゴマが食感と風味のアクセントです。

　発想の源は中国菓子です。中国料理店で食べたピーカンナッツのアメ炊きの、サクッとした歯ざわりとゴマのこうばしさに魅力を感じ、これをフランス菓子風にしました。ナッツは、中国菓子でも定番であり、フランス菓子でも使用頻度が高いクルミをセレクト。クルミはえぐみが強いので、下ゆでをしています。ただし、クルミらしい風味と食感は生かしたいと考え、えぐみをぬきつつ、独特な渋みと固さは適度に残るように、ゆで時間を調整しました。ゆでたクルミは熱いうちにシロップに浸け、そのまま1晩おいて中までしっかりと甘みをつけます。油で濃い茶色になるまで揚げて、カリッとした食感とこうばしさを表現。ゴマの香りも魅力です。

タガダ
[Tagada]

A　マシュマロ生地
[Marshmallow]

材料《 約60×40cmのプラック3枚分・約240個分 》
顆粒ゼラチン（新田ゼラチン「ゼラチン21」）……23g
水A……45g
グラニュー糖……300g
水B……100g
転化糖（トリモリン）A……55g
転化糖（トリモリン）B……140g
クエン酸（液体）*……1g
バナナの香料（液体）……5滴
色素（黄）……適量
* 水とクエン酸を同割で混ぜ合わせたもの。

つくり方
❶ マシュマロ生地をつくる作業の前に型の準備（右の工程①～⑤）を行うとよい。ボウルに顆粒ゼラチンと水Aを入れ、泡立て器ですり混ぜる。
❷ 鍋にグラニュー糖と水B、転化糖Aを入れて強火にかけ、泡立て器で混ぜながら108℃になるまで煮詰める。
❸ 108℃になったら火からおろし、①と転化糖B、クエン酸を加え混ぜる。
❹ ミキサーボウルに③を入れ、高速で泡立てる。
❺ ボリュームが出て白っぽくふんわりとなり、ホイッパーの跡がついてもすぐに消えるくらいの状態になったら、バナナの香料を加え混ぜる。
❻ ⑤に色素を加える。
❼ 均一に色がつき、ホイッパーですくうとリボン状に流れ落ち、落ちた跡がゆっくりと消えるくらいの状態になるまで泡立てる。

型の準備・仕上げ

材料《 つくりやすい分量 》
グラニュー糖……適量
色素（黄・粉末・油性）……適量

つくり方
❶ 型を準備する。ボウルにグラニュー糖と色素を入れ、泡立て器で混ぜる。
❷ オーブンペーパーを敷いたプラックに①をたっぷりとふる。①の一部はふらずに残しておく。
❸ ②をカードで軽く広げ、アルコール（除菌用・分量外）を霧吹きで吹きつけて表面を湿らせる。
❹ ③をカードで厚さ1.5cmにととのえ、平らにする。
❺ 長さ約4cmのバナナの型を押しつけ、プラック1枚につき80個のくぼみをつくる。
❻ 絞り袋に A を入れ、⑤のくぼみに、少し盛り上がるように絞り入れる。
❼ ①の残りを⑥の上からふるいかけて⑥をおおう。冷蔵庫で冷やす。
❽ ⑦をカードですくい、ふるいにのせて余分な①を落とす。
❾ ⑧をオーブンペーパーを敷いたプラックに広げ、常温に1晩おく。

シノワ・ノワ
[Chinois Noix]

シノワ・ノワ
[Chinois Noix]

材料《つくりやすい分量》
クルミ（皮付き）……500g　　水アメ……250g
水……250ml　　　　　　　白ゴマ*……適量
グラニュー糖……500g
＊煎る。

つくり方
❶ 鍋に水（分量外）をたっぷりと入れて火にかけ、沸騰させる。
❷ ①にクルミを入れて中火にし、15〜20分ゆでる。
❸ 別の鍋に、水、グラニュー糖、水アメを入れて強火にかけ、グラニュー糖が溶けて沸騰したら火を止める。
❹ ②をザルにあけて水けをしっかりときる。
❺ ボウルに④を移し、④が熱いうちに③をそそぎ入れる。
❻ ラップを表面に密着させ、冷蔵庫に1晩おく。
❼ ⑥をザルにあけてしっかりと水けをきる。
❽ 次の工程で⑦を入れたとき、⑦が完全にかぶるくらいの量のサラダ油（分量外）を鍋に入れて火にかけ、160〜170℃になるまで加熱する。
❾ ⑧に⑦を入れ、均等に色づくようにエキュモワールで混ぜながら、濃い茶色になるまで揚げる。揚げ時間の目安は約3分。
❿ 網を置いてオーブンペーパーを敷いたプラックに、⑨をエキュモワールですくってのせ、しっかりと油をきる。
⓫ すぐに⑩をボウルに移し、熱いうちに白ゴマを加える。ボウルをゆすって均一に白ゴマをまぶす。

製法のポイント

{ タガダ }

駄菓子の風味を追求
フルーツのピュレを使うギモーヴではなく、香料と色素を加えて駄菓子風のマシュマロに。一般的なマシュマロはメレンゲを使いますが、私は卵白を配合せず、シロップをしっかりと泡立てて弾力のある食感に仕上げました。

マシュマロ生地は淡く色づける
バナナをイメージし、真っ白なマシュマロ生地をほんのり黄色く色づけました。さらに、仕上げに黄色に着色したグラニュー糖をまぶすことで、表面をバナナ色に。中の色が濃すぎると毒々しい印象になるので注意しましょう。

絞り出しやすい固さにする
マシュマロ生地の固さは、ホイッパーですくうとリボン状に流れ落ち、落ちた跡がゆっくりと消える程度が目安。これ以上泡立てると、絞り出している間にゼラチンの作用で生地が徐々に固まり、絞りにくくなってしまいます。

{ シノワ・ノワ }

ゆで加減でクルミらしさを生かす
クルミは、中火で15〜20分ゆでると、えぐみはぬけますが、独特の渋みは残ります。"クルミらしい香り"を表現したいと考え、あえて渋みを生かしました。ゆですぎると渋みもなくなり、味けなくなるので注意。

クルミは熱いうちにシロップに浸す
ゆで上がったクルミは、熱々のうちに沸騰させた熱いシロップに浸しましょう。クルミが冷めてしまうとシロップがしみ込みにくくなってしまいます。

しっかりと揚げる
シロップをしみ込ませたクルミは、160〜170℃の油でしっかりと揚げると、カリッとした食感に仕上がります。濃い茶色になったら油から引き上げること。油から出したあとも余熱で火が入るので、揚げすぎると仕上がりが真っ黒になり、苦みが出てしまいます。

パティシエとしての道のり

I　フランス菓子に憧れて

　東京・御徒町の卸をメインにしたパン屋に生まれました。クリスマスシーズンに家の手伝いで取引先の百貨店に行き、洋菓子売り場で目にしたデコレーションケーキのバラのクリームの美しさに魅せられたのが、洋菓子職人になりたいと思ったきっかけです。その後、専門学校で製菓を学び、都内の洋菓子店に勤めました。当時は、マーガリンやショートニングでつくるクリームを使った菓子が主流。一方で、帝国ホテルやホテルオークラなどではフランス人パティシエによる華やかなフランス菓子が供されていました。ほんもののフランス菓子に憧れを抱いていたころ、フランス語の翻訳家で、フランス菓子にも造詣の深い山名将治先生が、2ヵ月に1回開いていたフランス菓子の勉強会に参加するようになりました。非常に興味深い内容で、本場で製菓を学びたいという気持ちがむくむくと膨らみ、フランス語の勉強にも力が入りました。とはいえ、なかなか渡仏の決心がつかなかったのですが、あるとき、山名先生からパリの修業先を紹介できるという話をいただき、とうとう渡仏を決めました。

II　ヨーロッパ修業時代

　パリに着いたのは1969年6月の嵐の日。その2日後から、山名先生の紹介で、7区のアンヴァリッド近くにある「ジャン・ミエ」で働くことになりました。ここは"ヌーヴェル・パティスリー（新しい菓子）"の先駆者と言われたジャン・ミエさんがオーナーシェフを務める、生菓子からトレトゥール（そうざい）までを提供するパティスリーの名店。厨房に入ってまず目にとび込んできたのは、ずらりと並ぶリキュールや蒸留酒の瓶で、菓子に使うアルコールといえばラム酒かブランデーくらいしか知らなかった私は、カルチャーショックを受けました。厨房では、アントルメ部門のシェフ、スペイン人のフェルナンド・アレマーニ氏のほか、15人程度の職人が働いていました。ミエさんに私が認められるまでは、半年はかかったでしょうか。約2年働きましたが、焼き場以外のセクションはすべて担当し、アントルメ部門では、新作づくりも任されました。

　パリでの修業仲間には、「オーボンヴュータン」の河田勝彦さんや「マルメゾン」の大山栄蔵さん、「ブールミッシュ」の吉田菊次郎さんもいました。このころ、河田さんをはじめとするパリで修業する日本人パティシエが「エトワール会」を結成。毎月第3月曜日の午後に、エトワール広場（現シャルル・ド・ゴール広場）にある凱旋門の下で待ち合わせ、話題の店に行ったり、情報交換をしたりしました。皆、限られた期間でフランス菓子のすべてを吸収しようと意欲的でしたね。

　ジャン・ミエのあと、ウィーン菓子にも興味があった私は、

パリで修業する日本人パティシエで結成した「エトワール会」のメンバー。1970年前後のパリにて。

左）渡欧して最初の修業先となったフランス・パリの「ジャン・ミエ」。
右）「ジャン・ミエ」の店内。当時のフランス菓子の最先端をいく店だった。

左）パリ修業時代にはアメの製造も担当。コンフィズリーの面白さに開眼したのはこのころ。
右）フランス人のパティシエ仲間と。右は、のちに「ジャン・ミエ」の経営を引き継いだドゥニ・リュッフェル氏。

河田さんの紹介で、オーストリア・ウィーンの老舗「ハイナー」で約10ヵ月修業。その後、スイスにあったコバ製菓学校でさらに製菓を学んでから72年に帰国の途につきました。

III 帰国してから

帰国後は、神奈川県内の洋菓子店に勤務。10人以上の職人がいる店でシェフを務めましたが、自分がほんとうにつくりたいフランス菓子はなかなかつくることができず、悶々とした日々を過ごしていました。そんな折、河田さんが帰国し、埼玉・浦和に「かわた菓子研究所」を設立。河田さんに声をかけていただき一緒に働くことになったのです。

スタッフは河田さんと私を含めて3人。浦和市内や都内の菓子店などにボンボン・ショコラを卸す業務からスタートし、その後、フール・セックも手がけるようになりました。ガナッシュの仕込み方法など、私の知らないフランス菓子のテクニックをもつ河田さんのもとで働けたことは、非常に貴重な経験となりました。

IV 有名店のシェフを経て独立開業

その後、東京・立川の喫茶店「キャフェクリムト」が、店舗の隣に本格的なフランス菓子を提供するサロン・ド・テ併設のパティスリー「エミリーフローゲ」を開業することになり、それを機にシェフとして勤務することが決まりました。1980年、33歳のときでした。ヨーロッパ修業時代に培ったすべてをそそぎ込み、サンマルクやシャルロット・ポワール、サヴァランなど伝統的なフランス菓子を提供。サイズこそ小さめでしたが、味わいは本場と同じであることにこだわりました。週末ともなると、キャフェクリムト、エミリーフローゲ、姉妹店の紅茶専門店を合わせて計2000人ものお客さまが来店。4～5年の予定が、13年もシェフを務めることになったのは、フランス菓子を支持してくださるお客さまが多い、刺激のある店だったからだと思っています。

一方で、自店をもつことは長年の夢でもありました。偶然、京王線の高幡不動駅近くの物件を知ったことが独立への思いを後押しし、93年に独立開業を果たしました。あれから25年。山名先生の意志を引き継いで続けてきた古典菓子の研究から生まれた商品やパリ修業時代に魅了されたコンフィズリーも含めて商品数はどんどん増え、現在は250品以上を数えます。そして、私の技術と思いを伝えた100人以上の若手パティシエがこの店から巣立っていきました。彼らが活躍している姿は、私自身の励みとなり、今後の菓子づくりへの活力につながっています。自身の菓子づくりに邁進するだけでなく、後進の育成や業界の活性化も図りながら、生涯パティシエとして現場に立ち続けたいと思っています。

1993年、独立開業を記念して開催したパーティにて。

2016年9月の改装前の店内。改装では、温かみのある雰囲気は変えずに陳列スペースを増やした。

影響と刺激を与えてくれた人々

生涯の恩師
山名 将治 氏

フランス語の翻訳家でありつつ、洋菓子専門誌の先駆けである月刊誌「パティスリー」の編集も手がけ、日本におけるフランス菓子の発展に尽力。どこか日本人離れした性格で、行動力と活力みなぎる方でした。私がパリに着いた翌日に、私を修業先候補の「ジャン・ミエ」に連れて行き、オーナーシェフのジャン・ミエ氏に直接交渉してくださったことは忘れられません。先生の熱意とバイタリティーのお陰で、多くの日本人パティシエに渡仏の道が開かれました。山名先生がはじめたフランス菓子の研究会「パティスリー会」にも参加し、先生が一線を退いたあとはその意志を受け継ぎ、この会を続けてきました。2014年に先生が逝去されるまで、プライベートを含めてお付き合いさせていただき、山名先生なくして今の私はなかったと、感謝の気持ちでいっぱいです。

つねに目標とする日本人パティシエ
河田 勝彦 氏

私より4～5年はやく渡仏していた河田さんは、パリで修業をする日本人パティシエたちのリーダー的な存在でした。日本人パティシエたちが結成した「エトワール会」や「レアール会」などでは、まとめ役として定期的に勉強会などを主催。同志に修業先を紹介したり、習得した技術を惜しげもなく披露したりする懐の深さは昔から変わらず、当時から多くのパティシエに慕われていました。「見て盗め」と言われることが当り前の時代に、聞けば何でも教えてくれる先輩がいたことはほんとうにありがたく、その姿勢に感銘を受けました。その姿勢は帰国後も変わらず、私が独立開業する際やコンフィズリーを商品化する際も親身になってさまざまなアドバイスをしてくれました。3歳年上の先輩である河田さんに対して抱く敬意は、出会ったころから変わりません。

パリ修業時代の支え
フェルナンド・アレマーニ 氏

私が修業していたときの「ジャン・ミエ」でアントルメ部門のシェフを務めていたスペイン人で、私のことをとても可愛がってくれました。同じ外国人として仲間意識があったのかもしれませんが、フランス人パティシエのなかで奮闘する私をいつも助けてくれました。彼から教わった製菓の知識や技術は、現在の私の菓子づくりのベースになっています。プライベートでも交流があり、私が彼の故郷であるスペイン南部の街、アリカンテを訪れたこともありますし、彼が来日したことも。彼との思い出は私の宝物です。

刺激を与え合う仲間
ジャン＝マルク・スクリバント 氏

年下ながら、私にとっては"コンフィズリーの師"ともいえるフランス人パティシエで、ショコラティエでもあります。彼がリヨン郊外の町でショコラトリーを経営していたときに当店のスタッフが修業させてもらってからの縁です。当店で約3ヵ月働いたこともあり、彼から多くのことを教わりました。今は、兵庫・神戸のフランス料理・菓子専門学校で教鞭をとっています。今後、過去に最終選考に残ったM.O.F.（フランス国家最優秀職人章）の試験に再度挑戦するそう。そうした意欲的な姿勢も、私にとってよい刺激になっています。

"生涯現役"の手本となる芸術家
中牟礼 貞則 氏

20代から好きなジャズギタリストです。ヨーロッパ修業から帰国後、しばらく足が遠のいていましたが、約20年前にライブに行き、言葉を交わしました。当時の中牟礼さんは60代前半でしたが、昔から変わらない力強い演奏に感動し、活力の源を聞くと、演奏第一の生活を送っているとのこと。食事は規則正しく1日2回。演奏前は食事もとらないなど非常にストイック。私は50代前半でしたが、それから、体力づくりのために週に2回スポーツジムに通いはじめ、食事にも気を配るようになりました。生涯現役を貫く姿に心を動かされ、目標にしている人生の先輩です。

「パティスリー・ドゥ・シェフ・フジウ」の店づくり

本店は高幡不動尊金剛寺の参道のほど近くに、1993年にオープンしました。入口上の看板は、初心を忘れないように、との思いから、パリ修業初日に「ジャン・ミエ」で仕上げを手伝ったシャルロット・ポワールをかたどりました。花壇はマダム（祐子さん）の手づくりです。開業当初から温かみのある内装にしていましたが、2016年9月に明るい色調の木材の棚を新設するなど、よりやわらかな雰囲気を醸す空間に改装しました。店内には幅広いジャンルのフランス菓子を250品以上並べ、ギフト商品も随所に陳列。福永由美子さんによる、当店の菓子をモチーフにしたパッケージのイラストが内装のアクセントにもなっています。店内奥には約10席のカフェスペースも併設しています。

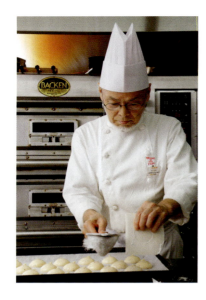

藤生義治
Yoshiharu Fujiu

1947年東京都生まれ。東京製菓学校を卒業後、都内の洋菓子店に3年勤務。69年に渡欧し、パリの有名店「ジャン・ミエ」、ウィーンの老舗「ハイナー」で修業したのち、スイスのコバ製菓学校を卒業。72年に帰国し、神奈川県内の洋菓子店を経て、パリ修業時代からの先輩で、現在「オーボンヴュータン」のオーナーシェフである河田勝彦氏が手がけていた埼玉・浦和の「かわた菓子研究所」に勤務。80年に東京・立川の「エミリーフローゲ」のシェフに就任。93年、東京・高幡不動に「パティスリー・ドゥ・シェフ・フジウ」を開業し、2007年10月にはJR立川駅構内に2号店もオープンした。現在、国内外の講習会の技術指導者なども務め、洋菓子業界の発展や後進の育成などに尽力。フランス古典菓子の研究にも力をそそいでいる。

パティスリー・ドゥ・シェフ・フジウ

高幡不動 本店
東京都日野市高幡17-8
電話／042-591-0121
営業時間／9時～20時
定休日／無休

エキュート 立川店
東京都立川市柴崎町3-1-1 エキュート立川(改札外)
電話／042-521-5174
営業時間／10時～22時、日曜・祝日 ～21時
定休日／無休

http://www.chef-fujiu.com/

パティスリー・ドゥ・シェフ・フジウの
現代に甦る フランス古典菓子
Les Gâteaux Classiques Français

初版印刷	2017年8月1日
初版発行	2017年8月15日
著者Ⓒ	藤生義治　Yoshiharu Fujiu
発行者	土肥大介
発行所	株式会社柴田書店

〒113-8477　東京都文京区湯島3-26-9 イヤサカビル
営業部／03-5816-8282（注文・問合せ）
書籍編集部／03-5816-8260
http://www.shibatashoten.co.jp

印刷・製本　凸版印刷株式会社

本書収録内容の無断掲載・複写（コピー）・データ配信等の行為は固く禁じます。
乱丁・落丁本はお取替えいたします。

ISBN978-4-388-06268-3
Printed in Japan